21 世纪高等继续教育精品教材·会计系列

财务管理

（第二版）

主编　张纯义

中国人民大学出版社
·北京·

图书在版编目（CIP）数据

财务管理/张纯义主编．—2版．—北京：中国人民大学出版社，2015.1
21世纪高等继续教育精品教材．会计系列
ISBN 978-7-300-20497-0

Ⅰ.①财… Ⅱ.①张… Ⅲ.①财务管理-高等职业教育-教材 Ⅳ.①F275

中国版本图书馆CIP数据核字（2014）第311892号

21世纪高等继续教育精品教材·会计系列
财务管理（第二版）
主编 张纯义
Caiwu Guanli

出版发行	中国人民大学出版社		
社 址	北京中关村大街31号	**邮政编码**	100080
电 话	010－62511242（总编室）		010－62511770（质管部）
	010－82501766（邮购部）		010－62514148（门市部）
	010－62515195（发行公司）		010－62515275（盗版举报）
网 址	http：//www.crup.com.cn		
经 销	新华书店		
印 刷	中煤（北京）印务有限公司	**版 次**	2011年8月第1版
开 本	787 mm×1092 mm 1/16		2015年2月第2版
印 张	15.25	**印 次**	2025年2月第8次印刷
字 数	360 000	**定 价**	32.00元

前　言

财务管理的教学和实践从未像今天这样富有挑战性并令人兴奋。在过去的几年中，我们目睹了金融市场的变革和金融工具的创新。几乎每一天，全球金融报刊都在报道收购、兼并、垃圾债券、破产、分拆、金融衍生工具等信息。财务管理的理论与实践正在快速地变化，因此教学必须与之保持同步发展，但做好这一点很困难，一方面，我们只能注重财务管理的基本原理和方法，并结合案例进行阐述；另一方面，我们要在纷繁变化的经济潮流中，去伪存真，精选具有现实意义的代表性素材。本书积极发挥教材培根铸魂的重要作用，做到知识传授与品德修养相互促进的高度统一。本书以习近平新时代中国特色社会主义思想为指导，全面融入党的二十大精神，始终把提高学生的思想道德素质与专业素养融为一体，培养学生诚实守信、爱岗敬业等优秀品质，为中国式现代化建设提供高技能人才支撑。

"财务管理"课程既自成一体，又与其他课程承上启下，互为渗透和交叉。学完此课程，你会惊喜地发现，在实际工作中你能依赖此课程所学到的基本原理和方法，解决实际财务管理问题，同时改变你的理财思路和观念。当你完成这门课程后，你将能够：描述公司财务经理的职责；针对不同的公司状况，探讨和运用不同的融资方法；充分运用财务杠杆手段，回避财务风险，保证盈利的实现和公司资产的安全；在满足股东们不同需求的同时，制定出适合公司现状和未来发展的股息政策；结合公司不同类型资产的特点，合理有效地运用各类资产；运用适当的投资决策方法，帮助公司管理层进行长期投资决策；选择适当的合并或收购方式来求得公司快速发展，以及了解如何融资、兼并。

本书的特点是：内容和结构反映了财务管理这门学科发展迅速的特征；没有深奥的理论表述和复杂的数学推导，通俗易懂，实例较多，计算步骤详尽，可读性强；每章配有自测题并附综合练习题，便于复习和自学。

本书各章均由张纯义编写，自测题由温建萍、黄玮勤、林丽娜、彭小华编写，由朱建国审稿。

因时间仓促，书中难免存在疏漏之处，敬请读者不吝赐教，不胜感激。

编　者

目　录

第一章 财务管理概述

引 言

在介绍财务管理之前，大家可能尚有疑惑，许多企业在经营过程中，均有财务专业人员全过程进行会计核算和会计监督，为何还要进行财务管理？财务管理的目标是什么？它如何发挥作用呢？

在本章中，将讨论什么是财务管理，它包含哪些方面，解释财务管理的目标，财务管理部门如何在企业运作中发挥它独特的作用。

目 标

当你学完本章，应该能够：

- 理解什么是财务管理
- 了解财务管理目标
- 能比较不同的企业组织形式
- 了解财务管理部门的作用

一、什么是财务管理

财务管理是在一定的整体目标下，关于资产的购置、融资和管理。因此，财务管理的决策功能可以分成三个主要领域：投资决策、融资决策和资产管理决策。

（一）投资决策

在公司的三项主要决策中，投资决策是最重要的。投资决策要决定的第一个问题是公司需持有的资产总额。为此，先回想一下公司的资产负债表。在公司资产负债表的右边列着负债和所有者权益，左边则列着资产。财务经理首先要决定资产负债表左边的资产总额——公司规模。即使资产的总额已经知道，财务经理仍需决定资产的组成。比如，要决定公司总资产中需保持多少现金、多少存货、多少固定资产。而且，除了决定投资什么，还要决定不投资什么。对于那些被证明没有经济效益的资产，就应减少对它们的投资，或停止投资，或用别的资产代替它们。

（二）融资决策

公司的第二项主要决策是融资决策。在进行融资决策时，财务经理关注的是资产负债表右边各项目（即负债和所有者权益）的构建。考察一下不同行业、不同公司的财务结构，就会发现它们有明显的差异。有些公司的债务金额相对较大，而有些公司几乎没有负债。这些差异是由于融资的类型不同而引起的吗？如果是这样，那又是为什么呢？是否有一种财务结构在某种意义上被认为是最好的呢？

此外，公司的股利政策也必须作为融资决策的组成部分。因为股利支付率决定了公司的留存收益，当期的留存收益越多，可用于支付当期股利的资金就越少。因此，留存收益是权益资本筹集的一种方法，它是发放股利的机会成本，支付给股东的股利价值要用该机会成本来衡量。

财务结构一旦决定，财务经理就要选择筹集所需资金的最佳途径。为此，财务经理必须掌握获得短期贷款与长期贷款的方法，负责长期租赁合约的签订以及债券和股票的发行谈判等有关事宜。

（三）资产管理决策

资产管理决策是公司的第三项主要决策。在资产已经购置、所需资金已经筹集之后，仍需要对这些资产实施有效率的管理。财务经理对不同资产的运营承担不同的责任。财务经理应该更多地关注流动资产的管理，而较少关注固定资产的管理。固定资产管理的大部分责任是由使用这些资产的生产经理承担的，当然，财务经理会配合生产经理，结合企业的生产规模要求和资金的需求，来设计资产配置的各种方案。

二、财务管理目标

公司的目标是使股东财富最大化，即股价最大化。这一目标不仅会使股东利益最大，而且对社会的贡献也是最大的。

在分析股东财富最大化这一目标时，我们其实是对利润最大化这一目标在现实环境中进行调整。选择股东财富最大化——股票价值最大化的原因是它包括了所有影响财务决策的因素。投资者对于差的投资项目及股利决策的反应会使公司的股价下跌，而对于好的决策则相反。实际上，在此目标下，好的决策就是那些能增加股东财富的决策。

三、企业组织的法律形式

（一）独资企业（sole proprietorship）

独资企业是只有一个所有者的商业形式。这个所有者对企业的全部债务承担无限责任。

独资企业是一种最古老的商业组织形式。正如独资企业这个名称本身所表明的，独资企业是由一个人单独拥有的企业，独资企业业主持有企业的全部资产，并对企业的全部债务负责。独资企业本身不缴纳企业所得税，当独资企业有利润时，应把这一部分利润加入到业主的个人所得税收入中，由业主缴纳个人所得税；当独资企业亏损时，把亏损从应税收入中扣除。独资企业这种组织形式在服务业中很常见。独资企业的设立程序并不复杂，设立的费用也不高，所以简单易行是独资企业的最大优点。

独资企业的最大缺点是业主个人要对企业的全部债务负责。如果独资企业被起诉，那么业主会成为被告，并且承担无限赔偿责任，这意味着业主私人的全部财产连同企业的全部财产可能被强制用于抵债。独资企业的另一个缺点是筹集资金很困难。因为独资企业的生存与发展在很大程度上依赖于业主个人，所以独资企业不像其他形式的企业，对贷款人有那么强的吸引力。

（二）合伙企业（partnership）

合伙企业是一种有两个或两个以上的个人充当所有者的商业组织形式。在普通合伙企业（general partnership）里，所有的合伙人都对企业的全部债务承担无限责任；而在有限责任合伙企业（limited partner）里，有一个或一个以上的合伙人对债务只承担有限责任，而其他合伙人对企业债务仍承担无限责任。

合伙企业与独资企业类似，只不过它的所有者不止一个。合伙企业与独资企业一样不缴纳企业所得税，而是把合伙企业的盈利或亏损按比例分配给各个合伙人，作为各个合伙人个人所得税应税收入的一部分。与独资企业相比，合伙企业一个潜在的优势是可以筹集更多的资金。在合伙企业里，不仅有不止一个的所有者提供资金，而且贷款人也更愿意把资金贷给合伙企业，因为合伙企业的自有资金较多。

在普通合伙企业里，所有的合伙人都负无限责任，而且他们对合伙企业的债务负连带责任。由于每个合伙人都要对合伙企业的债务负责，因此合伙企业的合伙人要经过仔细的挑选。在大多数正式的约定或合伙契约中都载明了下面的内容：各个合伙人的权利、合伙企业利润的分配方法、各个合伙人的投资额、吸收新合伙人的程序、在某个合伙人死亡或退出时合伙企业重组的程序等。按法律的规定，如果合伙人之一死亡或退出，那么合伙企业就要解散了。若是如此，问题的解决就一定很棘手，合伙企业的重组是一件很困难的事情。

1. 有限责任合伙人

是指有限责任合伙企业的成员，他个人不对合伙企业的债务负无限责任。

2. 无限责任合伙人

是指普通合伙企业的成员，对合伙企业的债务负无限责任。

在有限责任合伙企业中，有限责任合伙人也要出资，但仅以出资为限承担责任，即他们的损失不会超过他们投入企业的资金。但是，在这种合伙企业中，必须至少有一名无限责任合伙人，他们承担无限责任。有限责任合伙人不参与企业的经营；企业由全部或部分的无限责任合伙人经营。从严格意义上来说，有限责任合伙人是投资者，其盈亏分配比例由合伙契约规定。常见的合伙企业有律师事务所、会计师事务所、建筑设计事务所及医生诊所等。

（三）股份有限公司（corporation）

股份有限公司是一种在法律上独立于所有者的商业组织形式，其突出的特点是：有限责任、股份易于转让、永续存在、具备筹集大额资金的能力。

股份有限公司是一个人为设立的、可见的、具体的、只有在法律的审查下才能存在的实体。股份有限公司作为法律的产物，只拥有那些按章程中的协议所投入的资产，而不管这些协议是在公司成立时明确规定的还是附带规定的。

股份有限公司的首要特点是它独立于所有者而依法存在。公司所有者的责任仅以其投资额为限。有限责任是股份公司与独资企业和合伙企业相比的优越之处。股份有限公司可以自己的名义筹集资金，而无须所有者对这些债务承担无限责任。因此，所有者的私人资产不会被强制用于偿还股份有限公司的债务。股份有限公司的所有权是用股份作为证明的，股东的股份占股份有限公司流通在外的总股份的比例代表了股东对股份有限公司所有权拥有的比例。这些股份有限公司的存在不依赖于所有者，它的寿命不受所有者生命的限制（这不同于独资企业和合伙企业），即使单个所有者死亡或售出股票，股份有限公司也能继续存在。

由于上述优点，如有限责任、股份通过普通股买卖而易于转让、永续存在及公司筹集资金的能力等，使得股份有限公司在 20 世纪得以蓬勃发展。为了适应经济的发展，企业对资金的需求增大，独资企业和合伙企业已被证明不是令人满意的商业组织形式，而股份有限公司满足这一要求，因此它已成为最重要的一种组织形式。

股份有限公司可能存在的不足之处与税收有关，即公司的利润要双重纳税（double taxation）。一方面公司要就其收入纳税，另一方面股东在收到公司发放的现金股利时也要纳税。股份有限公司的其他缺点还有：它设立的期间较长、程序烦琐，需要向批准设立的机构缴纳申请费等。所以，股份有限公司的设立比独资企业和合伙企业的设立都要困难。

（四）有限责任公司

有限责任公司是一种商业组织形式，它的所有者既有股份有限公司所具备的有限责任的好处，又有合伙企业所具备的税收待遇的好处。

有限责任公司是一种混合型的商业组织，它集合了股份有限公司和合伙企业这两种组织形式的优点。有限责任公司的所有者享受双重好处：股份有限公司的有限责任及合伙企业的税收待遇。有限责任公司这种组织形式特别适用于中小型企业，它比混合型商业组织形式——股份有限公司有更少的限制和更大的灵活性。

四、财务管理部门的作用

不论你从事的职业是生产、营销、融资还是会计，理解财务管理在公司运作中的作用都是很重要的。图 1—1 是一张典型的制造企业财务组织结构图，看图时，请特别注意财务部门在其中的作用。

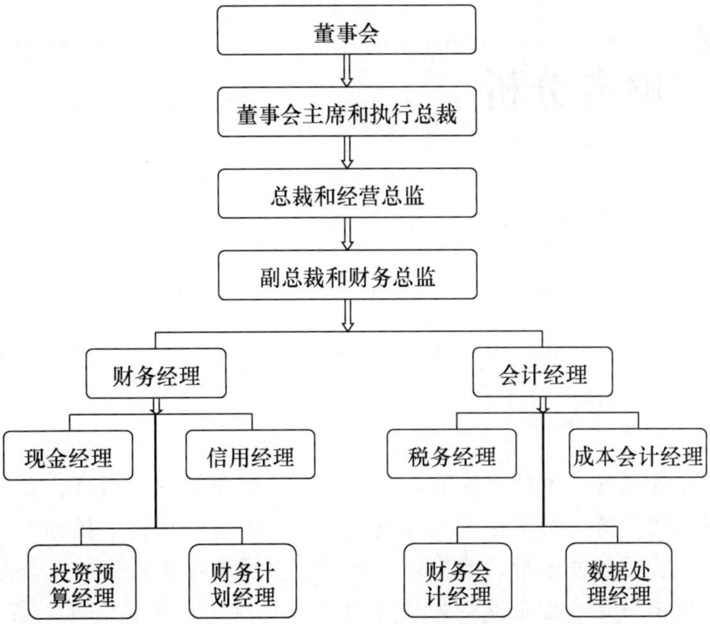

图 1—1　企业财务组织结构图

作为公司的领导，副总裁或财务总监直接向首席执行官汇报工作。在大型公司里，由财务总监负责的财务工作被分割成两部分：一部分由财务经理（treasurer）负责，另一部分则由会计经理（controller）负责。

会计经理的首要责任是会计核算。成本核算、财务预算及预测都会关系到公司内部消耗的大小。外部财务报告则是提供给税务局、证券交易所及股东的。

财务经理的职责是作出有关财务管理的决策，即投资（资本预算、养老保险计划）决策、融资（与商业银行和投资银行的关系、与投资者的关系以及股利支付）决策和资产管理（现金安排、信用安排）决策。图 1—1 可能会给人一个错误的印象，即财务经理和会计经理之间有严格的职责划分。其实，在一家功能齐全的公司里，信息在不同的分支部门之间可以很容易地流动；而在一家小公司里，财务经理和会计经理可能重叠成一个职位，从而使他们的职权混在一起，因而，财务经理和会计经理的职责划分并不那么严格。

第二章 财务分析

引　言

在学习了财务管理的基本知识以后，我们了解了财务管理的内容、目标以及财务管理部门的地位，现在我们需要利用企业财务报表数据，运用会计比率指标进行分析。主要包括获利能力分析、营运能力分析、偿债能力分析、市场表现能力分析四个部分。

获利能力分析主要是分析企业如何通过对产品定价、扩大销售量、控制成本和费用，来提高企业的获利能力。

营运能力分析主要是分析企业如何通过对应收账款、存货、应付账款的有效管理，来避免坏账的出现和存货的滞销，以提高企业资金周转的效率。

偿债能力分析主要是分析企业在短期偿债能力和长期偿债能力方面表现如何，帮助企业提前了解其债务风险，控制债务水平，回避财务风险。

市场表现能力分析主要是分析企业在盈利水平、股利分配比例、股票市价高低等方面的表现，可以帮助企业了解自身在市场中的定位，如何吸引投资者继续持有或投资本企业股票，树立企业在市场中的良好形象。

第一单元　获利能力比率与营运能力比率

目　标

当你学完本单元，应该能够：

- 从财务管理的角度，掌握获利能力比率的计算公式
- 理解获利能力比率的意义
- 理解营运能力比率的意义

下面我们从财务管理的角度来学习和分析有关的会计比率，了解和掌握会计比率值的大小所反映企业的现状，便于企业有效地进行财务管理活动。

需要注意的是，会计比率应该与其相应的预算比率相比较，可能的话与行业标准相比较。每个行业所反映的会计比率往往有较大的差异，也可以与企业前期的会计比率相比较，这些比较都是有效的。但也应知道会计比率的用处和局限性，以及如何正确、有效地使用这一工具。

一、获利能力比率

获利能力比率显示企业经营的效率如何，主要有两类：

- ◆ 与销售有关的获利能力比率；
- ◆ 与投资有关的获利能力比率。

（一）与销售有关的获利能力比率

1. 毛利率（gross profit ratio）

毛利率＝毛利÷销售收入×100％

在制造企业里，销售成本包括已售产品使用的原材料、耗用的人工和间接费用等成本。毛利率既反映了企业生产业务的效率，也显示了产品定价政策的效益。

2. 营业利润率（operating profit ratio）

营业利润率＝营业利润÷销售收入×100％

营业利润等于毛利减去销售费用、管理费用（SG&A）。这个比率反映企业销售收入在减去已产商品的生产和销售的成本后的获得能力。营业利润有时也称息税前利润（EBIT），但严格来说，两者并非完全一样，因为“息税前利润”所指的利息通常是一年以后偿还的贷款的利息，如长期贷款的利息。

请注意，生产与销售成本中并不包括利息。这是因为利息主要是反映企业资本结构的费用，而业务经理对此通常并无影响力。资本结构取决于业主投入权益的水平。然而，融资结构有一个方面是业务经理能施加影响的，这就是营运资本管理和使固定资产投资最小化方面。正因为如此，由于营运资本的变动而导致的利息费用，有时也包含于SG&A之中。但是，即使业务经理对投资于资产的金额有部分影响力，这些资产的基本融资结构仍取决于资本结构。而且，如果资本结构中不得不包含大量债务，业务经理影响利息费用水平的能力就会更小。

营业利润率是衡量企业经营效率的最好指标之一，它反映了在不考虑非营业成本（如长期债务的利息费用）的情况下，企业管理者通过经营获取利润的能力。将此比率与毛利率结合分析，就会明确企业获利能力变化的原因。

3. 税前利润率（pre-tax profit ratio）

税前利润率＝税前利润÷销售收入×100％

此比率反映了企业的资本结构和融资结构对获利能力的全面影响。它与营业利润率的区别仅在于增加了利息的影响，因此，综合分析这两项比率，资本结构对企业获得能力的影响也就一目了然。例如，你也许发现一家企业的营业利润率持续良好而税前利润率却很差甚至不断恶化，这是因为企业使用了不合适的资本结构，相对于企业的盈利能力，其利息费用已明显过高。

4. 净利润率（net profit ratio）

净利润率＝税后利润÷销售收入×100％

此比率与税前利润率的差异仅是在分子里减去了税款费用，若把两个比率相比较，则能看出管理者使税负最小化的效率如何。但在这方面，留给管理者的余地是有限的。

（二）与投资有关的获利能力比率

1. 运用资本报酬率（return on capital employed）

运用资本报酬率＝营业利润÷运用资本×100％

运用资本是指股东资金与长期负债之和，也可以用总资产减去流动负债表示。之所以用营业利润作分子，是因为长期负债也包括在运用资本之内，由此计算运用资本报酬率时，分子不可减除利息。

运用资本报酬率是衡量管理总效率的最重要比率，因为它把营业成果和资金运用总额结合到一起。当运用此公式计算时，便可避免因资本和融资结构不同而可能导致报酬率的不同。可对企业现有资源的运用效率进行全面评估，而无须理会这些资源的融资来源。此比率最适用于企业业绩的内部评估。

2. 权益报酬率（return on equity）

权益报酬率＝税后利润÷股东权益×100％

此比率亦称净资产报酬率（return on net assets ratio），反映了在考虑所有因素（包括举债经营因素）之后的股东投资总报酬率。举债经营（也称为财务杠杆）显示了优先股、债务资本与其他借款同股东权益之间的关系。权益报酬率揭示了权益投资者所能得到的收益，因此投资者对其甚感兴趣。对那些以股东财富最大化为主要目标的企业，权益报酬率便是其评估业绩的最主要工具，而使此比率最优化，亦成为企业的主要目标。

3. 总资产报酬率（return on total assets）

总资产报酬率＝息税前利润÷总资产×100％

总资产等于固定资产加上流动资产，但有时要从中减去流动负债，仅以固定资产加营运资本表示。此时，总资产也称净资产（net assets），等于运用资金总额。

此比率可用于衡量企业经营的总效率，其中还包含了企业资本结构对增加获得能力的效益性。它也被用来衡量资产的使用效率。

4. 长期资产周转率（long assets turnover）

长期资产周转率＝销售收入÷长期资产×100％

此比率反映了从销售角度看，长期资产（总资产减去流动负债）的周转次数。

长期资产周转率可用于衡量企业运用资产来创造销售能力的效率。有时它也被归于业务比率一类，因为它显示了企业运用长期资产所创造的活动总量。该比率并非越大越好，因为若无盈利，活动量则毫无价值可言。如果把它与营业利润率相联系，可说明企业的总获利能力，即：

营业利润率×长期资产周转率＝运用资本报酬率

上述等式定义了企业总获利能力的构成部分，其他获利能力比率由此而生。如果一个企业的总获利能力的确已在运用资本报酬率中得以充分体现，则其提高只能通过下列两种途径：

- 通过增加营业利润率，这只能靠降低成本和/或提高价格，即在方程式的成本/价格方面做文章。
- 通过提高长期资产周转率，这必须凭增加销量和/或减少资产投入，即在方程式的销量/投资方面想办法。

思考 2.1

依照表 2—1 中的数据，计算所有相关的获利能力比率。

表 2—1

单位：千元

项目	1		2		3	
销售收入		1 500		1 950		3 900
销售成本	975		1 268		2 535	
SG&A	225		270		546	
折旧	75		80		80	
		1 275		1 618		3 161
营业利润		225		332		739
利息		15		75		150
税前利润		210		257		589
税项		105		128		295
税后利润		105		129		294
购货		488		634		1 268
应收账款	370		481		1 923	
存货	267		347		833	
流动资产		637		828		2 756
固定资产		1 300		2 028		2 028
总资产		1 937		2 856		4 784

续前表

项目	1		2		3	
负债	80		104		417	
银行透支	100		663		1 839	
流动债务		180		767		2 256
定期贷款		75		200		100
递延纳税		650		778		1 073
股本	500		500		500	
留存利润	532		855		855	
股东权益		1 032		1 111		1 355
总额		1 937		2 856		4 784

提示

获利能力比率见表 2—2。

表 2—2 单位：千元

项目	1 （%）	2 （%）	3 （%）
毛利率	35.0	35.0	35.0
营业利润率	15.0	17.0	19.0
税前利润率	14.0	13.0	15.0
净利润率	7.0	6.5	7.5
运用资本报酬率	13.0	16.0	29.0
权益报酬率	10.0	12.0	22.0
长期资产周转率	85.0	93.0	154.0

毛利率维持在 35%，说明生产业务与产品定价政策都没变。

营业利润率的上升，一个原因是对固定费用加强了控制，另一个原因是折旧增加的幅度较小。

净利润率在第二年下降了，反映了定期贷款有所增加。

运用资本报酬率大幅增加，显示了管理者在利用资源方面的效率已大有提高，尤其是在第三年大量使用了银行透支。

权益报酬率揭示权益投资者的收益不断增加。

长期资产周转率反映出管理者有效地运用企业资源增加了销售。

二、营运能力比率

营运能力比率所反映的是管理者在运用企业资源方面的成就。

（一）存货期（inventory period）

存货期=(存货×会计期天数)÷销售成本

它有时也称为盘存天数（days inventory）或存货天数（days stock），反映了企业储存存货（以销售成本表示）的估计天数。或者，换言之，反映了存货通过销售转化为现金或应收账款所需的天数。若要精确计算，则需使用平均存货量，以避免季节性因素导致歪曲的影响。

比较存货期与预算存货水平，可评估存货管理的质量，同时可帮助管理者对存货的流转能力有较清晰的了解。如果存货滞销，则这些存货的变现能力便会削弱，应与业务经理解决这一问题。

把存货期与行业标准相比较，若有重大差异，即与业务经理商榷。在制造企业里，存货水平通常与生产周期紧密相关，因此分析存货期时还要知道正常的生产周期。

把存货期与上个会计期的存货期相比较，如果前后两期有所差异，则应观察存货的三大类（即原材料、在产品和制成品）各自的存货期。由此，你可以做更好的分析并胸有成竹地与业务经理讨论。

（二）收账期（collection period）

收账期＝应收账款×会计期天数÷销售收入

此比率也称应收账款天数(days debtors)，反映了企业给予应收账款的估计信用时间，即反映了流动资产中应收账款部分的变现能力。更精确的计算应基于每月应收账款平均数和赊销（而非总销售）之上。

首先，比较收账期与企业政策实际给予顾客的信用期，你就能衡量企业在信用控制程序方面的效率，同时对应收账款的质量（变现能力）也有一个大概了解。其次，比较收账期与所处行业的标准交易条件，若有较大差异，即与业务经理共同探讨产生差异的原因。你应清楚本行业的正常交易条款，以免因为坚持一些行规以外的信用条件而失掉大量业务。最后，应把收账期与上期相应数字相比较。如果需要对收账期做进一步探讨，则须审查应收账款的详细账龄。

（三）付款期（payment period）

付款期＝应付账款×会计期天数÷销售成本

此比率反映了供应商给予企业的信用期估计天数。它对季节性购货及销售成本中以现金支付的部分（如工资、费用等）没作调整处理。如果在购货（而非销售成本）的基础上计算，结果会相对精确得多。但若在各个会计期一致使用以销售成本为分母的比率，则从比较分析的角度看，仍能提供有用的数据。

犹如收账期的比较分析，首先要比较付款期和被允许的信用期，以确定是否已逾越信用期从而给企业的短期清偿能力增加了压力。其次与行业标准进行比较，看是否有延展付款期的余地。最后，应把付款期与前期的付款期相比较，以观察是否有所变化。由于付款时间可完全置于管理者控制下，所以应该有可能使付款期处于最优水平：从债权人处得到最佳的信用优惠，同时又能避免现金折扣和信誉等其他方面的损失。

思考 2.2

根据思考 2.1 所提供的财务数据，计算营运能力比率。

提示

营运能力比率见表 2—3。

表 2—3

项目	1	2	3
存货期	100	100	120
收账期	90	90	180
付款期	30	30	60

由以上数据可以发现，在过去的三年里，情况开始恶化，主要转折在于第二年和第三年。营业活动的增大和对存货与应收账款的管理不力综合在一起，导致企业不得不增加营运资本的投入。

第二单元　偿债能力比率与市场表现比率

目　标

当你学完本单元，应该能够：

- 掌握偿债能力比率的计算方法
- 理解市场表现比率的有关意义

一、偿债能力比率

偿债能力比率帮助你估量企业偿还其日常债务的能力，同时有助于你按照资产与债务的期限配比原则来评估企业融资结构的效益。

（一）流动比率（current ratio）

流动比率＝流动资产÷流动债务

此比率是评估企业清偿能力最常用的比率，因为它反映了企业短期债务受相近期限资产的保障程度。流动比率是衡量营运资金是否充足的一项指标。每个企业的营运资金都有最优水平，以支持其日常经营活动。当确定了最优营运资本水平后，流动比率就应当保持不变，而不论销量有何变化。对不同时期流动比率的比较有助于发现清偿能力或在资产与债务的配比期限等方面出现的不利趋势，尤其是那些可能导致过度经营（overtrading）的趋势。

从一定意义上讲，流动比率是衡量清偿能力的一个较粗糙的工具。这是因为它没有具体分析流动资产和流动债务中各项组成因素的变现能力。一般而言，对于大多数企业，流动比率为 2∶1 较合适。但也有许多企业，其流动比率小于 2∶1 却仍能兴旺发达，而另外一些流动比率等于甚至大于 2∶1 的企业，却由于流动资金不足而导致破产。

例如：

一家企业有流动资产 1 000 万元，流动债务 500 万元，则其流动比率为 2∶1，似乎反映了较强的清偿能力。但是，如果流动资产由 750 万元的存货和 250 万元的应收账款构成，且应收账款目前无法收回，而流动债务 500 万元已到期，债权人正紧逼催还。此时，企业便无力偿还其短期债务，若债权人提出诉讼请求，企业就有可能破产清算。

如果流动比率超过 2.5∶1 或 3∶1，那么通常意味着企业资产没有得到充分利用，其管理是低效的。

（二）速动比率（quick ratio）

速动比率＝(流动资产－存货)÷流动债务

或

速动比率＝速动资产÷流动债务

该比率也称为酸性试验比率（acid test ratio），有时亦叫变现比率（liquid ratio）。它从流动资产中剔除了变现能力最差的存货部分，以图对企业的清偿能力有一个较客观的衡量。通常来说，一个企业的速动比率为 1∶1 就被认为是相当不错，但也有许多企业的速动比率远低于此却经营良好，其他一些企业虽有高于 1∶1 的速动比率但仍然面临流动资金不足的窘境。

例如：

一家企业的速动资产（流动资产减去存货）为 500 万元，流动负债为 1 000 万元，其速动比率为 0.5∶1，似乎显示企业正面临流动资金困难的情况。但若流动债务中有 400 万元为三个月后到期的负债，其余 600 万元是九个月后到期的税款，则该企业完全有能力清偿短期债务，而且有可能在其他债务到期前又赚取了许多现金。

因此，有一点特别重要：当评估企业清偿能力时，在下结论前，务必对构成流动资产和流动债务的各项具体因素的变现质量与账龄/到期日做一番彻底研究。只有通过这种观察，分析才有意义。

思考 2.3

依据思考 2.1 所给的财务数据，计算所有相关的偿债能力比率。

提示

偿债能力比率见表 2—4。

表 2—4

项目	1	2	3
流动比率	3.5	1.1	1.2
速动比率	2.1	0.6	0.9

这两项比率都反映了企业的清偿能力正逐渐恶化，在第三年略有改善，这主要是由于银行透支的大量增加所致。

（三）债务比率（debt ratio）

债务比率＝总债务÷总资产

该比率衡量第三者对企业资产的总索偿程度。除了长期准备和应付递延项目（如递延纳税）之外，所有流动和中长期的债务都须计入总债务。资产则包括固定资产和流动资产。

债务比率还反映了第三者所承担的风险水平。判断企业的举债经营比率可否接受的关键，是企业能否获取足够的现金来偿付负债和贷款。如果企业缺乏获取现金的能力，则实际的举债经营比率水平是好是坏无异于一席空谈。

债务比率有时以净值而非以总资产计算（即总债务÷净值），以此来衡量第三者的总索偿与业主权益的相对关系。净值（net worth），即业主权益，包括资本及收益储备和资本储备。有时也以有形净值表示，即净值减去无形资产（如商誉）等。

（四）财务杠杆比率（gearing ratio）

财务杠杆比率＝长期债务÷运用资本

这个比率对举债经营的观点更为严谨，集中于债务的长期部分并与运用资本比较。在这里，长期是指一年后偿还的债务，有些分析者还作中长期之分，把长期定义为七年以上的债务。有时，财务杠杆比率是以净值而非运用资本计算（即长期债务÷净值），故这个比率有时也称为债务权益比率。

该比率突出了长期债务在资本结构中的相对重要性，为评估企业总举债经营（即债务比率）的可接受程度提供了相当有用的信息。例如，当总举债经营比较（债务比率）显得过高时，审查长期举债经营比率（财务杠杆比率）可能显示相当比重的债务是长期的，利用相当部分的索偿率可以确定企业举债经营情况下的清偿能力。

（五）利息保障率（interest cover）

利息保障率＝息税前利润÷利息费用

该比率也称为利息保障倍数（times interest earned ratio）。公式中的利息费用指的是长期债务的利息（即一年后偿还贷款的利息），利息费用应为利息支出总额而非利息净支出（即不能从中减去利息收入）。该比率反映了营业利润在足以偿付利息费用且不导致产生税前亏损的前提下所能减少的程度，故该比率对监控获利能力和评估举债经营等非常重要。如果利润对利息的保障程度很低，则企业新的债务融资会大受限制。

尽管利息保障倍数在观察趋势方面很有用处，但它并不一定能揭示企业偿付利息的实际能力——利润对利息的保障与用现金支付利息毕竟不是同一回事。此外，它也没有考虑债务本金的偿还，而本金偿还额常要远高于利息费用。偿债比率（debt service ratio）可在一定程度上弥补这一缺陷，因为它包含了到期本金的支付。

（六）营业杠杆系数（operating gearing）

营业杠杆系数＝贡献毛益÷息税前利润

营业杠杆系数反映了企业支付固定营业费用的情况。这些费用不会随销售水平的升降而变动，而且不论企业实现多少销售额，这些费用都必须支付。通过操纵营业杠杆系数，企业可通过增减销售额而扩大息税前利润的变化。

（七）财务杠杆系数（financial gearing）

财务杠杆系数＝息税前利润÷税前利润

财务杠杆系数反映了企业因借款而出现的利息费用。这些利息费用不会随营业利润水平的升降而变动，而且不论企业创造多少营业利润，这些费用都必须支付。透过操纵财务杠杆系数，企业可通过增减息税前利润来扩大每股盈利的变化。

营业杠杆系数和财务杠杆系数的运用须考虑风险—回报的抉择问题。选择使用较多的固定费用，企业就要面对可能无力支付营业费用的风险。一个企业的固定费用过高，就要有较高的销售量才能达到保本。然而，反过来看，运用固定费用又意味着单位贡献毛益更高。

同样，选择使用较多债务而支出较高利息费用，也使企业面临无力负担利息费用的风险。但是，比起没有财务杠杆系数的企业，它可为股东带来更高的预期报偿。

（八）结合杠杆系数（combined gearing）

结合杠杆系数＝营业杠杆系数×财务杠杆系数

结合杠杆系数反映了每股盈利率对销售量变动的敏感度。

例如：

一家企业的经营成果如表 2—5 所示。

表 2—5 单位：千元

销售收入	1 800
变动费用	720
贡献毛益	1 080
固定费用	360
息税前利润	720
利息	190
税前利润	530
税款	186
税后利润	344

营业杠杆系数＝1 080÷720＝1.5

财务杠杆系数＝720÷530＝1.36

结合杠杆系数＝1.5×1.36＝2.04

这意味着如果销售额增加1%，每股盈利将增加2.04%。

由于租赁及其他非贷款形式融资方式日趋普遍，所以结合杠杆系数或许比利息保障倍数更能反映风险程度。但同时，两者均有同样的缺陷：利润对偿付费用的保障与用现金支付费用毕竟不是一回事。

（九）现金流量比率（cash flow ratio）

现金流量比率＝每年净现金流量÷总债务

该比率反映了企业通过经营获取足够现金来偿还债务和兑现承诺的能力，其变化趋势体现了企业的现金状况。每年净现金流量可从现金流量表中获得。

思考 2.4

依据思考2.1所给的数据，计算偿债能力比率。

提示

偿债能力比率见表2—6。

表2—6

项目	1	2	3
债务比率	0.13	0.34	0.49
财务杠杆比率	0.07	0.18	0.07
利息保障率	15.00	4.43	4.93

债务比率低于0.5而利息保障率较高，通常来说，两者都可视为在安全限度之内。

二、市场表现比率

（一）每股盈利（*EPS*）

这是股东评价公司业绩的基本标准。它反映的是归属于每股的利润额。每股盈利的计算公式如下：

EPS＝归属于股东的利润÷已发行的股份数量

此处已发行的股份数额是指有权分红的股份数额。如果某些有权分红的股份是在会计年度中间发行的，就需要区分不同情况来计算已发行的股份数额：

◆ 如果是分发红股，以分发红股后的股份总额计算；

◆ 如果是募集新的资金，以该年度已发行股份的加权平均数计算。

公司也可能有其他的已经发行，但只能到将来某个时候才享有分红权利的股份，这部分股份在进行上述计算时应予以剔除。

把几个时期的数据对照比较，每股盈利是股东衡量投资效益的最重要的指标。它能够反映企业利润与股本变化之间的关系，因此显得尤其有用。如果仅把净利润作为考察指标，公司从原有的股东手中募集大量的新股本后，则公司净利润就会因新股本的注入而增加，甚至有可能大幅增加，然而，对股东而言，这种增加也许只是一个错觉，因为相对于股东增加了的投资本金，投资回报率可能已大为减少。而每股盈利可自动调整股本的这种变化，从而向股东提供据以衡量他们投资的相对效益的数据。

思考 2.5

表 2—7 的数据摘自德力机电公司 20××年 12 月 31 日的会计报表，请计算每股盈利。

表 2—7 单位：百万元

销售收入	37.0
税前利润	7.3
税项	3.1
税后利润	4.2
特殊项目	1.4
归属于普通股股东的利润	5.6
股息（净值）	1.5
留存利润	4.1
法定股本	6.0
已发行股本（共 1 600 万股，每股面值 0.25 元）	4.0
储备	13.4
该年年末的每股市价是 3.15 元	
毛股息（股息预扣税税率为 25%）为 2 000 000 元	

提示

$$EPS=5.6\div 16=0.35$$

（二）每股股息（DPS）

该比率反映的是每股派发的股息金额。它的计算公式如下：

$$DPS=\text{付给股东的股息}\div\text{已发行的股份数量}$$

如果分期比较每股股息水平，就能反映出股东收入上的增减。为了与其他投资机会相比较，尽管通常采用净股息额来计算每股股息，但实际上采用毛股息额对投资者来说更为恰当，在毛股息额中，包含了预扣股息税。

思考 2.6

根据思考 2.5 所给的数据，计算德力机电公司的每股净股息和每股毛股息。

提示

每股净股息＝1.5÷16＝0.094

每股毛股息＝2.0÷16＝0.125

（三）市盈率（*P*/*E*）

该比率是市场衡量公司业绩的一个基本标准。它表示的是现行股价与最近的每股盈利的比值，其计算公式如下：

市盈率＝每股市价÷每股盈利＝市值÷净利润

市盈率说明涵盖市价所需要的年度盈利额，从这个意义上讲，它又可作为回收期指标。市盈率综合了内部标准（*EPS*）和外部标准（每股市价），因此能全面评估当前购买每一股份所能带来的收益。市盈率数值越高，市场对该股票的评定等级也越高。通常，高市盈率意味着公司今后有较大的高增长率；反之，市盈率低表示公司盈利增长的前景黯淡。

思考 2.7

依据思考 2.5 所给的数据，计算德力机电公司的市盈率。

提示

DPS＝3.15 ÷0.35＝9

（四）盈利收益率

在数值上，盈利收益率是市盈率的倒数，表现为百分比而非倍数。其计算公式如下：

盈利收益率＝每股盈利÷每股市价×100％

思考 2.8

依据思考 2.5 所给的数据，计算德力机电公司的盈利收益率。

提示

盈利收益率＝0.35÷3.15×100％＝11.1％

（五）股利率

股利率反映了当前以市价购买股票所能获得的实际收益率，它表现为每股股息除以每股市价的百分比，计算公式如下：

股利率＝每股股息÷每股市价×100％

为了便于与其他投资机会进行直接比较，股利率应以毛股息为分子计算（毛股息等于净股息加上预扣股息税）。股利率是分析目前和潜在投资的重要指标。经常用股利率来比较投资者从股票投资和从收取固定利息的投资上所能直接获得的现金收益。当然，这种比较没能把股票预期的资本升值或贬值考虑在内。

通常，股利率低的股票，其预期资本增值高；反之，股利率高的股票，其预期资本增值相对要低一些。

思考 2.9

依据思考 2.5 所给的数据，计算德力机电公司的股利率。

提示

股利率＝0.125 ÷3.15×100％＝3.97％

自测题

一、单项选择题

1. 下列财务比率中，（　　）可以反映企业的偿债能力。

A. 平均收款期　　B. 销售利润率

C. 流动比率　　D. 存货周转期

2. 某企业 20×9 年的流动资产平均余额为 100 万元，流动资产周转次数为 7 次。若企业 20×9 年销售利润为 210 万元，则 20×9 年销售利润率为（　　）。

A. 30％　　B. 50％　　C. 40％　　D. 15％

3. 在计算速动比率时，要从流动资产中扣除存货部分，再除以流动负债。这样做的原因在于流动资产中（　　）。

A. 存货的价值变动较大　　B. 存货的质量难以保证

C. 存货的变现能力较低　　D. 存货的数量不易确定

4. 以下对应收账款周转率的表达中，正确的是（　　）。

A. 应收账款周转率越大，周转速度越快

B. 计算应收账款周转率时，应收账款余额不应包括应收票据

C. 计算应收账款周转率时，应收账款余额应为扣除坏账准备后的净额

D. 应收账款周转率越小，周转速度越快

5. 一般而言，短期偿债能力与（　　）关系不大。

A. 资产变现能力　　B. 企业再融资能力

C. 企业获利能力　　D. 企业流动负债

6. 企业（　　）必须对其投资的安全性首先予以关注。

A. 所有者　　B. 债权人　　C. 经营者　　D. 或者国家

7. 目前企业的流动比率为 1.2∶1，假设此时企业赊购一批材料，则企业的流动比率将会（　　）。

A. 提高　　B. 降低　　C. 不变　　D. 不能确定

8. 以下关于利息保障倍数的说法中，错误的是（　　）。

A. 利息保障倍数不仅反映了企业的获利能力，而且反映了获利能力对偿还到期债务的保证程度

B. 利息保障倍数等于税前利润与利息支出的比率

C. 利息保障倍数是衡量企业长期偿债能力的指标

D. 在进行利息保障倍数指标的同行业比较分析时，从稳健的角度出发，应以本企业该指标最低的年度数据作为分析依据

9. 不影响净资产收益率的指标包括（　　）。

A. 总资产周转率　　B. 销售利润率

C. 资产负债率　　D. 流动比率

10. 企业大量增加速动资产可能导致的结果是（　　）。

A. 减少资金的机会成本　　B. 增加资金的机会成本

C. 增加财务风险　　D. 提高流动资产的收益率

11. 某企业的年初资产总额为 100 万元，年末资产总额为 140 万元，净利润为 24 万元，所得税为 9 万元，利息支出为 6 万元，则总资产报酬率为（　　）。

A. 27.5%　　B. 20%　　C. 32.5%　　D. 30%

12. 评价企业短期偿债能力强弱最可信的指标是（　　）。

A. 利息保障倍数　　B. 速动比率

C. 流动比率　　D. 现金流动负债比率

13. 评价企业短期偿债能力强弱最苛刻的指标是（　　）。

A. 利息保障倍数　　B. 速动比率

C. 流动比率　　D. 现金比率

14. 流动比率小于 1 时，赊购材料将会（　　）。

A. 增大流动比率　　B. 降低流动比率

C. 降低营运资本　　D. 提高营运资本

15. 如果企业的速动比率很小，则下列结论正确的是（　　）。

A. 企业流动资产占用过多　　B. 企业短期偿债风险很大

C. 企业短期偿债能力很强　　D. 企业资产流动性很强

16. 下列经济业务会使企业的速动比率提高的是（　　）。
A. 销售产品　　B. 收回应收账款
C. 购买短期债券　　D. 用固定资产对外进行长期投资
17. 在计算速动比率时，要把存货从流动资产中剔除的原因不包括（　　）。
A. 可能存在部分存货已经损坏但尚未处理的情况
B. 部分存货已抵押给债权人
C. 存货的周转能力最差
D. 存货可能采用不同的计价方法
18. 若流动比率大于 1，则下列结论成立的是（　　）。
A. 速动比率必大于 1　　B. 营运资本大于零
C. 资产负债率大于 1　　D. 短期偿债能力绝对有保障
19. 短期债权人在进行企业财务分析时，最为关心的是（　　）。
A. 企业获利能力　　B. 企业支付能力
C. 企业社会贡献能力　　D. 企业资产营运能力
20. 利息保障倍数不仅反映了企业的获利能力，而且反映了企业的（　　）。
A. 总偿债能力　　B. 短期偿债能力
C. 长期偿债能力　　D. 经营能力

二、多项选择题

1. 分析企业营运能力的指标有（　　）。
A. 存货周转率　　B. 流动资产周转率
C. 速动比率　　D. 资产净利润率
E. 净值报酬率
2. 应收账款的周转率越高，则（　　）。
A. 应收账款收回越快　　B. 应收账款周转天数越短
C. 资产流动性越强　　D. 短期偿债能力越强
E. 流动资产的收益能力越低
3. 应收账款周转率有时不能说明应收账款正常收回时间的长短，其原因有（　　）。
A. 销售的季节性变动很大　　B. 大量使用现销而非赊销
C. 大量使用赊销而非现销　　D. 年底前大力促销和收紧商业信用
E. 计算有错误
4. 以下关于固定资产周转率的表述，正确的有（　　）。
A. 在销售收入净额一定的情况下，固定资产平均占用额越高，固定资产周转率越高
B. 在销售收入净额一定的情况下，流动资产在总资产中占的比率越高，流动资产周转率越高，则固定资产周转率越高
C. 固定资产平均占用额越低，销售收入净额越高，固定资产周转率越高
D. 流动资产周转率越高，则固定资产周转率越低
E. 如果企业资产总额及其构成都保持不变，则流动资产周转率越高，固定资产周转率越高

5. 分析企业资金周转状况的比率有（　　）。
A. 速动比率
B. 利息保障倍数
C. 应收账款平均收账期
D. 存货周转率
E. 流动资产周转率
6. 财务报表数据的局限性表现在（　　）。
A. 缺乏可比性
B. 缺乏可靠性
C. 存在滞后性
D. 缺乏真实性
E. 缺乏完整性
7. 使用比率分析法应注意的问题包括（　　）。
A. 对比项目的相关性
B. 对比口径的一致性
C. 衡量标准的科学性
D. 计算结果的假定性
E. 数据的完整性
8. 下列说法正确的是（　　）。
A. 产权比率也称资本负债率
B. 产权比率侧重于揭示自有资金对偿债风险的承受能力
C. 资产负债率侧重于揭示财务结构的稳健程度
D. 资产负债率侧重于分析债务偿付安全性的物质保障程度
E. 资产负债率等于产权比率的倒数
9. 应收账款周转率高说明（　　）。
A. 收账迅速
B. 短期偿债能力强
C. 收账费用增加
D. 坏账损失减少
E. 应收账款周期短
10. 反映企业获利能力的指标包括（　　）。
A. 盈余现金保障倍数
B. 资本保值增值率
C. 资本积累率
D. 每股收益
E. 销售利润率
11. 提高主营业务利润率的途径主要包括（　　）。
A. 增加主营业务收入
B. 减少主营业务收入
C. 降低成本费用
D. 提高成本费用
E. 提高销售价格
12. 下列各项中，可能直接影响企业净资产收益率指标的措施是（　　）。
A. 提高销售净利率
B. 提高资产负债率
C. 提高资产周转率
D. 增加所有者权益
E. 提高速动比率
13. 下列各项中，影响营业周期长短的因素有（　　）。
A. 年度销售额
B. 平均存货
C. 销货成本
D. 平均应收账款
E. 应收账款余额
14. 如果流动比率过高，意味着企业存在的可能情况有（　　）。

A. 现金闲置　　B. 存货积压
C. 应收账款周转缓慢　　D. 固定资产投资很大
E. 现金紧缺

15. 下列各项指标中，可用于分析企业长期偿债能力的有（　　）。
A. 流动比率　　B. 资产负债率
C. 产权比率　　D. 速动比率
E. 销售利润率

三、判断题（正确为 A，错误为 B）

1. 资产负债率是负债总额占资产总额的百分比。其中，资产总额应为扣除累计折旧后的净额，负债总额是扣除流动负债后的净额。（　　）

2. 某企业年末速动比率为 0.5，则该企业的短期偿期能力较强。（　　）

3. 现金作为一项流动资产，存在估价的问题。（　　）

4. 利息保障倍数指标可以反映企业偿付利息的能力。（　　）

5. 流动比率较高，说明企业有足够的现金或存款用来偿债。（　　）

6. 速动比率较流动比率更能反映流动负债偿还的安全性，如果速动比率较低，则企业的流动负债到期绝对不能偿还。（　　）

7. 现金流动负债比率＝现金÷流动负债。（　　）

8. 固定资产周转率＝主营业务收入净额÷平均固定资产总值。（　　）

9. 市盈率越高，说明投资者对企业的发展前景越看好，投资者更愿意以较高的价格购买公司股票。（　　）

10. 计算应收账款周转率时，公式中的应收账款包括应收账款和应收票据等全部赊销款，是未扣除坏账准备的总额。（　　）

11. 流动比率和速动比率越高，说明企业的短期偿债能力越强。（　　）

12. 总资产利润率是反映企业获利能力的核心指标。（　　）

13. 每股股利与企业获利能力是同方向变动的。（　　）

14. 一般而言，利息保障倍数越大，企业可以偿还债务的可能性就越大。（　　）

15. 每股股利可以反映企业的获利能力的大小，每股股利越低，说明企业的获利能力越弱。（　　）

16. 一般来说，市盈率高，说明投资者对该公司的发展前景看好，但是市盈率也不能太高。（　　）

17. 流动资产周转率属于财务绩效定量评价中评价企业资产质量的基本指标。（　　）

18. 每股净资产越高，投资者所承担的投资风险越高，企业发展潜力与其股票的投资价值越大。（　　）

19. 每股账面价值是指企业净资产与发行在外的普通股股数之间的比率。（　　）

20. 流动比率反映了企业的营运能力。（　　）

第三章 融资管理

引　言

任何一家企业在经营过程中，都需要筹集资金来帮助其发展。权益融资需要企业的原始股东投入第一笔资金，在企业发展历程中，也需要社会股东不断地增资扩股，以支持企业持续地发展，这里需要了解权益融资的形式及特点。

此外，企业还可以利用另一种融资方法，即债务融资。本章探讨债务融资的合适模型，探讨资产期限与债务期限之间配比的原则。我们应该注意每一种不同债务融资形式的特点、优缺点，以全面客观地评价每一种债务融资形式。

不同的融资来源需要考虑不同的融资成本，需要计算普通股、优先股、留存盈利和债务这四种资本要素的成本，也需要将各种资本要素在资本结构中所占比例作为权数，以计算加权平均资本成本。

第一单元　权益融资

目　标

当你学完本单元，应该能够：

- 了解和掌握权益融资的形式
- 掌握各种权益融资方式的特点
- 能计算增资配股后理论除权价

一、权益融资的形式

（一）普通股

普通股代表了公司的所有权，普通股股东是公司的真正所有者。普通股没有到期日，与公司同时延续；普通股红利也没有最高或最低限制，红利派发前由董事会事先宣布。普通股股东对公司收益分配和资产清偿的权利排在公司债权人和优先股股东之后。

普通股的一般特征如下所述。

1. 收益分配权

当公司向债权人及优先股股东分别支付了利息和红利之后，剩余收益归属公司的所有者——普通股股东。普通股收益可以现金红利的形式直接支付给股东，或者以再投资的方式留存在公司内部。现金红利可以使股东立即获得回报，而再投资只能给股东带来预期收益。只有当再投资收益大于股东要求的收益时，再投资才会提高公司的盈利能力和增加公司的价值，从而增加普通股红利和股票价值。

对于普通股股东来说，剩余收益权既有优点又有缺点。优点是潜在回报没有限制，一旦债权人与优先股股东的收益要求权满足以后，普通股股东就可以不加限制地从公司剩余收益中获取现金红利或从股票市场上获取资本收益。缺点在于，如果债权人与优先股股东的收益要求等于公司所有的收益，则普通股股东就没有收益。当公司利润下降时，普通股股东首先遭受损失。

2. 资产清偿权

公司破产清偿时，只有当债权人与优先股股东的资产清偿权满足以后，普通股股东才有权获得剩余部分。不幸的是，公司破产时，往往资不抵债，因而普通股股东的资产清偿权往往得不到满足。

3. 投票权

通常，只有普通股股东才享有投票权，由普通股股东投票选举公司董事会。

在公司一年一度的股东大会上，普通股股东一般有如下投票权：选举公司董事、修改公司章程、年度股利分配方案和重要事项的表决。股东可以亲自参加股东大会，也可以委托他人参加，大多数股东委托他人参加股东大会。受托人以暂时的权力参加股东大会的投票选举及其他表决活动。

4. 优先购股权

普通股股东的优先购股权特许公司原有股东在公司保持一定的持股比例。当公司发行新股时，原来的普通股股东拥有按一定比例优先购买新发行股票的权利。例如，某股东持有一家公司25％的股票，当该公司发行新股时，该股东具有购买25％的新股的权利，这种权利称为优先购股权。股东可以按约定的价格行使这一优先购股权，也可以放弃，转而在公开市场上出售这项权利。

5. 有限责任

尽管普通股股东是公司的实际所有者，但他们在公司不幸破产时所负的责任不超过在公司的投资。这种有限责任的特性吸引了一批在其他投资方式下可能不愿全额投资的人。

（二）优先股

优先股常常被人称为混合证券，因为它兼有普通股和债券的特点。优先股与普通股的共同点在于：（1）没有固定的到期日；（2）公司无力支付红利时不会导致破产；（3）红利在税后分配，没有减税的作用。优先股与债券的相同之处在于红利有一定限额。

优先股红利的数额一般表示为每股若干元或优先股面值的固定比例（又称为红利收益率）。例如，殷先生持有面值为100元的优先股，该优先股红利收益率为4.25%，则每股优先股年度红利为4.25元。优先股的红利通常是固定的，优先股股东往往不享受公司剩余盈余的分配。

1. 优先股与普通股的共同特点

虽然优先股的发行条件不尽相同，但优先股与普通股具有一些共同的特点。

（1）多种等级。

公司可以根据需要发行多种系列或等级的优先股，每一等级可以具有不同的特征。

（2）对公司收益和资产的追偿权在债券之后。

当公司破产时，优先股具有比普通股优先的资产清偿权。但优先股的清偿优先等级又在公司债券之后。优先股在收入分配上也先于普通股而后于公司债券，即公司必须先派发优先股的红利，然后再派发普通股红利。

（3）红利可累积。

大多数优先股具有红利累积的特性，即发行公司不能按期支付优先股红利时，可以推迟一定期限，但要累积。在公司没有付清累积的优先股红利前，不能支付普通股股利。这一规定是为了保护优先股股东的利益。

（4）限制公司经营行为。

除红利累积特性外，优先股还有其他一些限制公司经营行为的条款，类似于长期债务的限制性条款，目的在于保护优先股股东的权益。这些条款通常包括：允许优先股股东在红利未能付清时拥有公司的投票权；当公司未能按规定提取偿债基金或公司处于财务困难时，限制发放普通股股利；限制公司发行新的同级或高级优先股以及债券等。

（5）可转换性。

红利收益率可调整的优先股都允许优先股股东自主选择是否转换为预定数量的公司普通股。可转换性当然为投资者所欢迎，相应也降低了公司的优先股融资成本。

（6）可赎回。

优先股发行条款中通常设有赎回条款。

2. 优先股的特点

优先股具有一些自身的特点，主要包括：

（1）红利收益率可调整。

红利收益率可调整的优先股是20世纪80年代初推出的，目的在于保护投资者避免因利率剧烈波动所导致的优先股价格剧烈波动所带来的损失，又称为浮动红利收益率优先股。红利收益率的浮动水平根据一定公式来计算，一般来说，国外是在3个月期国库券或10年期国债甚至20年期国债收益率的基础上进行溢价或折扣，并规定浮动的上下限。设置浮动红利收益率的目的是减少优先股市场价格的波动。在市场利率较高并且波动很大的情况下，这一特性对保护优先股投资者非常有益。

(2) 参与剩余收益分享的权利。

这种权利允许优先股股东参与固定红利之外的盈余分配，但目前在优先股中并不常见，而且要在一定条件下经过特定的程序才能行使。附加这种权利，可以比较显著地增强优先股对投资者的吸引力，并有助于降低公司优先股的融资成本。

(3) 特惠送股。

在特惠送股条款下，优先股投资者初期没有现金红利，只能得到发行公司派送的优先股，相当于普通股股东的权利。大约五六年后，若发行公司经营状况良好，现金红利就会代替股票红利。此时，发行公司将付出更多的现金红利，红利收益率一般可达到12%甚至18%，这也是吸引投资者的地方。

(三) 储备

储备的主要组成部分是留存盈利（没有分配给股东的利润）。迄今为止，留存盈利一直是企业权益融资的最主要来源。董事会每年都得决定用多少利润分配和留多少利润以扩大权益融资。储备的其他组成包括股本溢价储备（股票发行价高于票面价值部分的溢价）和重估价储备（盈余来自资产价值重估）。

(四) 新发股票

新发股票有两种最基本的类型：公司初次向公众发行股票，全部是以前未向公众发售的股票（即新股发行）；公司早已向公众发行股票，现在追加发行（即增资配股）。

1. 市场中介机构

对于上述两种类型，要发行新股有很多市场渠道。但要进入其中任何一个市场，须委聘股票经纪商或证券承销公司。

2. 新股发行价的确定

股票经纪商或证券承销公司会制定进入市场的最佳方法，同时它们在确定新股发行价时也起着主要作用。确定股票发行价需要考虑影响公司股票的诸多因素，这些因素主要有：

- 当前的盈利水平和预计的增长率；
- 公司的资本结构和（公司）当前盈利及预计盈利的脆弱性和波动性；
- 与同类上市公司的比较；
- 现行的利率水平及其短期内的波动性；
- 股票市场现在的状态和预期的动向。

思考 3.1

确定新股发行价的主要目标是什么？

提示

确定新股发行价的主要目标是保证股票的发行能筹集到最多金额的资本。换言之，发行价要定得高，但又不能高得吸引不了潜在的投资者。如果公司曾经发行过股票，就得考虑已发行股票的现行市场价格及新股发行对其可能产生的影响。

3. 进入市场

进入股票市场的主要方法有：

- 推荐进入；
- 凭招股说明书发行；
- 要约销售；
- 上市募集；
- 招标发行；
- 增资配股；
- 分发红股。

（1）推荐进入。

一家公司可以通过推荐进入任何一个股票市场。公司在被推荐进入时，可以不进行实际的募股行为。只有当进入者是一家大公司，其股东分布广泛，并且可以预见能形成一个市场时，推荐进入才会发生。推荐进入市场的目标不外乎两个：一个是使原来股东的股票得以变现；另一个是测试市场对该公司的反应情况。

（2）凭招股说明书发行。

采用招股说明书发行股票时，公司将其股票发售给一般的公众。这时，公司不仅要满足股票上市的条件，而且要符合招股说明书的要求。招股说明书的要求如下：

- 详细披露公司的有关情况和公司在前五年的财务业绩；
- 公司将来的发展计划；
- 至少在一家主要的日报上整版刊登招股说明书。

采用这种发行方式，证券承销公司可能只作为发行人的代理人，而不作为包销商（包销商需要购买公众未认购的发行人的股份，并收取一定的费用），因此，以招股说明书发行股票的方式具有风险性，在实践中也非常少见，但是一些股票已经上市的著名大公司在募集巨额股本时可能会使用这种方式。

（3）要约销售。

要约销售是将公司股票出售给公众的一种方式，是股票获得上市挂牌交易的常见方法。其好处在于证券承销公司包销发行人的股票，即使投资公众没有接受销售要约，发行股票的公司仍能获得该次发行的全部金额。此外，包销商尽量把发行价定在一个适当的水平，以确保发行的成功。当然，这种方式会产生巨额的包销费用。

（4）上市募集。

这是获得在证券市场挂牌交易的常见方式。在这种方式下，经纪商安排少数机构投资者购买大部分股票，与此同时准备介绍股票进入市场交易。相对而言，这种方式用于募集较小数额的股本。

（5）招标发行。

当公司对股票发行价的确定缺乏把握时，可采用招标发行的方法。在股票价格上升时，这种方法对公司充满吸引力，因为在股票招标出售时，公司能从市场价格上升中获益。通常要确定股票发行价格的最低线，然后邀请投资者以高于最低线的价格投标。股票并不一定是按最高的报价售出，因为在最高的价位上的投标可能不足以购买全部股票，故最终会以所有股票都可被购买的价位销售出去。

思考 3.2

一家公司拟以每股 2 元的最低价格招标出售 1 000 000 股股票。下列数据是投资者的投标情况：

450 000@2.30　　300 000@2.60　　50 000@2.75

200 000@2.40　　150 000@2.65　　50 000@2.80

350 000@2.50　　100 000@2.70

上述投标中，哪个价格是成交价？

提示

上述投标中的成交价是@2.50。因为在这个价格以上，股票可被全部认购。报价高于@2.50 的投标者可用低于其报价的价格买到股票，那些报价低于@2.50 的投资者则不能购买股票。

（6）增资配股。

增资配股（或称发行股权）是指向原有的股东配售新股。增资配股所发行的股票通常要求首先向原有的股东出售，除非股东同意减少一定比例的优先认购权益。对于早已向公众发售过股票的公司，增资配股是筹措新权益资本的最常用的方式。公司原有的股东可按其持有股份的比例认购新股。

增资配股的好处主要有：

- 增资配股的股票以低于该公司现行市价的价格发行，从而使原有股东获得好处；
- 增资配股的成本远低于向公众发行新股的成本；
- 增资配股使原有股东享有保持其持有公司股份比例不变的权利。

价格确定是决定增资配股成功与否的关键因素。对此，公司往往参考投资银行或证券承销公司的建议。定价时需考虑的要点有：

- 公司原有股票的现行市价及其波动性。增资配股的价格必须低于现行价格以吸引股东，但又不能太低以至于稀释公司的每股盈利水平导致股票过于畅销。
- 公司所需要的资本额。
- 股票市场的当前行情和未来趋势。

- 公司预期的盈利水平。
- 需要个人股东进行投资的规模。
- 公司原有大股东与小股东的组成情况以及个人投资者和机构投资者的比例。如果小股东分布广泛，就可能使配股难以被全部认购。
- 是否以远低于市场价的价格发行，以省去包销费用。

公司增资配股，享有认股权的股东有四种选择：

- 行使自己的认股权，认购公司追加的股份；
- 出售认股权；
- 部分出售认股权，部分认购或放弃；
- 不采取任何行动，让认股权作废。

一般来说，增资配股的公司指定股东须于某日行使认股权。在要约认股权日至行使认股权日之间，公司股票的市价将包括每一股归属的认股权价值。这时公司股票称为附有认股权。当行使认股权日到期后，这时股票的价格将不包括认股权的价值。

（7）分发红股。

分发红股是指通过将权益储备转为股本的形式向原有的股东发行新股。例如，如果公司已发行 100 000 股普通股，每股面值 1 元，公司现以 5∶1 的比例分发红股，即每 5 股老股能分发 1 股新股，那么会有 20 000 股新股分发给原有的股东。结果，发行股本的总量增加 20 000 元，而公司的储备减少 20 000 元。尽管没有输入新的资金，但公司股票的价格会变低，而且或许其股票在市场上更加容易流通。比如，如果上例中公司每股股票的市价为 6 元，则 100 000 股股票总值为 600 000 元，而分发红股后总股份增至120 000股，其每股市价则会降至 5 元。但是，基于对公司潜力的期望，市场所反映的价格可能会稍高于 5 元。

如果出现股份拆细，即一股拆成两股甚至更多的股份，同样会增多股份并使股票更为容易流通。投资者预期公司拆细股份是由于盈利大幅度提高及股息增长。如果上例中所述股份每一股拆细为面值@0.50 的两股，那么股本就变为 200 000 股，如果总市值依然是 600 000元，每股的股价就只有 3 元。然而，正如分发红股一样，基于对公司潜力的期望，市场所反映的价格可能会稍高于 3 元。

二、理论除权价的计算

增资配股对公司股票市场价格会有影响，当公司宣布增资配股时，由于投资者对公司筹措更多资本的原因和增资配股的结果把握不准，故该公司的股票市价可能会下跌。股票除认股权后其价格会因除权而下跌，反映了增资配股的价格折扣和数量对市价影响的幅度。假设没有其他因素影响股票市价，就能预先计算出股票除权价格，通常被称为理论除权价（*TERP*），它的计算公式如下：

$$TERP=\frac{(MV\times N)+SP}{N+1}$$

其中：

MV：宣布增资配股时的股票市价；

N：获得购买一股新股的权利所需要的股票数量；

SP：每一配股的认购价。

理论上，能计算出每股老股拥有认购权的价值和每份认股权证价值，其公式为：

$$每股老股拥有认购权的价值=\frac{MV-SP}{N+1}=市价-理论除权价$$

每份认股权证价值＝理论除权价－配股价

思考 3.3

某公司已发行普通股 10 000 000 股，每股面值为 0.50 元。公司现拟通过增资配股筹措 2 000 000 元的资金。公司股票的市价是每股 2.20 元。由于市场行情并不稳定，同时公司也想省掉包销费用，因此决定以每股 1 元的认购价进行增资配股。也就是说，增资配股的比例是 5∶1，即原来的股东每持有 5 股配到认购价为 1 元的一股新股，公司须发行2 000 000股。试计算股票的理论除权价和每股老股拥有认购权的价值。

提示

股票的理论除权价是：

[(2.20×5)+1]÷(5+1)=12÷6=2(元/股)

每股老股拥有认购权的价值是：

(2.20－1)÷(5+1)=1.20÷6=0.20(元/股)

从理论上讲，无论股东是行使他们的认股权还是出售其权利，股东都不会从增资配股中有所获益或受到损失。举例说明，一个股东拥有 100 股，若行使权利，则：

原有股票的价值（100× 2.20）	220
购买新股的资金（100÷5× 1）	20
总计	240
新股价值（120×2）	240

若出售权利，则：

原有股票的价值	220
出售权利的收入（100×0. 20）	20
除权后股票价值（100×2）	200
现有股票价值（100×2）	200

第二单元　债务融资

目　标

当你学完本单元，应该能够：

- 了解和掌握债务融资的各种形式
- 理解各种债务融资形式的特点
- 了解各种债务融资形式的优缺点

从前面的介绍中，我们得知企业里权益资本是最有风险的。权益股东们期望分享企业利润，以及在企业清算时分享剩余资产，而债务融资的来源是企业外的第三方，如银行和供货商。典型的债务合同都规定：无论企业盈利与否，利息与本金都须按时偿还。

有多种方法可用来区分债务融资类型。比如，简单的、复杂的、有担保的、没担保的，或按利率水平高低，利率浮动与否，以及债务期的长短来划分。本单元将按债务期的长短来划分债务融资类型，主要可分为三类：

◆ 短期：通常为 1 年以内，至多 2 年；
◆ 中期：通常为 2～5 年，至多 7 年；
◆ 长期：5～7 年或更长。

一、短期债务

（一）透支

透支是企业最常用的短期债务融资类型之一。每个银行体系和单一银行都有其关于透支操作的规章制度。透支的主要特征如下：

◆ 与企业的往来账户或支票户头相联系，以便能反映企业的支出状况。
◆ 只要银行催还，须立即偿付。
◆ 有一个最高限额，但在限额之内，每日透支额可以浮动。
◆ 通常有一项附加条件：每年至少要有一段时间在银行内须有贷方余额，否则，须保持一笔存货抵消余额。也就是说，在往来账户或活期账户上保持一笔不享受利息的贷方余额。
◆ 透支利息率与银行的优惠利率（或称基本利率）连在一起，随其上下浮动。
◆ 如果透支的条件没能得以履行，企业将可能被处以罚金或附加费。

◆ 银行通常每年检查一次透支状况，若履行状况令银行满意，透支便能得以延续。

思考 3.4

依据可以利用银行所提供的透支便利，你认为透支的利弊有哪些？

提示

透支的优点：

◆ 洽商时比较容易，因为银行可以随时要求企业偿还透支因而能迅速减少银行的风险。

◆ 透支系统的建立和运转都相当简单。

◆ 利率通常是最优惠的。此外，由于利息是逐日计算的，因此利息费用能极小化，不会有额外支出。透支是企业最便宜的融资来源之一。

◆ 灵活便利是透支的最大优点，体现于如下两方面：

■ 它能直接与企业的付款方式相统一并反映企业日常现金需求。

■ 没有用完的透支余额等同于现金储备。当考虑到现金流量规划的不确定性时，这一点就显得相当重要。

◆ 由于透支通常可续约，故其实际上是一项永久性的或循环的融资来源。

透支的弊端：

◆ 一旦银行催还，必须即时支付。银行也许会说自己很少使用这项催付权，但在下列三种情况下，银行还是会动用这项权利的：

■ 当银行处于压力之下，需要减少对外承诺时。

■ 当监管当局决定紧缩信贷条件时，透支通常是首当其冲。

■ 当借款企业的财务状况恶化时。

在前两种情况下，透支被削减或取消的原因完全在企业控制能力之外，企业可能在紧要关头突然被剥夺了重要的资金来源。在第三种情况下，当企业的财务状况处于危机时，透支便利被取消了，这无异于雪上加霜，并可能因此阻碍了企业走出困境的行动。基于上述原因，除了融通营运资本的浮动部分之外，企业不应对透支依赖过重。

◆ 如果利率上升，透支利率将比其他类型的债务利率上升得更快。当然，一旦市场利率下降，透支利率也会迅速下降。

思考 3.5

请指出下列关于透支的描述中哪一项是不正确的：

(1) 通常有一项附加条件：每年至少要有一段时间在银行内须有贷方结余；

(2) 它是企业所能运用的最便宜的融资来源之一；

（3）只有当监管当局决定紧缩信贷条件时，银行才可能要求企业立即还款；
（4）由于透支一般都能续约，故其实际上是一项永久性或循环的融资来源。

提示

正确答案是（3）。银行可在任何时刻要求企业偿还。

（二）短期贷款

与透支相比，短期贷款的使用目标通常要具体得多。短期贷款的主要特征如下：

- 保证在一定时间（通常为一年，有些特定情况下也可能延长至两年）内的可运用资金，条件是企业须遵守贷款合约的各项条款。
- 通常有特定的使用目标，如购买存货或预付货款等，能预计到将来有一笔确定收入（一般可称为存货贷款或融通贷款）。同时，确定的还贷来源要与贷款使用目标相联系。
- 如果贷款期很短（3～6个月），通常是固定利率。但大部分短期贷款的利率是浮动的，其浮动与银行基本利率或透支利率挂钩。
- 短期贷款可一次性提取，或分批以固定的最低金额提取。
- 可以一次性还款或分批在固定时间偿还固定的最低金额。

思考 3.6

依据短期贷款的特征，举出其对企业的利弊各两点。

提示

下列分析中任何两条即构成上题答案。
短期贷款的优点：

- 它不会因企业控制能力之外的原因而被取消。
- 短期贷款的利息率通常是银行给予特定信用等级客户的最优利率。而且，若是固定利率，则企业在市场利率上升期间可享受优惠。
- 它在资金供给和偿还方面提供了一定程度的确定性。
- 在资金提取方面有一定的灵活性，而且可直接配合某笔具体交易的时间与数额。但在这种情况下，可以借入确切的所需金额，无须全数借入。

短期贷款的弊端：

- 如果合同规定一次性提取或分期提取一定的金额，则企业可能被迫按时提取当时并不需要的资金。
- 定期偿还定额贷款意味着：即使企业手中有盈余现金，也得等到合同规定日期才能还款。

◆ 如果以固定利率计算，当市场利率下跌时，企业便会遭受损失。

思考 3.7

在什么情况下，企业将会选择透支而非短期贷款，或选择短期贷款而非透支？

提示

当企业为了弥补现金流量临时短缺和为筹措营运资本时，假如现金流量预算表明企业能在银行规定的期限内（通常为一年）偿还透支额，则企业会选择透支。否则，将选择短期贷款。但是应注意：对大多数企业来说，决定因素并非企业要求什么样的短期融资类型，而是银行准备提供何种融资。

（三）票据融资

票据融资作为短期融资类型，产生于银行和其他金融机构所提供的融通便利——商业汇票（贴现汇票）。主要有以下两类：

◆ 商业承兑汇票；
◆ 银行承兑汇票。

商业汇票属于可流通票据，这意味着它可以转让给第三方，而第三方便由此获得收取汇票而获得款项的权利。这些根据法律而可强制执行的权利和义务适用于商业汇票上所有的当事人。由于商业汇票可以流通，所以可以转让给银行或贴现行。银行在扣除贴现日至汇票到期日期间的利息或折扣之后，再支付汇票余额，所扣除利息的利率相当于透支或短期贷款的利率。如果承兑人的信用等级高于商业汇票的出票人，利率也可能会低一些。

思考 3.8

请说出票据融资的主要优点和弊端。

提示

票据融资的优点：

◆ 除融资功能外，票据融资还具有确定或加速债务人支付款项日期的作用。有时候，如果客户提供经承兑的汇票，那么给他们额外地延长一段信用期限都是值得的。
◆ 成本具有竞争力。银行承兑汇票即使在支付佣金后，成本也很低。
◆ 小企业可以利用规模比自己大的、信用更好的客户的信誉为自己获得利益。
◆ 当银行信贷不能满足需求时，票据融资是很有用的融资渠道。
◆ 由于利率是固定的，所以全部的费用也能预先知道。当利率上升时，它还能带来利率上的好处。
- 运用票据融资可以让透支额用于其他用途。
- 它是一种与企业日常活动密切相关的灵活的融资形式。

票据融资的弊端：

- 需要预先支付贴现费用或利息。
- 有些客户拒绝接受用商业汇票来代替未清账户制度。

（四）应收账款让售（factoring）

应收账款让售（也称代理融通）指的是企业与代理融通公司签署协议，把账面应收账款让售给后者。企业因此可免去追索应收账款的麻烦，同时可在应收账款到期之前提早获得销货现金。

应收账款让售有两种基本类型：

- 有追索权的让售，意味着企业要承担坏账风险。
- 无追索权的让售，代理融通公司承担坏账风险。

代理融通公司在签约后即成企业应收账款的法律业主，并提前向企业支付应收账款价值一定百分比（通常最多为80%）的现金。余额支付时间根据具体情况而定：

- 在有追索权的让售中，当债务人付清账款时，支付余额。
- 在无追索权的让售中，在应收账款到期日支付余额。

代理融通公司的责任包括：

- 代理融通公司为企业提供销售分户会计服务（依发票时间进行）。
- 代理融通公司承担收账责任。
- 代理融通公司提供顾客（企业的顾客）的最新信用信息。
- 代理融通公司将依据企业给予各个债务人的交易量及各个债务人的信用能力设定信用限额。

代理融通公司向企业收取两方面费用：

- 为制作销售分户会计和提供其他服务的劳务费用。
- 应收账款预付部分的利息。

应收账款让售的优点：

- 对成长中的小型企业，应收账款让售能使其更好地实施信用控制，并使管理者能把有限的精力集中于业务发展方面。
- 它确保了更快及更易预测的现金流量。
- 当企业不断成长时，现金流入也能不断增加，因为在代理融通协议下，随着应收账款与销售额的同步增长，代理融通公司的预付现金要逐渐增加。
- 这是一种适应性强、灵活的融资方式，它与企业日常经营密切配合，使企业能应付意外的现金需求或利用偶尔出现的折扣优惠及其他各种机会。

◆ 应收账款预付部分可在有现金需求时才要求预付，因此可避免不必要的利息支出。

◆ 它可以避免其他融资类型常伴有的附加条件和限制所带来的不利影响。

应收账款让售的缺点：

◆ 利息费用通常比其他短期债务高。

◆ 管理费可能相当高，其计算主要取决于企业应收账款的数额、业务规模和会计项目复杂程度。

◆ 一旦企业与顾客发生纠纷，如有代理融通公司夹在中间构成第三方，极易误事并可能阻碍账款的收回。

◆ 有一些人眼里，应收账款让售意味着企业已“黔驴技穷”。这种感觉可能会影响让售应收账款企业的形象。

二、中期债务

（一）定期贷款

定期贷款是一项固定的贷款合同，要求借方和贷方在合同期内必须遵守所有合同条款和条件。所有银行和其他一些金融机构一般都提供定期贷款。其主要特征如下：

◆ 这是一项包含特定时间期限的固定合同。

◆ 偿还方式由双方事先约定 。

◆ 通常以浮动利率计息，其利率之浮动与市场利率的变动挂钩，具体利率的确定取决于三方面：

■ 企业的信用级别；

■ 贷款期限；

■ 偿还方式。

◆ 有时也可以固定利率计息。

◆ 通常每次提取固定的最低金额，企业有时要为未提取部分缴付一定的承诺费。

◆ 有时需付一笔协商费，以弥补设立贷款的费用。

◆ 一般要达成贷款合同细则，包括条款、条件、契约承诺及违约事项。

◆ 企业可专门就某项定期贷款进行单独谈判，但通常是把该项贷款视为企业融资计划的一个有机部分。

思考 3.9

请说出定期贷款的利弊各两点。

提示

可从下列论述中各摘取两条。

定期贷款的优点：

- ◆ 定期贷款合同确保了企业能按时得到所需资金。因此，定期贷款的财务风险要小于银行透支。
- ◆ 使企业能更肯定地预算将来的现金流量。
- ◆ 可通过合理安排取款与还款时间来配合企业的现金流量规划。
- ◆ 如果用浮动利率计息，相对于固定利率，在市场利率下跌时，企业可受益，但当市场利率上升时，企业便受损失；同样，若以固定利率计息，则相对于浮动利率，企业可在市场利率上升时受益，而在市场利率下跌时受损。
- ◆ 当企业难以满足银行透支的条件时，利用定期贷款有助于解决融资问题。
- ◆ 与短期债务相比，定期贷款可使企业的资产债务状况更为稳定。

定期贷款的弊端：

- ◆ 如果在签约后才发现合同中某些条款不合适，修改或取消合同通常要支付一笔罚金。
- ◆ 如果企业不能肯定各阶段需提取的确切金额，则承诺费可能会相当高。
- ◆ 如果贷款提取和偿还都有固定最低额，将可能导致提取金额高于需求水平的情况，而且在还债期临近时，企业不得不积累现金。

思考 3.10

下列关于定期贷款的叙述中，哪一条是不正确的？

（1）它是一项特定期限内有效的固定合同。

（2）它以固定利率计息。

（3）它可以通过合理安排提取与偿还的时间和金额，来配合企业的资金流量规划。

（4）如果发现已签合约条款不合适，修改或取消合同通常要支付一笔罚金。

提示

不正确的叙述是（2），贷款利率可以是固定的，也可以是浮动的。

（二）分期付款信贷

分期付款信贷即租购，是一项租用购买安排，以便企业使用营业收入而不必运用资本来购买资本货物。具体做法如下：

- ◆ 预付一笔订金，为货物总值的25%左右。
- ◆ 随后在合同期内定期定额偿还本金与利息。
- ◆ 在合同期末，通常要支付一笔小额购买选择费，以获得该项货物的最终所有权。
- ◆ 一般都是相当高的固定利率。
- ◆ 利息计算通常是以整个合同期的总金额为基数。

◆ 通常只需签署标准文件，故安排起来较容易。
◆ 若企业不能按时付款，可能导致货物被租购公司收回，因为租购公司一直保留货物所有权直至最后一笔款项清算完毕。

分期付款信贷的优点：

◆ 最大的优点是协议的达成相当便利。在多数情况下，它只需依标准格式签署合约即可。当涉及非常大的金额时，需要对承购方的信用进行一番评估，但其要求也远不如同类定期贷款严格，这是因为租购公司有货物本身作为完全担保，而且，由于其所计利息相当高，以致无须在履行合同期承受风险。
◆ 鉴于这是一项购买方法，税务上的资本减免的受益方是企业而非租购公司。
◆ 它使资产及其附属融资清晰地联系在一起，因此有利于期限配比过程。通过免除原本可能占用于固定资产的资金，减轻了企业对营运资本需求的压力。
◆ 这是一项固定合约，因此，如果企业履行了所有条款，偿债时间和金额都是固定的，合同标明的资产也能保证供给。

分期付款信贷的弊端：

◆ 主要弊端是成本太高。尽管如此，它还是很受欢迎，尤其对于那些信用风险较高的企业。
◆ 标准的租购协议条款通常严重偏向租购公司的利益，在出现分歧时企业的权利会大受限制。

思考 3.11

下列关于分期付款信贷的论述中，哪一条是不正确的？
（1）利息通常以相当高的固定利率计算，其基数为整个合同期的总金额。
（2）涉及非常大的金额时，需要进行信用评估。
（3）税务上的资本减免应由租购公司享受。
（4）标准租购协议常常严重偏向租购公司的利益。

提示

答案应是（3），因为这是一项购买方法，税务上资本减免的受益方应为承购企业。

（三）租赁

租赁是租用的一种类型，是为使用资产而融资，而并非购买资产，这使得租赁不同于其他资产融资类型，大多数资产融资的结果是资产所有权最终归企业。它与租购的一个重要区别是：租赁的设备通常由企业选定之后再由租赁公司购买。

租赁主要有两种类型：

◆ 融资租赁；

◆ 营业租赁。

1. 融资租赁

因为在合约期（称为基本时期）内交付的租金已完全付清了租赁设备的成本，并已使租赁公司获取一定利润，如果此后企业希望续租，下一期就称为租赁第二时期，通常只需交付一点名义上的租金即可。

2. 营业租赁

营业租赁是指企业在合约基本时期支付的租金并不足以涵盖设备成本，基本时期终结时，或续租或把设备退回租赁公司，再由租赁公司转租给别的企业。营业租赁通常只适用于几种特定设备，比如汽车，就有现成的租赁和二手市场。它也广泛应用于技术变化迅速的领域，此时其出租人通常是生产厂商，如在计算机领域就是这样。因此，从这一点上讲，营业租赁更像租购。

思考 3.12

下面两种情况反映了哪种租赁类型？

（1）某厂商向某公司发运了一台机器。一家金融机构从厂商那儿买下了这台机器，该公司承诺在三年合约期内每季向该金融机构交付租金。公司负责机器的维修，但机器的所有权属于金融机构。

（2）对上述情况略作如下修改：在合约期初，公司支付了20%的预付款，并且在第三年年末获得了该机器的所有权。

提示

情况（1）属于融资租赁；情况（2）并非租赁，而是租购。

在下面的讨论中，租赁（leasing）一词专指融资租赁。融资租赁的主要特征如下：

◆ 租赁资产由承租人挑选，承租人还要对所选设备的适用性及状况负责。
◆ 往往是承租人与出租人签订代理协议，由承租人自行购买。
◆ 整个租赁安排取决于是否接受涵盖了租赁所有方面的标准合同细则。
◆ 出租人保留对租赁资产的所有权。
◆ 出租人可享受资产的任何补助优惠，但一旦补助优惠的条件没有得以遵守，即使这种破坏系承租人所致，出租人仍有责任退还补助优惠。
◆ 承租人定期向出租人交纳定额租金。
◆ 在承租期内，承租人对租赁资产有绝对的使用权。
◆ 承租人对租赁资产有保养、维修和投保等义务，尽管出租人才是其合法业主。
◆ 若资产性能过时，承租人须承受过时负担。
◆ 在租赁期末，承租人通常有权选择以微薄的名义租金继续承租。

思考 3.13

请试举租赁的三大好处。

提示

可从下列论述中选择：

- 初期，不需要资本支出，这对企业现金流转大有好处。
- 租赁融资不需以其他资产作抵押，因此继续借款能力并没削弱——至少从抵押借贷的角度看应是如此。
- 租赁成本取决于企业的具体状况，尤其是税务方面，这可能是最便宜的融资途径。
- 租赁可谓“自我融资”，因为租赁资产投入使用后可获取资金以支付租金。
- 在某些国家的法律里，租赁是资产负债表外的项目，在计算资产时隐匿其相应的融资来源，从而增加了企业举债融资的能力。
- 它使资产的获得和租金的偿还都具备确定性。
- 它不能因信贷短缺或经济状况变化而被取消或削减。
- 它使那些边际税率较低的企业，可以通过边际税率较高的出租人，变相获得现金流量上的好处（这种好处以减少租金的方式获得）。
- 它通常没有那些与定期贷款有关的限制性或控制性条款，因此企业有较大的活动自由度。
- 如果银行或租赁公司正急于交付其租赁订单（尤其在税务年底时），租赁协议的达成有时要比传统贷款来得更快。
- 租赁时常被视为一项收益性而非资本性债务，承租人因此而更易于作出投资决定。

思考 3.14

上面我们已介绍了一家公司可通过出租人作为媒介，从而获取税务现金流量上的好处。那么，在何种情形下，公司自己拥有资产所有权并获取全额的税务优惠更为有利呢?

提示

租赁公司的租金减让通常不会体现资本减免所带来的税务优惠。实际上，该项优惠是由出租人和承租人双方分享。这意味着：如果承租人的税负之大足以充分利用税务减免优惠，而出租人的边际税率并不比承租人的税率高出多少，那么，公司利用租赁方式就失去了降低成本的优势。此时，企业拥有该项资产并享受全额的税务优惠就较为有利。应记住：公司因借债购买资产而支付的利息可作为减税费用。

思考 3.15

请列举租赁的弊端。

提示

租赁的弊端：

- 承租人在租赁期结束时放弃了资产剩余价值的部分或全部潜在利益，在有些情况下，这部分利益可能相当巨大。
- 承租人也许会发现租赁协议中某些条款限制了对租赁资产的充分利用。不过，发生这种情况的可能性很小。
- 如果影响租赁定价的条件不利于承租人，则承租人为租赁而支付的利息成本可能比其他融资类型要高。
- 承租人不能把租赁资产用来为其他贷款做抵押。
- 如果租赁资产在租赁期终结前变得过时，管理者也许仍要使用该资产直到租赁期末，这样，就很可能使承租人在与那些迅速更换其过时资产的竞争者的竞争中处于劣势。如果承租人决定放弃该租赁资产以迅速更新资产，又须支付一笔罚金。

思考 3.16

1. 区分融资租赁与营业租赁。
2. 举例并讨论融资租赁与购买资产相比的优势。

提示

1. 通常来说，在融资租赁中，承租人支付给出租人的租金里已包含租赁资产的全部成本和出租人所供资金的收益。融资租赁方式使资产所有权所能享受的好处和面临的风险大部分都转移给了承租人，其租赁期限通常占该项资产使用寿命的很大部分，且一般不可中途撤租。营业租赁的租期通常相对较短并具有可解约性（但要提前一段时间通知出租人），出租人一般负责维修、保养和投保，享有资产所有权带来的各项好处，同时也承担有关的风险。

2. 与购买相比，融资租赁的优势在于：

（1）税务考虑。租赁资产的法定业主，即出租人，享受购买该资产伴随的资本减免，而承租人拥有资产的使用权，可从其税负计算中减去租金费用。当承租人没有应税利润时，即使它购买了资产，也无法利用资本减免，而出租人（通常是银行）一般都有巨额的应税利润，因此能立即享有税务减免的好处，这种好处可以本着双方互利的原则体现于租金的减让上。

（2）方便。融资租赁不需要巨额的启动资金，它是一种灵活的融资来源，而且租赁条款时常可以按照公司的具体要求作出适当安排。

（3）资产负债表外的融资。租金支付通常直接在损益表上“借记”，而借款时常被认为是融资的一种备选方法，都要在资产负债表上体现为负债增加，并因此增加了公司的财务杠杆比率。有些分析者认为租赁无损于企业的借贷能力，而另一些人则认为贷款人不会忽视承租人每年固定支出的租金影响以及租赁所导致的企业盈利易变的后果。

三、长期债务

(一) 定期贷款

在此，定期贷款除了在期限上更长（可长达20年）以外，与前面讨论的定期贷款完全一样。长期的贷款一般都有抵押品，或以单项资产，或以企业的所有资产作保，其合约即为固定抵押或流动抵押的债券。

(二) 抵押贷款

抵押贷款与定期贷款相类似，但其抵押品通常是单项具体资产。抵押贷款主要用于房地产投资，所购置的特定资产将被抵押给贷款人作为贷款的抵押品。通常，资产价值的80%或90%的款项会以抵押贷款形式预支。对公司而言，抵押贷款不仅具备定期贷款的所有好处，还由于其抵押品仅涉及一项资产，从而使公司的其他资产还能用作其他贷款的抵押品。

(三) 债券

债券是证明债务人有义务付息还本的凭证。债券通常是指有担保的长期债券，一项有担保的定期贷款也可被称为债券。但现在有一种趋势：越来越多的人以“债券”这一术语特指那些发售给公众或机构（如商业银行、证券承销商、承兑商行、保险公司及养老金基金等）的有担保债券。

向公众发行的有担保的债券通常有如下主要特征：

- 描述性抬头，如：“¥2 000 000　Smiley Sweets 10%　债券　2001—2006”，该抬头意指：
    - 发行总额为¥2 000 000。
    - 固定利率为10%。
    - 赎回日期：在2001—2006年可随时赎回（债券一词隐含着“有担保”的意思）。
- 固定或浮动利率：利率水平将与下列因素直接相关：
    - 市场一般利率水平；
    - 发行债券企业的信用级别；
    - 抵押品的价值水平。
- 每半年计付到期利息。
- 债券赎回日期表示在规定期限内可随时赎回，而选择权一般在企业手中。
- 由企业资产作固定抵押或流动抵押。固定抵押（fixed charge）指的是以某项特定资产为抵押品，而流动抵押（floating charge）则以企业全部资产或数组资产（如存货与应收账款等）作为担保。一旦企业违约，贷款人即获得企业当时拥有的用以担保的合适资产偿债。固定抵押贷款人可优先于流动抵押贷款人获得被用于固定抵押的特定资产。

◆ 抵押品由代表公众债券持有人利益的受托人监管，受托人还要审查企业的业绩以确保债券的条款得以履行。若受托人认为必要，也有权采取行动。

债券的优点：

◆ 其期限可达10年以上，而且由于其潜在的变现性，债券期限甚至可以超过10年。
◆ 绝大部分是一次性偿还贷款。因此，如果企业有一个可选择的赎回期间，则在债券全期或至少大部分时期内，企业只需偿付利息。这给企业在现金流转上带来极大好处并使这类融资的财务风险大为降低。
◆ 如果债券表现良好，债券持有人能得到合理收益，则企业可以通过发行新债券来赎回旧债券。如此一来，企业的现金流量便不受债券到期的影响。
◆ 如果抵押品安全可靠，则债券利率可低于其他长期债务的利率。
◆ 利息支出可以减税。

债券的缺点：

◆ 向公众发行的债券，其抵押品一般不能再作其他融资的抵押。这使企业在需要筹措新的有担保债务以从事其他重要项目时，余地甚小。但企业也可以与受托人协商以求获准运用原抵押品从事这些项目。
◆ 鉴于其性质属公众债券，故对企业的监督与控制也较银行的定期贷款更为严格。
◆ 万一出点差错，便路人皆知，企业声誉可能会严重受损。

思考 3.17

下列关于债券的叙述中，哪几条是正确的？

（1）有一个固定的赎回日期。
（2）由企业资产作担保。
（3）利息支出可以减税。
（4）鉴于其属于公众债券，故对企业的监督与控制要比银行的定期贷款严格得多。

提示

正确叙述是（2）、（3）、（4）。（1）不对，因为债券的赎回日期可由企业在一个规定的期限内机动选择。

（四）无担保债券

无担保债券与上面介绍的债券的区别仅在于没有附属担保。可以理解，只有第一流的大企业（有高额盈利纪录且资产债务状况甚佳）才能发行无担保债券。

无担保债券的优点：

◆ 拥有上述有担保债券的所有好处。

◆ 比有担保债券少了许多限制。

无担保债券的缺点：

◆ 尽管没有要求以特定资产作为抵押品，但对企业处置资产或以资产作追加融资的抵押品等方面的权利有许多限制，企业有关资产的重大举措至少应得到无担保债券持有人的明示许可。
◆ 要比有担保债券付出更多成本。
◆ 与有担保债券相比，无担保债券对企业经营业绩可能有更多要求，如关键比率须保持在一定水平等。

（五）可转换债券

可转换债券通常无担保，在满足特定条款与条件下，债券持有人有权决定是否把手中的债券转换为股票。可转换债券在性质上比其他长期债务更接近股票，因此能大大减少企业的财务风险，在加强企业资本结构方面极有价值。其主要特征如下：

◆ 无担保（只在极少数情况下有某些抵押品）。
◆ 定期付息。由于其具有转股期权，故利率要低于其他类型的长期债券。
◆ 赎回和转换日期可在一段规定的时间内机动选择。
◆ 转换条款可以价格为基础，或规定每份债券可换多少股份。如果基于价格，则转换价格要高于现行的股票价格，但也不能太高，以便诱使投资者在预期股价增长前景下，欣然购买可转换债券。若基于转换后可得股份，则当前转换价值须低于可转换债券的当前价值，这种定价的基础是预期股价将会增长。
◆ 可转换债券的发行价格与转换价值之间的差额称为转换溢价。

可转换债券的优点：

◆ 在所有债券类型中，其财务风险最小。
◆ 由于以换股期权作诱惑，故利率水平要比类似普通债券的市场利率低。
◆ 利息支出可以减税。
◆ 避免了现有股东权益被立即稀释，同时获取了“准股本”。
◆ 当管理者觉得当前股票市价并未反映企业的发展前景，若以目前的低价发行新股将致使现有股东权益遭受不公平稀释时，发行可转换债券就显得尤为合适。

可转换债券的缺点：

◆ 须对转换溢价的制定予以特别关注。万一失误，则损失较严重。
◆ 现有股东权益最终将被稀释。
◆ 如果近年来股票市场不稳定，转换溢价就会降低。

思考 3.18

你认为在何种情况下，发行可转换债券对企业有特别的吸引力？

提示

当企业需要权益融资而股票市价低估了企业发展前景的时候，可转换债券就显得格外有吸引力。

（六）售后回租

售后回租的做法是：把资产卖给某个投资机构，如保险公司或养老金基金，然后立即由原主人租回。此类做法通常发生在房地产领域，但也有一些例外，如涉及大型厂房和机器等。

思考 3.19

你认为房地产售后回租的利弊各是什么？

提示

售后回租的优点：

- 一般比用同一财产作抵押贷款能融取更多资金。
- 通常没有定期贷款、债券或抵押贷款所常有的限制性条款。
- 如果用售后回租方式来赎回债券，能减少企业运用资本总额，从而能增加运用资本报酬率。
- 这是一项资产负债表外交易，因此并不像抵押贷款那样会增加企业的举债经营比率。

售后回租的弊端：

- 企业不再拥有资产所有权，因此失去了资产可能增值的好处。
- 企业不能再以该资产作抵押品，因此借贷能力削弱了。
- 当重订租金时将增加每年成本，致使最终成本可能非常高。
- 企业可能会发现自己在扩展或迁移等方面大受限制，即使回租的房地产已远远不能适应企业需求。

（七）出口融资

上述各类融资方法都可用作出口融资。出口贸易周期包括产品和市场调研、生产、营销、运输以及最终付款。该周期的前几个阶段可通过透支或定期贷款来融资，而后面阶段的融资来源则很可能需要和出口贸易的特殊性质及与其相关的汇率和信用风险相匹配。

特别适合出口融资的方式包括：

- 票据融资：许多出口合约规定以信用证方式付款，即进口商银行担保以现金即时付款或贴现汇票。汇票在进出口业务中的运用要比国内贸易更为广泛。

◆ 承兑信贷：在出口贸易中，银行或承兑行以出口商的客户所提供的商业票据为抵押，承兑之后的汇票更易于贴现。

◆ 出口应收账款让售：我们已在前面内容中予以探讨，在此不再赘述。

大多数国家的政府为了鼓励出口，对出口企业给予大力支持，出口交易与融通更易进行。

第三单元　资本成本

目　标

当你学完本单元，应该能够：

● 理解资本成本的概念

● 会计算普通股、优先股、留存盈利和债务成本

● 理解并能计算加权平均资本成本

一、资本成本的概念

资本成本的经济学含义为投入新项目的资金的机会成本。在财务决策中，体现为所有融资来源（包括债务、优先股及普通股）所要求的收益率，又称为资本加权平均成本，通常简称为资本成本。如果公司某项投资的投资收益率等于公司的资本成本，那么公司普通股的价值将不会由于该项投资而改变；如果公司获得的投资收益率超过了公司的资本成本，则超出的收益会增加公司普通股的价值，即增加股东财富。资本成本作为新的资本投资最低收益率的逻辑可以总结如表 3—1 所示。

表 3—1

投资收益率	股东财富
内部收益率 ＜ 资本成本	减少
内部收益率 ＝ 资本成本	不变
内部收益率 ＞ 资本成本	增加

图 3—1 说明了资本成本在公司资本预算中的作用。项目 A、B、C 的内部收益率超过了公司的资本成本，应予以接受；而项目 D 和 E 的内部收益率低于公司的资本成本，应拒绝。

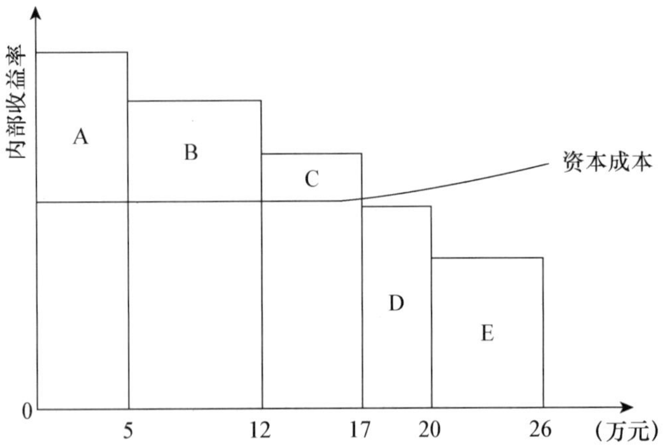

图 3—1　投资与融资规划

上述结果有两个重要假设条件：

（1）图 3—1 中 5 个项目的风险大小相同，即资本的机会成本对这 5 个投资项目都一样。显然，购买短期国库券和在政局不稳的地方开采石油这两项风险不同的投资项目的机会成本是不相同的。

（2）融资来源组合（债务与股权结构）在所有的投资项目中保持不变。这个假设便于我们更简洁明了地讨论资本成本的计算问题。

由于图 3—1 假设投资风险不变，所以公司要求的收益率对于所有投资项目都是相同的。根据风险与收益对应的原则，一种资本成本水平对应着一种风险水平。由于项目的风险是随时变动的，因此资本成本也会相应发生变化。

为了说明公司资本加权成本的计算方法，假设德升食品公司的资本结构如表 3—2 所示。该公司有三种资本来源：债务、优先股和普通股。公司管理层正在考虑一个投资额为 20 万元、内部收益率为 15%的投资项目。每种融资来源的资本成本如表 3—3 所示。

表 3—2　　德升食品公司的资本结构

资本类型	规模（元）	在资本结构中的比重（%）
债券	600 000	30
优先股	200 000	10
普通股	1 200 000	60
负债与股东权益	2 000 000	100

表 3—3　　资本成本

债券成本	10%
优先股成本	12%
普通股成本	16%

德升食品公司是否应该进行这项投资呢？债权人和优先股股东可能会鼓励公司接受这个项目。但该项目 15%的内部收益率少于公司普通股股东所要求的收益率，股东们可能会要求公司放弃该项投资。哪种意见正确呢？

在回答这个问题之前，必须先确定在 20 万元的投资规模中，每类投资者提供的资金各占多大的比重。根据表 3—2，各类资本的份额分别为：债券 30%，优先股 10%，普通股 60%。结合各类资本的单项成本，我们可以计算出资本加权成本，权重等于每项融资来源在全部投资中所占的比重。在本例中，资本加权成本为 13.8%，计算过程见表 3—4。

表 3—4　　德升食品公司资本加权成本计算结果

资本类型	权重（融资比重）	单项资本成本	加权成本
债券	30%	10%	3.0%
优先股	10%	12%	1.2%
普通股	60%	16%	9.6%
合计	100%		13.8%

根据表 3—4 的计算结果可以得出结论：如果德升食品公司这项投资的收益率不低于 13.8%，即可满足债权人、优先股股东和普通股股东所要求的收益率，该项目可以接受。由于该项目的内部收益率为 15%，超过了所有投资者要求的收益率，即超过了资本加权成本或资本成本，因此德升食品公司应该进行这项投资。

从上例可以看到，计算资本加权成本时涉及两个基本因素：

◆ 每种资本来源所要求的收益率；
◆ 每种资本来源在全部资本来源中所占的比例。

本章重点介绍第一个因素，第二个因素作为已知条件。

为什么在投资决策时，要采用全部资本的加权成本而不是单项资本的成本作为项目的贴现率呢？例如，公司有时能借到新项目所需的全部资金，此时，不能只将债务成本视为项目的贴现率。下面通过 Poling 公司的实例说明这一点。

假设 Poling 公司管理层认为，如果用 50 万元买进一种新设备，可以获得 14%的投资收益率。公司尽力保持债务与股权资本各占 50%的资本结构，某银行愿意按 12%的利率借给公司 50 万元来购买新设备。

Poling 公司的财务主管估算公司普通股资本成本为 18%，高于 14%的新设备投资收益率。但由于公司可以完全靠债务来融资，而债务的融资成本为 12%，低于公司从新设备投资中预期能获得的投资收益率，此举将增加 Poling 公司的普通股的价值。因此，Poling 公司管理层决定按 12%的利率从银行借入新设备投资所需的全部 50 万元，新设备投资后运转良好。

假设在随后的一年中，Poling 公司管理层又发现了另一个更好的投资机会，大约需要花费 50 万元，不过这个项目的预期内部收益率为 17%，比上年的新设备投资项目还要好。但当 Poling 公司管理层找银行融资时，发现银行不愿再向公司贷款。用一位银行家的话说："Poling 公司已用完了其借债能力。"在银行同意再借款之前，Poling 公司必须通过发行新的普通股来增加股权资本比重和公司的借债能力。不过，由于这项投资的收益率达不到 18%的股权资本成本，Poling 公司管理层只能放弃此项投资机会。

上面这个例子说明了什么问题呢？从直觉上可以判断，Poling 公司管理层第一年的投资妨碍了公司第二年投资更佳的项目。

因此，我们可以从中得出结论：公司不应该只用单项资本的成本作为项目的贴现率来进行资本预算决策。特别是当公司全部采用债务融资方式时，暗示了公司使用了今后的部分借债能力来进行当前这项投资，直到公司用新的股权资本补充了已被耗用的借债能力后，才能继续采用债务筹资方式。因此，投资决策时，应采用全部资本的加权成本，而不是将单项资本的成本作为项目的贴现率。

二、加权平均资本成本

（一）股本成本

股本成本（cost of share capital）通常是指权益资本成本（又称普通股成本）。计算普通股成本的方法有很多，但有些方法没有考虑投资者要求的回报率，而根据我们的定义，投资者所要求的回报率正是成本估算最重要的方面。如果要确定该回报率，就必须首先确定提供权益融资的股东个人所要求的回报率，而这绝不是一项简单工作。实际上，所获得的收益至少要足以维持股票的市场价值，做不到这一点，就会减少股东财富。财务管理的目标就是使股东财富最大化。

1. 股息增长模型（Gordon 增长模型）

获取股息并非股东们从企业受益的唯一途径。留存于企业的盈利若能被有效运用，将可能导致将来的盈利和股息都有所增长，股东投资的资本价值也将会提高。股东们期望股息和手中股票的价值逐年增长而不是始终不变。由麦伦·戈登（Myron Gordon）研究而成的股息增长模型正是反映了此种预期，该模型被认为是求证普通股成本的最好方法。

在该模型中，投资者原则上被视为相当于购买一系列股息，这些股息的总和应正好等于股票的售价。如果把将来的一系列股息进行折现并假定股息以一个固定速度增长，便可以得出下列公式：

$$\text{普通股成本}=\frac{D\times(1+G)}{V}+G$$

其中：

D：当前净股息；

V：当前股价（不含股息）；

G：预期净股息的年增长率。

例如：

Lico 有限公司的资本结构见表 3—5。

表 3—5　　Lico 有限公司资本结构　　单位：百万元

优先股：股息率 10%，面值每股 100 元	19
普通股：每股面值 1 元，已缴足	30
留存盈利	75
不可赎回债券：利率 8%，每张面值 100 元	45
合计	169
当年税后利润	7

优先股原始发行价为每股 95 元，现行市价（不含股息）为每股 97 元。普通股市价

（含股息）为每股 1.32 元。当年的股息即将发放，预计每股 0.12 元。迄今为止，股息与利润都以每年 10%增长，但预计将来每年将只增长 3%，因为通货膨胀率根据预测将降为零。利率为 8%的债券目前市价为每张 92 元，利息刚刚发过。公司适用的税率为 52%，目前银行存款利率为 6.5%。

若使用股息增长模型，则 Lico 有限公司的普通股成本是多少？

$$普通股成本=[0.12\times(1+3\%)]\div(1.32-0.12)+3\%=0.133(或\ 13.3\%)$$

你将发现 G 很难被清楚确定。在确定 G 的数值时，需考虑的因素包括：

- ◆ 当前市场对 G 的预期。
- ◆ 行业的增长率。
- ◆ 企业的 G 的历史增长率。
- ◆ 金边证券（泛指国库券）所提供的无风险回报率。
- ◆ 企业经营风险特征。
- ◆ 财务风险以及企业的现有举债和任何改变举债水平的计划所可能导致的潜在影响。

2. 付股息的普通股成本

如果企业根本不发股息，股息增长模型也就无用武之地。计算方法只能集中于年增长率 G，先计算出预期的股票价格增长率，而后凭此推算预期的资本增长率所要求的内部增长率（internal growth rate）。

3. 新股发行

我们在上面探讨的普通股成本都是基于现有股本之上。如果要发行新股，使用股息增长模型来计算成本的较好方法是把发行费用（flotation costs）作为项目（此次股本筹措的服务对象）当年的现金支出处理。另一种替代方法是直接调整新股成本，公式如下：

$$新股成本=D\div(V-F)+G$$

其中：

V：发行价格；

F：发行费用。

（二）留存盈利

留存盈利相当于向股东们发行新股以融资却省掉了发行费用。由于留存盈利是股东权益之一，故适用于普通股成本的估算原则，同样适用于它。

当使用股票市场价格来计算普通股成本时，无须再对留存盈利的成本另作计算，因为市场价值在反映普通股成本时也反映了留存盈利的成本。

如果并无市场价值可利用，通常要用外部收益法来估算留存盈利的成本。此法运用比较简单，这部分留存盈利投资于企业外部所能获取的最佳回报率即为其成本。

思考 3.20

如果要另行计算留存盈利的成本，应考虑哪些因素？

提示

应考虑机会成本、股东们的纳税情况和交易成本。

（1）机会成本。

留存盈利实际上是股东们放弃了的股息（一个机会成本）。在估算留存盈利的成本时，需要考虑股东们把这部分放弃了的股息投资于企业外部的机会，以及股东的资本增值税率和基本税率对他们的影响。如果假定股息增长模型中的 G 已经包含了对这些机会成本的考虑，就能使用该模型来计算留存盈利的成本，如同估算普通股成本。

（2）股东们的纳税情况。

如果企业不能获取等于或大于资本成本的收益，合乎逻辑的做法应是：把所有盈利都以股息的形式发放给股东，以便股东们能自行投资于企业外部从而获取更高的回报率。然而，股东们要为所分得的股息收入缴纳个人所得税，因此其实际所得将大为减少。估算留存盈利的成本时，考虑这种减少是恰当的做法。这时，需要修改留存盈利的成本计算公式：

留存盈利成本＝普通股成本×(1－股东个人所得税率)

（3）交易成本。

这一因素与税务影响相似。股东们用从企业获得的股息进行投资时，将支付交易成本，而留存盈利则是自动的追加投资，股东无须花费任何额外费用。

当留存盈利的增加体现于股票价格时，股东们随后出售股票所得也需要减去其资本增值税和交易成本。这将令留存盈利的成本公式变为：

留存盈利成本＝普通股成本×(1－股东个人所得税率)×(1－交易成本)

（三）优先股

如果企业的优先股在市场挂牌，并且企业可以在此价位上发行新的优先股，则优先股的成本计算应当以市场价格为基础。否则，应使用当时的优先股成本。优先股的成本计算公式如下：

优先股成本＝年股息÷当前市价(不含股息)×100％

此处，年股息指的是股息毛额（公司派发股息时须缴纳预付公司税）。因此，Lico 有限公司的优先股成本为（使用当前市价）：

优先股成本＝10÷97×100％＝10.3％

优先股股息支出不是扣减课税项目，所以上式中的成本是指企业使用优先股的最终成本。这使优先股比债务的成本要高。但请记住：优先股（从本质上）不会给企业带来财务风险。

优先股的清偿地位在所有债务之后，它唯一的优先权是先于普通股分得股息——如果企业有利润的话。企业若无利润，则优先股股息也没有。优先股的成本也许会显得远高于债务成本，投资者需要对优先股在加强资本结构和为资本成本注入等方面的隐含好处作恰当评估。实际上，很少有人这么做，但是，一旦由于资本结构中包含了优先股而使财务风险减少，从而导致普通股融资成本降低，人们也许就会意识到这一点并予以考虑了。

（四）债务

有许多方法可用来定义债务资本的成本，具体有：

（1）折现率方法。把债务期所支付的全部利息和到期偿还的本金按某一折现率折为现值，使现值之和恰等于当前债务价值。所用的折现率称作赎回收益率。赎回收益率经过借款人所得税率的调整，即为借款人的债务成本。如果该债券可以公开流通，应使用债券市场价值而非票面金额计算债务价值。

（2）债务资本要求的保持盈利的最低回报率。例如，若债务的实际成本为10%，那么，回报率至少须在10%以上方能保持盈利。

（3）债务的增量成本。包含于资本成本中的债务成本总是指增量成本，即企业下一笔债务融资的成本减去债券发行费。这是因为资本成本用于两大目标：设定目标回报率和为新投资设定财务标准。因此，与历史债务成本是无关的。不论过去为债务成本极小化做了多么有效的管理，我们的计划所必须依据的是边际成本，即下一笔债务的成本。

不可赎回债务资本的成本公式如下：

$$\text{不可赎回债务的资本成本} = I \times (1-T) \div V \times 100\%$$

其中：

I：年利息；

T：税率；

V：当前市价（减去到期利息）。

若要获得可赎回债务的资本成本，必须计算债券的利率，即内含报酬率（IRR）。内含报酬率是指即使将来应收利息和本金折为现值，其现值折合正好等于债券的市场价值（不包含到期利息）的折现率。但从使用资金的企业角度计算债务成本时，将来的利息支出应为税后净值。我们将在后面的章节中讨论计算内含报酬率的方法。

思考 3.21

根据表3—5及相关数据，计算Lico有限公司债务资本的增量成本。

提示

$$\text{债务资本成本} = 8 \times (1-52\%) \div 92 \times 100\% = 4.2\%$$

在大多数税法中，债务的利息支出可在税务上扣减利润，因此，计算时应使用税后成本。如果企业不需交税，则使用利息毛成本（即税前成本）。由于利息是可获得税务扣减的，故资本成本中的债务成本通常要比其他融资类型的成本低得多，尽管这些类型的成本可能与债务的税前成本一样甚至更低。

债务利息的减税功能使举债融资从成本角度看颇为诱人。然而，投资者应注意伴随债务而来的风险，我们将在第四章“资本结构管理”中论述。从融资企业角度看，在债务资本成本中，还没有一项现成的机制能把债务的风险因素计算在内。但是，债务带来的风险有时可反映为普通股成本的提高，即通过提高报酬率的方式来抵补资本结构中举债因素导致的风险。

另外，借款的其他类型还有银行贷款、透支等。银行贷款、透支等类型的成本将等于所借金额乘以当前利率。应付账款及其他流动债务通常包括营运资本，且其成本一般为零。

（五）资本性资产定价模式（CAPM）

企业投资于项目，通过现金流入得到收益。收益水平可能会发生波动，而这种波动性正是风险产生的缘由。企业力图避免风险，但也可能准备为更高收益承受更大风险。

为减少损失风险，企业通常要将资金分散投资于许多项目或项目组合中，而不会将“所有的蛋都放在同一个篮子里”。项目组合情况需视所包含项目的风险与收益水平而定。如果企业希望避免风险，就必须先对风险进行评估和权衡。组合理论提供了一种框架，据此可有效地分散风险。财务经理在评估一项投资时，应当考虑该项投资对现有项目组合总收益的影响。

仅限于某一项目或某一企业或某一行业的风险称为非系统性风险，可通过分散经营避免。其他风险，如经济要素的风险，称为系统性风险，企业只能接受——除非它做无风险投资。政府公债即为无风险投资之一。

资本性资产定价模式（CAPM）建立于组合理论之上并对企业的资本预算有相当重要的实用价值，其具体做法是：为每个项目确定一个合适的折现率，以计算项目净现值。折现率等于无风险资本成本加上抵补系统性风险所应支付的风险报酬率，可借助因子 β 来表示，β 反映的是单一投资的风险与其他投资的风险之间的关系。

CAPM 有其缺陷，批评者也不少，但在主要投资项目评估中，越来越得到广泛应用。

（六）加权平均资本成本

一旦确定了资本成本的组成要素，就需要把各要素成本综合起来以获得企业的总资本成本。按各项要素在企业资本结构中所占比重赋予其权数，所使用的权数应反映增量或边际资本结构，而不是当前的或历史的资本结构。

市场价值适用于确定权数，因为它反映了市场对企业当前等级和面临的财务风险的评价，同时也反映了市场对企业最佳资本结构的期望与要求。如果不存在市场价值，如一些未上市的公司，则也可使用账面价值。

计算加权平均资本成本（*WACC*）的步骤如下：

- 步骤 1：计算企业资本结构中每项要素的权数。
- 步骤 2：计算每项要素的成本。
- 步骤 3：把每项要素的成本和权数相乘，得到单项加权成本。
- 步骤 4：将所有单项加权成本相加，得到加权平均资本成本。

思考 3.22

现在基于账面价值，根据表 3—5 及相关数据，按上述步骤计算 Lico 有限公司的加权平均资本成本。

提示

步骤 1：计算每项要素的权数（见表 3—6）。

表 3—6

项目	金额（百万元）	权数（%）
优先股	19	11.2
普通股	30	17.8
留存盈利	75	44.4
债务	45	26.6
合计	169	100.0

步骤 2：加入以账面价值计算的每项要素的成本（见表 3—7）。

表 3—7

项目	金额（百万元）	权数（%）	成本（%）
优先股	19	11.2	10.5（a）
普通股	30	17.8	12.0（b）
留存盈利	75	44.4	6.5（c）
债务	45	26.6	8.0
合计	169	100.0	

其中，（a）=10÷95×100%=10.5%；（b）=12÷100×100%=12%；（c）=6.5，为从外部所能获得的最佳报酬率（设为存款利率）。

步骤 3～4：计算结果见表 3—8。

表 3—8

项目	金额（百万元）	权数（%）	成本（%）	加权成本（%）
优先股	19	11.2	10.5	1.2
普通股	30	17.8	12.0	2.1
留存盈利	75	44.4	6.5	2.9
债务	45	26.6	8.0	2.1
合计	169	100.0		
加权平均资本成本				8.3

基于市场价值的加权平均资本成本（8.8%）和基于账面价值的加权平均资本成本（8.3%）之间的差距，反映了市场上投资者的期望水平。

第四单元　股息政策

目　标

当你学完本单元，应该能够：

- 了解股息政策的含义
- 理解股息政策的不同理论观点
- 掌握决定最佳股息政策所需考虑的因素

一、制定股息政策

当决定将多少企业利润作为股息发放给股东时，需考虑下述几个主要的影响因素。

思考 3.23

你认为制定股息政策时应考虑的首要因素是什么？

提示

在制定股息政策时，首先要考虑企业的财务总目标，即股东财富最大化。这意味着关于股息政策的任何决策都应基于股东的最大利益。当然，这并非意味着总是要从盈利中发放尽可能多的股息，因为把这些股息留存于企业内部也许能获取更大的收益。

股息政策极为重要，因为它直接影响企业的资本结构和融资决策。对上市公司而言，由于股息透露了企业的某些关键信息，故其意义更为重大。因此，决定股息政策是董事会的一项重要任务，而财务经理在提建议方面扮演了关键的角色。

在论及股息政策与企业总价值、与股东财富最大化目标的相关性方面，有两种理论：

◆ 不相关理论：股息政策与企业总价值不相关。

◆ 相关理论：股息政策与企业价值相关。与不相关理论相比，这种理论在实践中更为实用。

（一）不相关理论

该理论的主要倡议者是莫迪利安尼（Modigliani）和米勒（Miller），他们也提出了资本结构与企业价值无关的理论。

该理论的基础论点是：企业价值只取决于其获利能力。企业如何分享获利能力所带来的利益，与企业的价值无关。对股东而言，获得股息或把盈利留存于企业，两者之间并无差别，因为留存资金早已反映在股票价格上。

不相关理论基于一系列不现实的假设：

- ◆ 存在完全市场，在这个市场中：
  - ■ 所有投资者都可随时免费获知有关信息；
  - ■ 所有投资者都能依据充分、均享的信息作出理智的决策；
  - ■ 没有任何一个股东的实力足以影响股票价格；
  - ■ 交易迅捷而且没有交易成本。
- ◆ 新股发行时没有发行费用。
- ◆ 无须缴税。
- ◆ 股东对股息收入与资本增值之间并无偏好。
- ◆ 市场对企业前景的判断非常确定。

只有具备上述假设，该理论才能行之有效，而正是由于这些假设不够现实，所以该理论在实践中并不能真正得到运用。

（二）相关理论

通过对多年来市场表现的观察，可以看出：股息对公司的股票总价值确有影响。许多公司即使其盈利增长落后于股息增长，也还要继续发放增额股息，这证明了股息在人们心目中的重要性。当股息支付使资金耗减至公司不得不从外部借取更昂贵的资金来弥补短缺时，情形就显得尤其明了。

思考 3.24

股息与企业价值相关论切合实际，而且从市场观察所得的实例也支持该理论。你认为其主要论据有哪些？

提示

有四个主要论据：股息的信息内涵；对当前收益的偏好；收益质量；市场波动。

（1）股息的信息内涵。

是否支付股息及本期股息与上期股息金额的比较差异，都会被投资者理解为反映了企业将来的前景。

（2）对当前收益的偏好。

可感受到许多投资者有一种倾向：偏好获得一定金额的当前投资收益，而不愿完全依赖未来的资本增值。MM 理论提出反驳：如果投资者想得到当前收入，他们可以在市场上出售手中所持的部分证券。但是这种交易将会导致交易成本，将降低投资者实际所得，而且此类交易的最终实现金额也存在一定程度的不确定性。如果有些投资者的确这么做了，那也不过是证实了其中一些人确实倾向于使其总收益中的一部分转化为当前收益。

（3）收益质量。

由于一项投资的潜在资本收益的确切金额存在不确定性，所以在以股息形式获得的当前收益与以资本收益形式获得等量的潜在收益间存在“质量差异”。

（4）市场波动。

不相关理论宣称：股东可以在市场上出卖股票以获取相当于股息收益的等量金额。但股票的市场价格也许会受某些超乎企业控制且与企业业绩无关的因素所影响，从而波动不定。结果，股东想出售的那部分股票并不能以当前市价脱手。此种不确定性加强了这一论点：股东投资中至少要有一部分须以当前收益（股息）的形式体现。

与“投资者倾向于通过股息发放获得当前收益”的论点相抵触的是：资本收益（capital gains）能享受更优惠的税率。因此需要把这一点与当前收益的好处进行权衡。但此处的困难在于：股东个人的税务状况将成为决策的决定性因素，而这种因素经常无法确定，尤其是在大型上市公司里。因此，通过放松不相关理论中几项限制性假设使其更接近于现实，我们可以看出，不相关理论的确不符合企业管理的实际情况。

二、决定最佳股息政策的考虑因素

思考 3.25

如果必须为某公司制定最佳的股息政策，需要考虑一系列因素。你能列举四项吗？

提示

应考虑下列因素：

- ◆ 企业的投资机会。
- ◆ 债务成本和留存盈利成本的比较。
- ◆ 企业投资机会的时间性。
- ◆ 流动资金。
- ◆ 借款能力。
- ◆ 通货膨胀。
- ◆ 法定限制。
- ◆ 贷款协议中的限制性条款。
- ◆ 股东偏好。
- ◆ 股东控制。
- ◆ 稳定性。

（一）企业的投资机会

如果股息政策纯粹是一项财务决策，则可供企业选择的有吸引力的投资项目将是决定股息发放水平的主要因素。如果投资机会甚多，则股息发放率必低；反之，则高。当然，实际上，对影响股息政策的其他因素，尤其是那些基于股东偏好的因素，仍然需要加以谨慎考虑，即使企业内部存在良好的投资机会。此外，举债融资总是备选方案之一，而且可以通过举债效应提高股东总收益。

（二）债务成本和留存盈利成本的比较

如果企业内部存在良好的投资机会，应考虑比较债务与留存盈利的相对成本。请牢记此点：

如果盈利被留存于企业内部用于新的投资机会，对股东而言，将会有一项机会成本，即股息收益。

（三）企业投资机会的时间性

时间是一项重要因素。如果目前没有投资机会，但从中期或长期来看，机会还是存在的。那么，也许就该提议现在发放股息，以便股东个人能对这些资金进行最好地利用，以免企业为那些结果不明确的将来机会白白储备大量资金。

（四）流动资金

如果企业宣布要发放股息，所需要的仅是足以覆盖股息金额的当前或留存的利润。然而，当企业需要支付股息时，需要的则是现金。因此，在决定股息政策时，必须充分考虑企业的流动资金。如果企业的现金吃紧，则有充分的理由不发放股息；如果现金充裕，就较易做出支付股息的决策。这要求评估企业的短期流动资金并对至少随后 12 个月内的现金流转进行分析。如果企业希望既保持流动资金，同时能获得股息发放的好处，应该考虑“股票股利”这一备选方案。

（五）借款能力

评估企业的流动资金时，须考虑企业的借款能力。如果借款能力未被用尽，则在衡量流动资金时就有更多的余地，而决策又一次变为：究竟是应把股息留存下来用以投资，还是该从外部借入资金来支付股息？

思考 3.26

你会建议公司通过借款来发放股息吗？

提示

为了保持公司股票价格，许多公司的股息政策是逐年增加股息发放。如果资金已用于投资项目，所余资金不够支付适当金额的股息，用借入资金来支付股息也可以，前提条件是公司的预计盈利将足以偿付债务和将来股息。

（六）通货膨胀

在通货膨胀时期，采用历史成本会高估企业的营业利润。这是由于使用资产的费用是基于历史成本，从而低估了使用资产过程中所消耗的价值。这意味着部分利润必须被留存于企业，以使企业资本保全，维持在实物经营能力的同等水平。若把这部分利润作为股息发放，实际上等同于发放了企业的部分资本。这一问题在高通货膨胀年代尤为突出。

（七）法定限制

根据法律，股息只能从当前利润或留存盈利中支付。如果没有充足的利润满足股息发放，就不能支付股息。另外，有时对股息的增长水平也会有法定限制。应该遵守这些限制，即使它们是以建议而非强制性要求的形式出现。

（八）贷款协议中的限制性条款

许多贷款协议可能限制或禁止贷款期限内的股息发放。因此在决定股息政策之前，须审查各类贷款协议。当支付股息或增加股息时，时常要先征得贷款人的同意。

（九）股东偏好

若可能，股东们对当前收益的偏好（而非资本收益）应纳入考虑因素。此时，对资本增值税率的优惠（相对于所得税）也须加以考虑。比如，如果大多数股东属于高税级，他们就会宁愿要资本收益而不要当前收益。养老基金或机构投资者也许会要求将当前收益和资本收益适当组合。在大型上市公司里，判别所有股东的个人偏好是不可能的。每个股东的要求都有所不同，唯一合理的能满足大多数股东的方法是：中庸之道。

思考 3.27

上市公司 A 是一家成长迅速的公司，在过去五年内选择不发放股息；而上市公司 B 是一家成立已久的公司，其股息发放率为税后利润的 50%。这两家公司将会分别吸引什么样的投资者？

提示

公司 A 将吸引那些倾向于通过资本增值而获取收益的投资者。公司 B 的股息政策，在向投资者提供当年收益的同时，也使得股息发放可能随公司利润的下降而减少。因此，公司 B 将吸引大众投资者，他们通常注重当前收益，但对股息水平的变动不太敏感。

（十）股东控制

如果股息发放水平相当高，其结果可能是筹措新股，而这将导致现有股东对企业控制权的稀释。同时，如果股息发放水平很低，资本结构就可能变得效率低下，而企业也许极易被人伺机兼并，于是又会导致现有股东控制权的丧失。

（十一）稳定性

这可能是最受关注的一项因素。股息在维持投资者和市场信心中扮演着重要角色。经验表明：多年来股息发放稳定的企业通常要比股息发放不稳定的企业能够享有更好的市场信誉。许多企业即使在利润不多的情况下，仍维持甚至增加股息发放，这一事实也证明了企业和股东对稳定的（和递增的）股息所给予的重视。

三、股息发放的备选方案

思考 3.28

在某些情况下，也许需要考虑股息发放的一些备选方案。有哪些备选方案呢？

提示

股息发放的备选方案有：

- 股票股息（share dividends）。
- 派发红股（bonus issues）。

（一）股票股息

股息可以用增发股票的形式而不用现金来支付，尤其是当公司存在流动资金问题时。尽管股东们没有得到直接的现金收益，但这一做法的效果要比为了保证流动资金而放弃股息发放好得多。越来越多的公司，即使没有流动资金问题，也愿意向那些希望增加其持股量的股东发放股票股息以取代现金股息。

思考 3.29

发放股票股息对公司有何好处？

提示

可参考下列叙述：

- 现金可因此而保留于企业。
- 与现金股息有几乎相同的信息价值。

- 当资金周转吃紧时，发放股票股息有助于维持股息的稳定性，并能维护企业的市场形象。
- 增加了发行股票的数量，从而提高了该股票的流通性。
- 对那些希望增加持股量的股东来说，股票股息是一条有效的途径，因为它能避免以现金股息通过市场再投资于该企业时所需花费的经纪费用和其他成本。

（二）派发红股

派发红股类似于股票股息，但通常是指在现金股息的基础上加发的股票红利。派发红股并不改变投资者（股东）个人在企业中所占价值总额，股票的市场价值会自动按照新股增发情况作出调整。企业中每位股东的持股比例都保持不变，因为每位股东所分到的额外股票都是按其持股量以一定比例增发的。

思考 3.30

一家上市公司的资产负债表（部分）如表 3—9 所示。

表 3—9 单位：千元

项目	金额
净资产	300
融资来自：	
普通股（面值为 1 元）	200
收益储备	100
	300

董事会决定每 5 股派发 1 股红利。此举对资产负债表有何影响？派发红股的主要好处有哪些？

提示

以 5∶1 的比例派发红股，则需向现有股东派发 40 000 新股。已发行股本数将上升，而收益储备将减少，增减额都为 40 000 元。

净资产的融资来源变化如表 3—10 所示。

表 3—10 单位：千元

项目	金额
普通股（面值为 1 元）	240
收益储备	60
	300

派发红股的主要好处如下：

◆ 其暗含的信息常被理解为股票价格有上升潜力。

◆ 使该股票的流通性得以增强，因为派发红股增加了发行股票量，并在不影响现有股东所持股票价值的情况下降低了每股价格。大多数股票都有其最佳交易（价格）区域，在此交易（价格）区域中，能创造最高交易额，而派发红股则可被用来使股票正好处于这段区域。

◆ 尽管派发红股没有给股东带来直接的利益，但从长远来看，它增加了股票的流通性。除此之外，因为人们通常喜欢免费得到些东西，所以不时派发红股颇受欢迎。

自测题

一、单项选择题

1. 下列资金来源属于股权资本的是（　　）。

A. 优先股　　B. 预收账款

C. 融资租赁　　D. 短期借款

2. 下列各项中，不属于商业信用的是（　　）。

A. 应付职工薪酬　　B. 应付账款

C. 应付票据　　D. 预提费用

3. 普通股筹资的优点是（　　）。

A. 成本低　　B. 增加资本的实力

C. 风险大　　D. 不会分散公司的控制权

4. 既具有抵税效应，又能带来杠杆效应的筹资方式是（　　）。

A. 发行债券　　B. 发行优先股

C. 发行普通股　　D. 使用内部留存盈利

5. 不存在杠杆作用的筹资方式是（　　）。

A. 银行借款　　B. 发行普通债券

C. 发行可转换债券　　D. 发行普通股

6. 下列属于债券筹资优点的是（　　）。

A. 成本低　　B. 没有固定的利息负担

C. 可增强企业的举债能力　　D. 筹资迅速

7. 优先股股东的优先权是指（　　）。

A. 优先认股权　　B. 优先转让权

C. 优先分配股利和剩余财产　　D. 投票权

8. 下列筹资方式中，不体现所有权关系的是（　　）。

A. 股票　　B. 联营投资

C. 留存盈利　　D. 租赁

9. 筹资风险是指由于负债筹资而引起的（　　）的可能性。

A. 企业破产　　B. 资本结构失调

C. 企业发展恶性循环　　D. 到期不能偿付

10. 下列筹资方式中，资本成本最低的是（　　）。

A. 发行股票　　B. 发行债券

C. 留存盈利　　D. 长期借款

11. 与购买设备相比，融资租赁的优点是（　　）。

A. 节约资金　　B. 税收抵免收益大

C. 无须付出现金　　D. 属于主权资金

12. 资本成本具有产品成本的某些属性，但它又不同于一般的账面成本，通常它是一种（　　）。

A. 预测成本　　B. 固定成本

C. 变动成本　　D. 实际成本

13. 下列筹资活动不会加大财务杠杆作用的是（　　）。

A. 增发普通股　　B. 增发优先股

C. 增发公司债券　　D. 增加银行借款

14. 某公司发行普通股 550 万元，预计第一年股利率为 12%，以后每年增长 5%，筹资费用率为 4%，该普通股的资本成本为（　　）。

A. 12%　　B. 17.5%　　C. 17%　　D. 16.52%

15. 对于借款企业来说，在市场利率呈上升趋势的情况下，应使用（　　）。

A. 固定利率　　B. 浮动利率　　C. 加息利率　　D. 贴现利率

16. 下列各项中，不能作为投资者出资的是（　　）。

A. 实物　　B. 商标　　C. 土地使用权　　D. 担保权

17. 普通股相对于优先股来讲具有的特点是（　　）。

A. 风险低但权利大　　B. 风险低但权利小

C. 风险高但权利大　　D. 风险高但权利小

18. 企业的资本金是（　　）。

A. 永远不能增减的资金　　B. 所有者权益资金的总额

C. 企业所有者权益资金的重要组成部分　　D. 企业所有者和债权人投入的资金

二、多项选择题

1. 企业筹资的目的在于（　　）。

A. 满足生产经营需要　　B. 处理企业同各方面财务关系的需要

C. 满足资本结构调整的需要　　D. 降低资本成本

E. 扩大生产经营规模

2. 负债筹资具备的优点是（　　）。

A. 节税　　B. 资本成本低

C. 财务杠杆效益　　D. 风险低

E. 降低企业财务风险

3. 政府债券与企业债券相比，其优点为（　　）。

A. 风险大　　B. 抵押代用率高
C. 享受免税优惠　　D. 收益高
E. 风险小

4. 一般认为，普通股与优先股的共同特征主要有（　　）。
A. 同属公司股本　　B. 股息从净利润中支付
C. 需支付固定股息　　D. 股东均可参与公司重大决策
E. 参与分配公司剩余资产的顺序相同

5. 在事先确定企业资金规模的前提下，吸收一定比例的负债资金，可能产生的结果有（　　）。
A. 降低企业的资本成本　　B. 降低企业的财务风险
C. 加大企业的财务风险　　D. 提高企业的经营能力
E. 提高企业的资本成本

6. 下列关于资本成本的说法中，正确的是（　　）。
A. 资本成本的本质是企业为筹集和使用资金而付出的代价
B. 资本成本并不是企业筹资决策中所要考虑的唯一因素
C. 资本成本的计算主要以年度的相对比率为计量单位
D. 资本成本可以视为项目投资或使用资金的机会成本
E. 资本成本是个绝对数

7. 债券的资本成本一般应包括（　　）。
A. 债券利息　　B. 发行印刷费
C. 发行注册费　　D. 上市费以及推销费用
E. 公证费

8. 下列关于保留盈余的资本成本的说法中，正确的是（　　）。
A. 它不存在成本问题　　B. 其成本是一种机会成本
C. 它的成本计算不考虑筹资费用　　D. 在企业实务中一般不予考虑
E. 它相当于股东投资于某种股票所要求的必要收益率

9. 下列股利支付方式中，目前在我国公司实务中很少使用，但并非法律所禁止的有（　　）。
A. 现金股利　　B. 财产股利
C. 负债股利　　D. 股票股利
E. 无形资产股利

10. 下列项目可用于弥补亏损的是（　　）。
A. 盈余公积　　B. 资本公积
C. 税后利润　　D. 税前利润
E. 实收资本

11. 采用低正常股利加额外股利政策的理由是（　　）。
A. 向市场传递公司正常发展的信息
B. 使公司具有较大的灵活性
C. 保持理想的资本结构，使综合成本最低

D. 使依靠股利度日的股东有比较稳定的收入，从而吸引住这部分股东

E. 有利于维持股价稳定，从而增强股东对公司的信心

12. 股利决策涉及的内容很多，包括（　　）。

A. 股利支付程序中各日期的确定　　B. 股利支付比率的确定

C. 股利支付方式的确定　　D. 支付现金股利所需现金的筹集

E. 公司利润分配顺序的确定

三、判断题（正确为 A，错误为 B）

1. 成本过高是资本结构调整的原因之一。（　　）

2. 普通股筹资的优点之一是筹资风险小。（　　）

3. 资本成本通常以绝对数表示。（　　）

4. 通过发行股票筹资，可以不支付利息，因此其成本比借款筹资的成本低。（　　）

5. 如果销售具有较强的周期性，则企业在筹集资金时不适宜过多采取负债筹资。（　　）

6. 按照国际惯例，大多数长期借款合同中，为了防止借款企业偿债能力下降，都严格限制借款企业资本性支出规模，而不限制借款企业非经营性支出规模。（　　）

7. 资本成本是投资者对投入资金所要求的最低收益率，可作为评价投资项目是否可行的主要标准。（　　）

8. 发行优先股的上市公司如不能按规定支付优先股股利，优先股股东有权要求公司破产。（　　）

9. 在融资租赁方式下，租赁期满，设备必须作价转让给承租人。（　　）

10. 提前偿还债券所支付的价格通常高于债券的面值，且支付的价格因到期日的临近而逐渐提高。（　　）

11. 在个别资本成本一定的情况下，平均资本成本取决于资本总额。（　　）

12. 拥有较多流动资产的公司，更多依赖流动负债来筹集资金。（　　）

13. 发行普通股筹资，既能为公司带来杠杆利益，又具有抵税效应，所以公司在筹资时应优先考虑发行普通股。（　　）

14. 资本金是指公司在工商行政管理部门登记的注册资金，是投资者用以进行公司生产经营、承担民事责任而投入的资金。（　　）

15. 与普通股筹资相比，债券筹资的资本成本低，财务风险高。（　　）

16. 在不考虑筹资费用的情况下，普通股的资本成本与留存盈利的资本成本相等。（　　）

第四章 资本结构管理

引　言

任何一家企业在经营过程中，都需要筹集资金来帮助其发展。第三章我们已经阐述了融资的各种方式，即权益融资和债务融资，详细地比较了各种融资方式的特点和利弊，指导企业在何种时期应该选用哪种融资方式更为合适、更为有利。本章主要在第三章融资问题的基础上，进一步阐述企业如何在不同时期保持合适的资本结构，既要保持企业高速、稳定和持续地发展，又要回避经营风险和财务风险，利用财务杠杆效应，为企业的发展提供更多的资金。

同时，本章介绍了不合适的资本结构的特征及产生的原因，以及给企业所带来的不良后果，指导企业如何去面对此问题，寻找解决问题的方案和措施，使企业持续、健康地发展。

第一单元　财务杠杆和资本结构

目　标

当你学完本单元，应该能够：

- 理解财务风险和经营风险的含义
- 理解不同的资本结构对企业的影响
- 理解财务杠杆对现金流量的影响
- 了解资本结构的决策因素

一、经营风险和财务风险

（一）经营风险

经营风险指的是企业固有的正常风险。利润随着经营和经济等因素的变化而每日波动就体现了这一风险。这些因素包括与管理、营销、生产、劳资关系等相关的风险，也包括企业控制能力之外的经济因素。一个企业的经营风险可反映于它的利润和现金流转的波动性上，该波动性产生于经营风险因素的逆向变化。所谓高经营风险，指的是或许在很多方面可能出现问题，或是只有一件事出现问题，但概率极大，且一旦出现即对企业利润危害深重。例如，某企业的市场竞争很可能迅速加剧，则该企业的经营风险就是高的，这意味新的或增加了的竞争会导致市场份额的减少或毛利的缩减，不管哪种结果，都将对企业利润造成损害。

低经营风险的企业指的是可能出问题的事情很少，或即使有一些，其对企业利润的影响也不会太大。

（二）财务风险

财务风险反映与债务有关的风险程度，其与企业的利润水平无关。债务有优先索偿权，影响企业的现金流转。债务使企业承受了定期付息还本的义务。如果现金流转入不敷出，贷款人通常有权没收企业资产并/或强迫清算。显然，若企业没有债务，便只有经营风险，一旦举债，财务风险也就随之而来。

除现金流量须优先用于付息偿债之外，企业还面临利率波动的风险。这些波动可能由一系列外部因素造成，影响因素之多令人眼花缭乱，如民意测试、国际贸易收支平衡的变动以及当地的骚乱等。即便是最老练的分析家，也难以自信地对这些因素加以预料。

按一般规则而言，企业的资本结构应反映经营风险与财务风险之间的合理平衡。如果经营风险很高，则财务风险就得保持在低水平；如果经营风险较低，则较高水平的财务风险也可接受。换言之，可承受更多债务从而提高企业的举债水平。高经营风险与高财务风险的结合将使企业的生存前景大为黯淡。

二、财务杠杆和资本结构的关系

既然企业在经营中需要同时面对经营风险和财务风险，那么企业在日常经营中究竟应该保持多少的债务比例更合适呢？下面我们以 Smiley Sweets 公司为例进行分析。为简便起见，假定该公司的固定资产只有 500 000 元，而总融资需求（在第一个经营年里）将大约为 1 000 000 元，你的任务是确定该公司合适的权益。

企业创始人正考虑三种可能的资本结构：

（1）100％权益；

（2）70％权益，30％债务（利率为 10％）；

（3）30％权益，70％债务（利率为 10％）。

表 4—1 显示了这三种结构各自对 Smiley Sweets 公司的利润水平的影响。

表 4—1 单位：千元

项目	1	2	3
总资产	1 000	1 000	1 000
权益	1 000	700	300
债务（10%）	0	300	700
权益+债务	1 000	1 000	1 000
销售收入	1 200	1 200	1 200
营业利润	120	120	120
利息	0	30	70
税前利润	120	90	50
税项（50%）	60	45	25
税后利润	60	45	25
营业利润率*	10%	10%	10%
运用资本报酬率+	12%	12%	12%
股东权益报酬率#	6%	6.4%	8.3%

注：*：营业利润对销售的百分比；+：营业利润对运用资本总额（股东权益+债务）的百分比；#：税后利润对股东权益的百分比。

思考 4.1

你从表 4—1 中观察到了什么？请特别注意举债水平和运用资本报酬率。

提示

你也许注意到下列分析：

（1）当举债水平（财务风险）增加时，股东权益报酬率也随之上升。这部分增加报酬是对股东们的报偿，因为资本结构中举债水平的增加意味着内含的财务风险的提高。因此，举债若使用得当，就能增加股东们的报酬。

（2）举债的使用之所以能增加股东报酬，有赖于营业利润足以应付利息支出。

（3）营业利润率不受资本结构的影响，因为营业利润指的是息税前利润。

（4）运用资本报酬率不受资本结构的影响，这是因为这里的利润是指息税前利润，而运用资本包括企业所运用的资本总额，并不考虑股东权益与债务的组合比例。

（5）从（3）与（4）可以看出，企业所运用的资产的生产力并不受融资来源的影响。

（6）运用资本报酬率大于债务融资成本。要特别注意这一点，因为这是成功地使用举债来提高股东报酬的关键所在。

（一）举债的利润潜能

如果企业的业务水平或营业利润能得以提高，那么就有较大余地通过举债来增加股东收益。

思考 4.2

假设表 4—1 中的营业利润率从 10%增长到 15%，将会有何影响？

提示

营业利润率增长到 15%后，Smiley Sweets 公司的有关数据可用表 4—2 表示如下。

表 4—2 单位：千元

项目	1	2	3
总资产	1 000	1 000	1 000
权益	1 000	700	300
债务（10%）	0	300	700
权益+债务	1 000	1 000	1 000
销售收入	1 200	1 200	1 200
营业利润	180	180	180
利息	0	30	70
税前利润	180	150	110
税项（50%）	90	75	55
税后利润	90	75	55
营业利润率	15%	15%	15%
运用资本报酬率	18%	18%	18%
股东权益报酬率	9%	10.7%	18.3%

从表 4—2 中可以发现：

（1）营业利润率的增加使无举债结构的股东权益报酬率上升了 50%。

（2）在结构 2（即适量举债的资本结构）中，股东权益报酬率上升了 67%；而在结构 3（即高举债水平）中，股东权益报酬率上升了 120%。因此，使用举债的确对股东们颇具吸引力。

当考虑使用举债能给股东们带来好处时，请记住企业并未因此获利，因为其经营指标——营业利润率和运用资本报酬率都没有发生变化。实际上，变化源自企业风险特征的改变，举债水平越高，风险越大。尽管举债的效益没有惠及除股东外的其他利益相关者，但由举债导致的风险对所有人都有深刻的影响。

（二）举债的负面影响

至此，我们一直假定 Smiley Sweets 公司的规划能圆满完成，这意味着该公司的经营风险保持不变且所有事情都按计划得以精确执行。在现实世界里，这样的情况当然不会发生。

思考 4.3

现在让我们假定经营风险稍有变化。沿用表 4—1 中的资料，假设所完成的实际销售金额是 1 100 000 元，而营业利润降到 100 000 元，其影响如何？

提示

经营风险变化后，Smiley Sweets 公司的数据如表 4—3 所示。

表 4—3 单位：千元

项目	1	2	3
总资产	1 000	1 000	1 000
权益	1 000	700	300
债务（10%）	0	300	700
权益+债务	1 000	1 000	1 000
销售收入	1 100	1 100	1 100
营业利润	100	100	100
利息	0	30	70
税前利润	100	70	30
税项（50%）	50	35	15
税后利润	50	35	15
营业利润率	9%	9%	9%
运用资本报酬率	10%	10%	10%
股东权益报酬率	5%	5%	5%

从表 4—3 可以看出：

（1）营业利润率下跌至 9%。

（2）运用资本报酬率从 12%降至 10%（对所有不同的资本结构都一样），现在的水平已与债务利息成本相等。

（3）三种结构的股东权益报酬率从 6%、6.4%和 8.3%跌到同一水平 5%。在无举债结构 1 中，跌幅为 17%，在适量举债结构 2 中为 22%，而在高举债结构 3 中，跌幅高达 40%。由此可发现：经营风险变化的影响随举债水平的增加而增大（销售额下降 17%可导致股东权益报酬率下跌 40%）。这反映了与高经营风险和高财务风险组合相关的盈利易变性。可由此得出结论：当经营风险高时，举债资本结构的股东权益报酬率要比纯权益结构的股东权益报酬率更易波动。因此，一旦经营风险发生了变化，财务风险便会使利润风险波动更大。

（4）当运用资本报酬率等于债务成本时（此处是 10%），不论企业的资本结构如何，股东权益报酬率都是一样的。只有当营业利润水平处于某一点时，才能导致这样的结果，这一点就称作财务杠杆的保本点。每个企业都必须联系其业务总量和可能的变动幅度以及营业利润率来确定这一点应位于何处，这样做非常重要。营业利润水平处于财务杠杆的保本点时，企业以股本融资的方式总是有利于股东（这么说只是考虑了该特定企业，并未考虑股东资金可在该企业之外选择其他投资机会）；而高于保本点时，以债务融资的方式则有利于股东。此处假定：在企业经营和获利水平分析中，已包含了对经营风险的考虑。

（5）由于在债务成本（利率）等于运用资本报酬率时，股东报酬就不受财务结构的影响，所以可得出这样的结论：只当债务成本低于投资于企业的总资金报酬率（运用资本报酬率）时，举债的使用才有利于股东。

（三）其他财务风险

利率的波动风险可能对企业造成深刻的影响。

思考 4.4

沿用表 4—3 中的资料，如果利率从 10%升到 18%，对 Smiley Sweets 公司将有何影响？（从中期角度而言，如此大幅度的利率变动相当普遍。）

提示

Smiley Sweets 公司的数据如表 4—4 所示。

表 4—4 单位：千元

项目	1	2	3
总资产	1 000	1 000	1 000
权益	1 000	700	300
债务（18%）	0	300	700
权益+债务	1 000	1 000	1 000
销售收入	1 100	1 100	1 100
营业利润	100	100	100
利息	0	54	126
税前利润	100	46	(26)
税项（50%）	50	23	(13)
税后利润	50	23	(13)
营业利润率	9%	9%	9%
运用资本报酬率	10%	10%	10%
股东权益报酬率	5%	3.3%	(4.3%)

注：表中的括号表示负数，后同。

由此可以看出财务风险的危险之大：

（1）如前面一样，营业利润率和运用资本报酬率不受影响。

（2）无举债结构 1 的股东权益报酬率维持在 5%的水平。

（3）结构 2（适度举债）的股东权益报酬率由 5%跌至 3.3%，跌幅达 34%，尽管经营风险并未变化，利润水平已下跌如此之大，而这完全是财务风险所致。

(4) 结构 3 现在已惨遭亏损。原先的 5%报酬率跌到－4.3%，跌幅高达 186%。同样，尽管经营风险并未变动，股东们发现自己承受的财务风险不仅没有提高报酬，反而使股本也受到了亏蚀。而且，财务风险还可能使整个企业处于危险之中。可以看到：当企业承担了财务风险之后，一旦出现亏损，则所有利益相关者将受影响，而当有正数收益时，唯有股东受益，股本的亏蚀和随之而来的企业生存威胁，是财务风险可能导致的主要危险。

三、财务杠杆对现金流量的影响

(一) 举债经营对现金流量的影响

迄今为止，我们对财务风险的分析仅局限于其对利润尤其是股东权益报酬率的影响。我们已看到：如果企业未能达到其发展目标，由于利息在利润分配中的先偿地位，股东将会遭受惨重的损失。但我们还没有考虑到债务本金的先偿权对企业现金流转造成的巨大影响。利润计算是基于"应计"概念之上的，其结果可能是，即使有足够的利润来满足利息费用支出，也没有足够的现金用于利息支付，即使有足够的现金来支付利息，但仍可能不够偿还债务本金。当需要支付利息和偿还本金时，能派上用场的是现金而非利润。如果所计算的利润不能及时兑现，即使利润已足以支付利息，财务风险问题也依然会出现。

一旦企业所获现金不够支付利息与债务本金，企业将被迫变卖资产以弥补短缺，由此又进一步削弱了企业获取现金的能力，最终可能迫使企业被接管并最终走向灭亡。

为了详细阐述，请回顾上述 Smiley Sweets 公司的案例，尤其是它的结构：30%权益股本和 70%债务。假定原规划得以完成，但债务利率上升至 18%，修正后的季度现金流量将如表 4—5 所示。

表 4—5　　20××年四季度现金预算（截止日期：20××年 12 月 31 日）　　单位：千元

项目	第一季度	第二季度	第三季度	第四季度	合计
现金流入					
现销	0	20	40	60	120
收回债务人	0	0	180	360	540
总现金流入	0	20	220	420	660
现金流出					
支付贷款人	67	133	349	499	1 048
费用	20	20	20	20	80
固定资产	500	0	0	0	500
利息	9	20	25	29	83
总现金流出	596	173	394	548	1 711
净现金流量	(596)	(153)	(174)	(128)	(1 051)
期初余额	0	(596)	(749)	(923)	0
累积现金流量	(596)	(749)	(923)	(1 051)	(1 051)

由表 4—5 可以看出：

（1）总利息费用（83 000 元）要少于最初预算（126 000 元）。这是因为在这一年中，现金需求逐步增加，结果是直到最后一季度，才用上全部债务。此处假定企业有一个随和的银行提供便利，可在需要资金时随时提取。实际上，要获得融通便利，贷款人很可能要求企业在借债期初一次性提取全部借贷资金或者在一年中定期提取不少于一定限额的资金。如果是这样，利息成本就会自动升格到近似原预算的水平。

（2）年底的总资金需求为 1 051 000 元，比股东权益与债务总额之和（1 000 000 元）高出 51 000 元，这意味着企业已没有足够现金来支付利息。

（3）此时，企业已没有现金流转余力偿还债务本金。如果贷款人提出偿还本金的要求，对企业来说就无异于雪上加霜。一旦现金流转压力如此紧迫，企业管理者的注意力便会集中于现金流量管理以图生存，无暇顾及其他事情。而这在企业发展的关键时刻，可能会导致致命的祸患。在重新贷款谈判中或力图获取新融资途径中花费的大量时间，可能使管理者游离了企业的主要事项，从而使企业业务状况更加恶化。

思考 4.5

假设表 4—5 中的年销售收入降至 110 000 元，即第四季度的销售减少了 10 000 元。这种减少会有何影响？计算四个季度的新现金预算。

提示

Smiley Sweets 公司的数据如表 4—6 所示。

表 4—6　　20××年四季度现金预算（截止日期：20××年 12 月 31 日）　　单位：千元

项目	第一季度	第二季度	第三季度	第四季度
现金流入				
现销	0	20	40	50
收回债务人	0	0	180	360
总现金流入	0	20	220	410
现金流出				
支付贷款人	67	133	349	401
费用	20	20	20	12
固定资产	500	0	0	0
利息	9	20	25	29
总现金流出	596	173	394	442
净现金流量	(596)	(153)	(174)	(32)
期初余额	0	(596)	(749)	(923)
累积现金流量	(596)	(749)	(923)	(955)
注：支付贷款人				

续前表

项目	第一季度	第二季度	第三季度	第四季度
销货成本（500×0.75）				375
购买存货（375×2/3）			250	
减：期初存货			198	52
				427
减：贷款人转后（375×1/3）				125
				302
加：承前贷款人				99
				401

从表 4—6 中可得出惊人的发现：

- 尽管销售收入和营业利润下降了，现金流量却还能应付利息支出。因为债务与股东权益之和（1 000 000 元）大于资金需求总额 955 000 元。
- 企业甚至还有一点现金流量余力来偿还小额债务本金。

这种明显异常的原因在于：生产和存货的削减立竿见影地导致了现金支出减少，而销售收入的减少对现金流入的影响只限于现销减少部分。直到第二年的第一季度，销售收入减少的全部负面影响才会通过债务人回收的减少而体现出来。但即使到那时，对企业现金状况的损害也只限于减少的销售额所损失的利润贡献，而存货与债务人的减少给现金流转带来的好处能一直持续下去。因此可以看到：在现金周转紧张的情况下，选择之一是削减销售额和生产量，即便这意味着利润的减少。当然，这只是短期应急措施，而且，若销售额削减不曾预先告知，现金可能会被照样投放于生产过程。

（二）保本分析

表明和检验资本结构的一项有效方法是用保本图来表示。为此，需要确定销售额和营业利润水平的可能区域。然后，计算各种备选资本结构的股东权益报酬率或每股盈利(EPS)。当确定销售额和营业利润水平的可能区域时，对不同的销售额和营业利润水平进行概率分析有助于达到最可能的区域。

例如：

假设 Smiley Sweets 公司的管理者已经分析了经营风险的所有要素，并确定销售水平的可能区域是 500 000 元～1 500 000 元，固定成本为 120 000 元（包括折旧费用），变动成本是销售额的 80%。成本结构并不随销售水平的波动而变化。

思考 4.6

结合资本结构 1 和 3，列表显示上述数字并绘图（即保本图），使纵轴为股东权益报酬率，横轴为销售额。

提示

答案如表 4—7 和图 4—1 所示。

表 4—7

项目	结构 1				结构 3			
	股东权益				70% 债务、30%股东权益			
	最小值		最大值		最小值		最大值	
销售收入		500		1 500		500		1 500
变动成本		400		1 200		400		1 200
固定成本	120	520	120	1 320	120	520	120	1 320
营业利润		(20)		180		(20)		180
利息		0		0		70		70
税前利润		(20)		180		(90)		110
税项		(10)		90		(45)		55
税后利润		(10)		90		(45)		55
股东权益报酬率		(1%)		9%		(15%)		18.3%

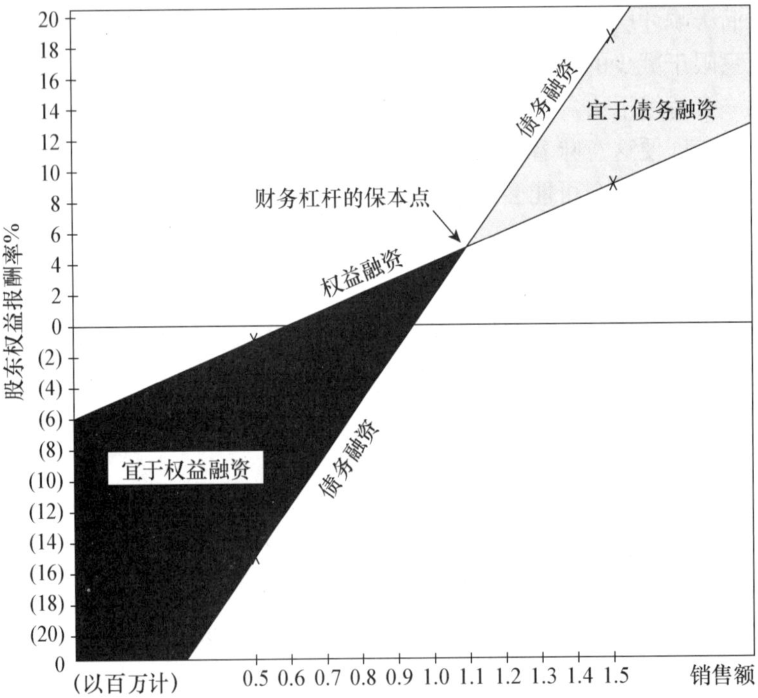

图 4—1 Smiley Sweets 公司的保本图

关于这两种资本结构，可从图 4—1 中得知许多有用信息：

◆ 注意图 4—1 中的两条直线：

■ 权益融资线：反映了在采用 100%股本筹措的资本结构时，所有可能的计划销售额所导致的股东权益报酬率；

■ 债务融资线：反映了当债务占资本结构70%时，所有可能的计划销售额将导致的股东权益报酬率。

◆ 债务融资线要比权益融资线陡峭。这显示了在举债的资本结构中，销售额的增加能使股东权益报酬率增长得更快。

◆ 两条直线相交于销售额为1 100 000元处，这就是财务杠杆保本点（BEP）。在保本点上，权益融资或债务融资都可以，因为不管资本结构如何，股东权益报酬率总是一样的，即5%。

◆ 当销售额低于保本点时，权益融资将更有益于企业。可以从图中轻易看出两种融资结构所导致的不同的股东权益报酬（当销售额低于保本点时）。

◆ 当销售额在保本点时，70%债务加上30%权益的资本结构对企业更有好处。同样，可从图中看出不同的股东权益报酬率（当销售额高于保本点时）。

◆ 可以从图中发掘一些典型数据：

■ 在100%权益融资结构中，销售额只需达到600 000元，股东权益报酬率就正好等于零；而在70%债务、30%权益的结构中，销售额必须达到950 000元以上，股东权益报酬率才不至于小于零。

■ 若要使股东权益报酬率达到20%，在债务结构中，销售额只要达到1 550 000元即可。而在100%权益结构中，对销售额的要求已超出了本图范围。

债务融资线上ROE迅速增加的特点使得债务融资方案非常诱人。保本图可成为管理决策的有用依据。管理者应在债务融资的魅力与财务风险之间进行权衡。财务经理此时的职责是：向决策者提供信息并对其面临的各项选择方案的财务含义进行解释，以便决策者在决策时有充分的信息依据。总经理和其他业务经理（如营销、生产和人事经理）与财务经理相比，通常能更好地评估和控制经营风险。

思考 4.7

某公司现有资产500万元（50万股面值为10元的普通股票），希望再筹资300万元。备选方案如下：

（1）可发行面值为320元的债券（折让6.25%发行），利息率为5%。

（2）再发行35万股面值为10元的普通股，以面值折让14.3%的价格发行。

息税前利润预计为营业额的20%。营业额受环境影响，其可能的波动范围为50万元～400万元。税率是50%。

公司管理者应采纳何种追加融资方案？

提示

为解答这个问题，需要画一幅如图4—2所示的保本图。

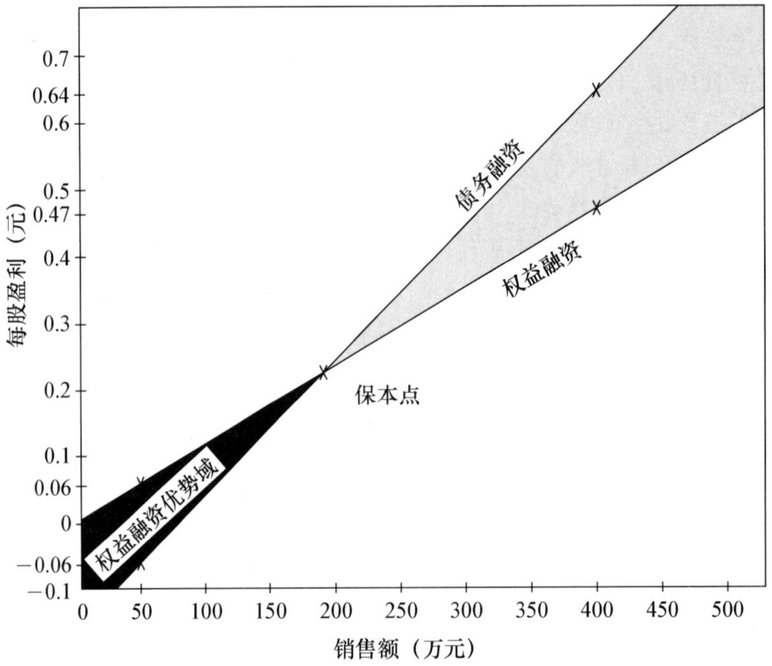

图 4—2　保本图

图 4—2 的横轴为销售额，纵轴为每股盈利，画出销售额最低可能点与最高可能点上两种融资方案各自的每股盈利，可得出以销售额表示的保本点以及不同销售水平上两种融资方案的相对优势（见表 4—8）。

表 4—8　　单位：万元

项目	A		B	
营业额	50	400	50	400
息税前利润	10	80	10	80
利息①	16	16	0	0
税前利润	(6)	64	10	80
税项	(3)	32	5	40
税后利润	(3)	32	5	40
每股盈利（元）	(0.06)	0.64	0.06	0.74
税后利润	(3)	32	5	40
股票数量（万股）	50	50	85	85
每股盈利（元）	(0.06)	0.64	0.06	0.47

注：① 利息=320×5%=16（万元）。

显然，不同销售水平下的结果可从保本图中一目了然，也可通过计算来求取结果，如表 4—9 所示。

表 4—9 单位：万元

项目	A						B					
营业额	50	100	200	300	400	500	50	100	200	300	400	500
息税前利润	10	20	40	60	80	100	10	20	40	60	80	100
利息	16	16	16	16	16	16	0	0	0	0	0	0
税前利润	(6)	4	24	44	64	84	10	20	40	60	80	100
税项	(3)	2	12	22	32	42	5	10	20	30	40	50
税后利润	(3)	2	12	22	32	42	5	10	20	30	40	50
每股盈利（元）	(0.06)	0.04	0.24	0.44	0.64	0.83	0.06	0.12	0.24	0.35	0.47	0.59

基于这些分析结果，对融资方案的抉择将取决于不同销售水平下可能发生的概率。但是，一旦确定了最佳融资方案，将需要进一步考虑影响资本结构的其他因素：

◆ 现金流量分析；

◆ 与其他企业比较；

◆ 与银行家和分析专家研究。

在下一单元，我们将介绍这些因素。

四、影响资本结构的决策因素

我们已经探讨了经营风险和财务风险对资本结构的影响。关于应采纳何种资本结构的最终决策，在权衡这两类风险之后才能得出。低经营风险的企业不妨承担高财务风险，但高经营风险的企业也想承担高财务风险就未免太冒险。然而，影响资本结构决策的其他因素又有哪些呢？

思考 4.8

列举在企业资本结构决策中需要考虑的四项因素。

提示

所列因素应类似于下列因素：

◆ 销售；

◆ 利润水平；

◆ 利率；

◆ 现金流量分析；

◆ 同业比较；

◆ 贷款人的态度；

◆ 资本成本；

◆ 业主/管理者的态度；

◆ 环境。

（一）销售

从上面对保本图的讨论可知，预测销售水平是决定股东最终报酬的关键。应仔细考虑预测的销售水平能否达到，并慎重估量经营风险对销售额的打击性。这两项因素是一个公司经营风险水平的主要决定因素。

（二）利润水平

下一个需要考虑的最重要的因素就是预测的利润水平。要特别注意预测利润水平对经营风险的易损性，须记得利息费用支出依赖于营业利润。因此，利润水平易损性评估是企业的经营风险的决定因素之一。

（三）利率

如果要使资本结构举债化，则对预期的利率水平和可能的波动要加以特别关注。利率波动会影响举债型企业的利润水平，并且将来的利率水平也是不确定的。实际上，最近几年利率预测的最普遍特征是：在有些时候，几乎所有的预测都是错误的。因此，利率上升危险是财务风险的一项固有特征。

（四）现金流量分析

利息支出和债务本金的偿还必须由现金来支付。仅有足够利润来偿还利息是不够的，需要编制现金预算来确定是否有足够现金流量来支付利息和债务本金。现金流量越多，举债能力越强。企业获取现金的能力对债务水平和总资本结构都有极其重要的影响。

（五）同业比较

把企业计划的资本结构与同行业中别的可比企业的资本结构相比较，将大有裨益。可比企业须具有类似经营风险并因此具有类似的举债敏感性（注意：严格来说，并非所有同行业企业都具有可比性）。如果许多类似的企业可在特定的资本结构下成功运转，则应对任何与此结构有重大不同的结构做审慎分析，通过深入调查才能得出强有力的支持该结构的依据。这些依据需令人信服，该资本结构尽管与行业标准不相同，但能够有效运作。这类比较的资料可通过公众、工商媒介等许多渠道获得。

（六）贷款人的态度

如果已经决定使资本结构中包含一定比例的债务，在实施这一设想之前，需要先征得潜在贷款人的同意。企业的相关人员应早点和潜在贷款人商议，如果所计划的资本结构得不到他们的支持，继续这一计划就变得毫无意义。潜在贷款人会特别关注与行业标准的比较，他们将考察行业平均数与比较结果，以判断向该企业放款的可行性。这也是贷款企业应作行业比较的另一原因。还须记住，当企业向银行借款时，银行对企业贷款的态度不仅受资产抵押品和现金流量的影响，通常还倾向于“随大流”。在任何时候，银行总是更愿意支持某一特定行业。

倘若企业认为需要向股东或从新来源筹措新的权益股本，就应和股票分析家及/或潜在投资者探讨计划的资本结构。倘若一笔债务到期，而用于还债的资金来源备选方案之一是举借新债，则应与潜在贷款人探讨获得新贷款的机会。

（七）资本成本

企业的总资本成本由加权平均资本成本（WACC）构成，包括所有权益融资和债务融资的成本。使总资本成本最小化是财务经理的一项重要任务，通过使总资本成本最小化，便能对企业利润和股东报酬最大化作出贡献。因此，当确定资本结构时，应仔细考虑不同融资来源的相对成本，以寻求在权益融资和债务融资之间取得一个平衡点，在这一点上，总资本成本最小而股东财富达到最大化。在以后单元里，我们将对资本成本做进一步分析。

（八）业主/管理者的态度

业主/管理者有时热衷于使举债水平最大化以令股东报酬最大化，他们也喜欢把举债融资视为既能获取所需资金，又可保障其权益控制不被新股东稀释的两全之策。在另外一些情况下，他们也可能持有另一种态度：因怕失去现有股本而不愿冒太多财务风险。

管理者不愿企业承担额外的财务风险，因为他们的根本目标在于使企业继续经营而非为股东报酬最大化去冒险。

这两类的考虑会相互影响，最终结果取决于企业的规模、特征及股东们的能力，这些因素可能对资本结构的最终确定有相当重要的制约作用。

（九）环境

企业需对今后的环境（尤其是经济环境）变化进行预测，因为没有企业愿意在困难的经营环境里（营业额微乎其微时）和高利率时期承担大量债务。

第二单元　不合适的资本结构及补救措施

目　标

当你学完本单元，应该能够：

- 描述过度经营的主要原因
- 描述过度经营的后果
- 论述过度经营的补救措施

一、不合适的资本结构

当企业所冒的财务风险水平比内在的经营风险高时，其对利润水平的影响较大。营业利润或利率的变化可以导致灾难性的后果。不合适的资本结构还有可能在其他一些方面带来破坏性的影响，但这种影响在一般财务风险因素的分析中不易被立即察觉。对此，需要记住不合适的资本结构的两个方面：

- 债务对权益资本的比率过高。这将导致贷款人重估企业风险并提高利率要求，而且还会对下一步借款设置许多限制条件。
- 债务与权益资本的组合比例虽然合适，但对企业活动所要求的资金总额估计不准。

当一个企业在长期资本不足的情况下贪多图快时，它的营业利润可能会上升，但同时不能创造足够的现金收入。交易额的上升缺乏资金后盾，就可能导致到期债务不能按时偿还。这就是通常所说的过度经营。

（一）过度经营的原因

造成过度经营的主要原因有：

- 过度扩张。
- 原始资本不足。
- 营运资本耗减。

1. 过度扩张

这正是“过度经营”名称的由来，是指企业的扩张达到某程度以至于其原来的资本基础已不足直接支持业务的扩张水平，或是通过增加借款支持扩张水平。常见的情况是：此时企业处于获利状态并可望继续获利，但其利润水平不能带来足够的现金，以满足因业务水平扩张所导致的营运资本和固定资产需求的上升。从另一个角度看，过度扩张其实正体现了资本不足。典型的过度扩张产生于企业一味追求销售增长而忽视其销售究竟能否获利。毛利在不断减少，但为了提高销售额，无利可图的客户仍被不断引入。在这种意义上，过度扩张是成长中的企业的一个特征。

2. 原始资本不足

如果企业开创之初，股本水平或其他类型自有资金水平就不足以支撑预测的业务水平(不管是从直接供应资金还是从便利借款的角度看)，那么该企业就处于过度经营状态。要知道，企业开创时的股本水平很可能是贷款人考虑向企业贷放资金水平的最重要的决定因素。因此，如果股本金额不敷需求，则对本可能筹措到的债务金额有很大影响。原始资本不足是过度经营的一个最常见原因，另一个原因是相对于资本水平，企业的营业额规模增长过快。

3. 营运资本耗减

即使企业在创立之初拥有充足的资本，如果这些初始资金得不到正确运用，企业也会发现自己不能应付日常业务的资金需求。这可能源自下列因素之一或多种综合因素：

（1）在固定资本上投资过量导致营运资本短缺。对建筑项目超支及对新厂、机器、车辆、办公用品的过量投资都极易导致这种结果。此外，在应当租用或租赁房地产、厂场和机器时，却不合时宜地去购买，也会造成同样结果。

（2）长期债务的提前偿还导致对短期融通便利的滥用。当现金流量预测不够精准时便会出现这种状况：手头的现金被用于支付长期债务，而实际上，这笔资金本应用来满足稍晚一点的营运资本需求。

（3）可用现金被挪用于非营业活动。这类情况通常如下：企业的现金足以支撑日常运作，但由于现金流量计划失误或管理无能，这笔资金消耗于与企业日常业务无关的资产之上。另外，当一些急于扩张的管理者在兼并或合并上投资过多从而耗用完本应用于企业基本业务的资金时，也会产生类似后果。

（4）不能完成预算利润，因此只能耗用举债能力来弥补留存盈利的减少。

（5）利润分配过多。如果利润主要被用来发放股息，企业就被迫耗用举债能力。这在企业需要留取利润来支持扩张项目增长水平时，问题就出现了。此时，盈利企业却发现自己缺乏资金来支撑日常业务。对扩张企业的一项基本要求是：权益资本应与总增长规模协调增长，以便企业的资本结构不会扭曲。权益资本的增长只能来自新股注入、留存盈利或资本储备。

（二）过度经营的后果

企业过度经营的后果是相当严重的，有时甚至是致命的。它导致了一系列不可避免的困难。

1. 清偿能力问题严峻

过度经营将导致企业在清算日常债务时困难重重，如工资、支付债权人、费用、税项及企业的社会保险金或其他所得税等。许多小企业把这些问题视为日常管理的标准内容，它们没能认识到的是：在有限的资源下，花过多的时间去满足贷款人，实际上是管理时间的莫大浪费。它们本应用这些时间去更有效地管理企业的获利部门。过度经营造成流动资金紧张的严重后果是：不能偿付上面提到的各项债务，可能会迫使企业进行破产清算。

2. 获利能力和效率降低

过度经营造成的清偿能力问题已被广泛承认，但它对企业的获利能力和效率的影响时常被忽视。过度经营的直接后果可能是：原先获利的企业发现其利润被许许多多的问题侵蚀殆尽。

思考 4.9

请列举过度经营可能导致的影响企业获利能力和效率的三个问题。

提示

可从下面论述中选取三项：

◆ 管理者要花太多时间应对清偿能力问题。这对其他方面的有效管理显然有负面影响。
◆ 利息费用将由于贷款人意识到风险的增加而提高。因为现有贷款人开始限制企业下一步支取款项或干脆撤销贷款，企业不得不使用其他的更为昂贵的融资来源，这进一步加剧了企业的财务风险。
◆ 由于需要从供货商处获得尽可能多的信贷而不是力图获得现金支付或提前支付所带来的折扣，故使得企业损失了购货结算的折价优惠。
◆ 缺乏充足资金致使企业不能成批购货，这将使得购买和销售的单位成本上升。不能购买充足的原材料还意味着生产可能不得不停顿，或由于存货不足而丧失其他的销售机会。
◆ 购货时不能追求最优价格和质量，因为在选择供货商时，信用条款成了首要的选择标准。在这种情况下，给予最佳信用条件的供货商可能会要求最高价格而提供低质量的商品。这些对企业利润都有不良影响，而且可能影响企业的销售总量。此外，劣质产品还会对企业的声誉造成持久的损害。
◆ 机器逐渐过时，因为缺乏资金在最合适的时候进行重置。这将导致两方面影响：
  ■ 成本增加。因为机器在其使用年限之后需要投入更多的维修成本，当机器发生停机故障时，会导致生产停顿的损失。
  ■ 缺乏竞争力。如果不能及时更换那些尽管其使用年限尚未到期但技术水平已被淘汰的机器，就会导致企业竞争力的减弱。这些因素可对企业的经营效率造成相当大的影响。
◆ 亏损销售，通常是为了应付现金需求压力而不顾对利润或销售的不利影响。如果此类销售绕过了正常销售渠道，将会疏远现有的分销商，并危害企业的分销网络。

上述所有因素都源自不合适的资本结构，只有一项（即利息费用增加）提高了企业的财务风险，其他因素都增加了企业的经营风险并对企业的营业利润产生不良影响。

应时刻记住：具有不合适的资本结构的企业，相对于资本结构合理的竞争者们，将处于不利地位。正是这种弱势竞争地位，使企业在市场上成功的机会变得微乎其微，而这是资本结构影响中常被忽略的一个方面。

思考 4.10

过度经营的原因与结果已经介绍，如果让你去检查一家过度经营的企业的会计记录，预计会发现哪些情况？

提示

答案应包括如下内容：

◆ 销售额迅速增长，时常伴随着毛利下降。
◆ 留存盈利增长甚微。资产增加的融资来源主要是应付账款及/或银行透支。
◆ 流动资产（如存货和应收账款）迅速增加（固定资产也有可能增长甚快）。

◆ 应收账款减少而银行透支依旧。
◆ 清偿能力下降。

二、过度经营的补救措施

（一）增加资本

对所有过度经营的明显补救措施是：增加企业的资本基础。企业股本的增加不仅直接提供更多的资金来源，同时将提高企业的举债能力。如果不能获得新股本，则长期债务资本也可弥补缺口（最好是分期还款）。

（二）增加毛利

这可能是一项大胆的方案，尤其当不合适的资本结构已开始侵蚀利润水平之时。但是，一旦成功，增加的利润部分就能留存于企业，这将有助于权益资金与业务规模同步增长，并避免或摆脱过度经营状态。

（三）减少固定资产投资

减少固定资产投资可通过尽可能少量购买固定资产，用租赁或租用的方式来解决。这将使企业资金可转用于日常营运资本的需求。把非企业必需的资产处理卖掉，对必需的主要资产采用售后回租的方式，能为企业注入一笔有用的现金。本书后面的内容会对此作详细探讨。

（四）加强营运资本控制

通过对营运资本要素（应收账款、存货和应付账款）的有效管理，销售增加所需要的额外融资就会被压缩到最低。这种控制有一定限度，且企业的竞争地位也限制了这些要素被控制的程度。

（五）降低业务水平（规模）

这种选择为下策，因为它是一种相当消极的决策（即放弃良好的获利机会或拒绝从事新业务）。然而，若其他方法都不能奏效，则此方法亦不得不用。继续过度经营不可避免的结局是破产清算，因此与其在高业务水平上破产，还不如在较低业务水平上生存。

思考 4.11

有人认为企业经理应当知道下面三个基本问题的答案：
（1）企业有哪些获利来源？
（2）企业有多少债务？
（3）企业的应收账款有多少？
从过度经营的影响角度看，你认为还需进一步了解哪些问题？

提示

答案应包括：

◆ 现金状况如何？
◆ 现金流量的预测如何？
◆ 预算利润如何？
◆ 预计资产负债表如何？

自测题

一、单项选择题

1. 只有当债务成本（　　）企业的运用资本报酬率时，举债才有利于股东。

A. 高于　B. 低于　C. 等于　D. 不等于

2. 当企业所冒的财务风险水平比内在的经营风险高时，对利润水平的影响会(　　)。

A. 小些　B. 大些　C. 一样　D. 无关

3. （　　）指的是企业固有的正常风险。

A. 经营风险　B. 财务风险　C. 投资风险　D. 利率风险

4. （　　）反映与债务有关的风险程度。

A. 经营风险　B. 财务风险　C. 投资风险　D. 利率风险

5. 企业所运用的资产的生产力并不受（　　）的影响。

A. 资本总额　B. 利率大小　C. 融资来源　D. 财务杠杆

6. 当运用资本报酬率等于债务成本时，不论企业的资本结构如何，其（　　）都是一样的。

A. 毛利率　B. 营业利润率
C. 净利润率　D. 股东权益报酬率

7. 当企业的销售水平（　　）财务杠杆保本点时，更宜于债务融资。

A. 高于　B. 低于　C. 等于　D. 不等于

8. 当企业的销售水平（　　）财务杠杆保本点时，更宜于权益融资。

A. 高于　B. 低于　C. 等于　D. 不等于

9. 在举债的资本结构中，销售水平的增加能使股东权益报酬率增长得（　　）。

A. 更快　B. 较慢　C. 一样　D. 无关

10. （　　）是财务风险的一项固有特征。

A. 销售水平下降　B. 利润水平下降
C. 现金流量减少　D. 利率水平上升

11. 企业达到最佳资本结构时，也是（　　）。

A. 企业价值最大时　B. 综合资本成本最高时

C. 债务资本成本最低时　　D. 权益资本成本最低时

12. 下列与资本结构决策无关的项目是（　　）。

A. 企业销售增长情况　　B. 贷款人与信用评级机构

C. 管理人员对风险的态度　　D. 企业所在地域

13. 调整企业的资本结构时，不能引起相应变化的项目是（　　）。

A. 财务风险　　B. 经营风险

C. 资本成本　　D. 财务杠杆作用

二、多项选择题

1. 企业面临的风险包括（　　）。

A. 经营风险　　B. 财务风险　　C. 利率风险　　D. 投资风险

2. 决定企业经营风险水平的主要因素有（　　）。

A. 销售水平的波动程度　　B. 成本的波动性

C. 固定成本的水平　　D. 产品或服务的性质

3. 影响资本结构决策的因素包括（　　）。

A. 利润水平　　B. 同业比较

C. 资本成本　　D. 现金流量分析

4. 在评估资本结构对企业价值的影响方面的理论主要有（　　）。

A. 传统理论　　B. 净收益法

C. 净营业收益法　　D. 不相关理论

5. 造成企业过度经营的主要原因有（　　）。

A. 利润过低　　B. 过度扩张

C. 原始资本不足　　D. 营运资本来源的耗减

6. 企业过度经营带来的后果有（　　）。

A. 获利能力降低　　B. 严峻的清偿能力问题

C. 资产运用效率降低　　D. 产品质量下降

7. 企业过度经营的补救措施包括（　　）。

A. 增加资本　　B. 增加毛利

C. 降低业务水平　　D. 减少固定资产投资

8. 以下做法会导致企业营运资本耗减的是（　　）。

A. 利润分配过少　　B. 利润分配过多

C. 在固定资本上投资过量　　D. 在固定资本上投资过少

9. 不合适的资本结构表现为（　　）。

A. 债务对权益资本的比率过高

B. 债务对权益资本的比率过低

C. 债务与权益资本的组合比例虽然合适，但对企业活动所要求的资金总额估计过少

D. 债务与权益资本的组合比例虽然合适，但对企业活动所要求的资金总额估计过多

10. 不相关理论只有具备（　　）条件时才能成立。

A. 企业股票和债券在完全市场上交易

B. 企业股票和债券在自由竞争市场上交易

C. 债务和股本在税务地位上存在区别

D. 债务和股本在税务地位上没有区别

11. 企业降低经营风险的途径一般有（　　）。

A. 增加销售量　　B. 增加自有资本

C. 降低变动成本　　D. 增加固定成本比例

三、判断题（正确为 A，错误为 B）

1. 按一般规则而言，企业的资本结构应反映经营风险和财务风险之间的合理平衡。（　　）

2. 当经营风险高时，举债资本结构的股东权益报酬率要比纯权益结构的股东权益报酬率更不易发生波动。（　　）

3. 当企业需要还本付息时，能派上用场的是现金而非利润。（　　）

4. 当销售水平高于财务杠杆保本点时，权益融资将更有益于企业。（　　）

5. 当销售水平低于财务杠杆保本点时，债务融资将更有益于企业。（　　）

6. 预测销售水平是决定股东最终报酬的关键。（　　）

7. 资本结构的传统理论假定存在一个最佳资本结构，即正确使用举债可提高企业股票价值。（　　）

8. 资本结构的净营业收益法理论认为：通过债务融资，企业能持续地降低其总资本成本并因此提高总价值。（　　）

9. 资本结构的不相关理论认为：企业资本结构与企业价值有关。（　　）

10. 企业过度扩张恰恰体现了其资本的不足。（　　）

第五章 长期投资决策

引 言

企业在发展中需要进行资本投资，这是保持企业持续发展的动力，以创造新的盈利增长点，而投资决策应依赖科学、精确的计量与测算。

本章主要通过介绍资金时间价值的概念，评价非现金流转因素，进行现金流量估算和投资决策方法的运用，从而引导企业正确地作出资本投资决策。

第一单元 资金的时间价值

目 标

当你学完本单元，应该能够：

- 理解资金时间价值的概念
- 区分与计算普通复利现值和普通复利终值
- 理解年金的概念与特点
- 区分普通年金、即付年金、递延年金和永续年金

资金的时间价值和投资风险价值，是财务活动中客观存在的经济现象，也是现代财务管理的两个价值观念。资金的时间价值和投资风险价值对于筹资管理、投资管理乃至成本管理、收益管理都有着重要的影响。因此，在学习这些管理之前，需要理解资金的时间价值和投资风险价值的基本概念和有关计算方法。

一、资金时间价值的概念

在商品经济中，有这样一种现象：现在的 1 元钱和 1 年后的 1 元钱，两者的经济价值

不相等。例如，若银行存款年利率为5%，将现在的1元钱存入银行，1年后可得到1.05元。可见，经过1年时间，这1元钱发生了0.05元的增值，这就是资金的时间价值，即资金经历一定时间的投资和再投资所增加的价值。在实务中，人们习惯使用相对数表示资金的时间价值，即用增加价值占投入货币的百分数来表示，如前述资金的时间价值为5%。那么，资金的时间价值是如何产生的呢？对此，西方经济学家的观点是：资金的时间价值是资金所有者推迟现时的消费而要求得到的按推迟时间长短计算的报酬。显然，这种观念没有揭示资金的时间价值的实质和真正来源，如果说推迟消费便能得到报酬，则资金所有者将钱闲置不用或埋入地下也能实现资金增值，这显然是不可能的。

资金之所以随着时间的推移会增值，是因为它参与了社会再生产过程。企业资金循环和周转的起点是投入货币资金，企业用它来购买所需的资源（这时货币转化为储备资金），然后生产出新的产品（这时货币转化为生产资金和成品资金），产品出售时得到的货币量大于最初投入的货币量。资金的循环和周转以及因此实现的货币增值，需要或多或少的时间，每完成一次循环，货币就增加一定数额，周转的次数越多，增值额也越大。从量的规定性来看，资金的时间价值是没有风险和没有通货膨胀条件下的社会平均资金利润率。由于竞争，市场经济中各部门投资的利润率趋于平均化。每个企业在投资某项目时，至少要取得社会平均的利润率，否则不如投资于另外的项目或另外的行业。因此，资金的时间价值成为评价投资方案的基本标准。

例如：

某家公司现在正在考虑这样一个工程：目前立即破土动工可获利200万元，但如果3年后再动工的话，可获利220万元。如果不考虑资金的时间价值，因为220万元大于200万元，所以这家公司应该选择3年后动工。然而这220万元在三年后才能收到，这时如果考虑货币的时间价值，就应该这样计算了：现在获得200万元，可用于其他投资机会，平均每年获利10%，则3年后将有资金266.2万元（200×1.1^3），大于220万元。因此，目前立即破土动工更有利。

这就说明了一个问题，即不同时间的货币不能直接进行比较，需要把它们换算到相同的时间基础上，然后才能进行大小比较和作出判断。

资金的时间价值是资金在周转使用中产生的，是资金所有者让渡资金使用权而参与社会财富分配的一种形式。

通常情况下，由于时间价值的计算方法同有关利息的计算方法相同，因而时间价值与利率容易被混为一谈。实际上，财务管理活动总是或多或少地存在风险，而通货膨胀也是市场经济中客观存在的经济现象。因此，利率不仅包含时间价值，而且包含风险价值和通货膨胀因素。只有在购买国库券等政府债券时几乎没有风险，如果通货膨胀率很低，可以用政府债券的利率来表现时间价值。

资金的时间价值以商品经济的高度发展和借贷关系的普遍存在为前提条件或存在基础，它是一个客观存在的经济范畴，是财务管理中必须考虑的重要因素。我国不仅有资金的时间价值存在的客观基础，而且有充分运用它的迫切性。把资金的时间价值引入财务管理，在资金筹集、运用和分配等各方面考虑这一因素，是提高财务管理水平，做好筹资、投资、分配决策的有效保证。

二、资金时间价值的计算

（一）单利的计算

单利是计算利息的一种方法。按照这种方法，不管时间多长，所生利息均不加入本金重复计算利息。可以假设下列符号，以利于计算：

- P——本金，又称现值；
- i——利率；
- I——利息；
- n——期数；
- F——终值，又称未来值。

1. 单利利息

单利利息的计算公式为：

$$I=P\times i\times n$$

［例 5—1］ 某公司持有一张带息期票，面额为 1 500 元，票面利率为 5%，出票日期为 5 月 1 日，到期日为 11 月 1 日。则该公司到期可获得利息：

$$I=1\ 500\times 5\%\times(180\div 360)=37.5(\text{元})$$

在计算利息时，除非特别指明，给出的利率是指年利率。对于不足 1 年的利息，要按 1 年等于 360 天来折算。

2. 单利终值

终值是现在一定量的现金在未来某一时点上的价值，俗称“本利和”。

单利终值的计算公式为：

$$F=P+I=P+P\times i\times n=P\times(1+i\times n)$$

［例 5—2］ 刘先生现在有 1 000 元钱，年利率为 10%，则从第 1 年到第 5 年，各年年末的终值为：

1 000 元 1 年后的终值$=1\ 000\times(1+10\%)=1\ 100$(元)

1 000 元 2 年后的终值$=1\ 000\times(1+10\%\times 2)=1\ 200$(元)

1 000 元 3 年后的终值$=1\ 000\times(1+10\%\times 3)=1\ 300$(元)

1 000 元 4 年后的终值$=1\ 000\times(1+10\%\times 4)=1\ 400$(元)

1 000 元 5 年后的终值$=1\ 000\times(1+10\%\times 5)=1\ 500$(元)

在［例 5—1］中，带息期票到期，出票人应付的终值为：

$$F=1\ 500+1\ 500\times 5\%\times(180\div 360)=1\ 537.5(\text{元})$$

3. 单利现值

现值又称现在值，是指未来某一时点上的一定量现金折合到现在的价值，也称本金。

单利现值的计算同单利终值的计算是互逆的，由终值计算现值的过程称为折现。将终值计算公式变形，即得到单利现值计算公式：

$$P=F\div(1+i\times n)$$

［例 5—3］　刘先生在未来的 5 年内每年年末都能获得 1 000 元的收入，若年利率为 10%，则从第 1 年到第 5 年，各年年末的 1 000 元的现值为：

1 年后 1 000 元的现值＝1 000÷(1＋10%)＝1 000÷1.1＝909(元)

2 年后 1 000 元的现值＝1 000÷(1＋10%×2)＝1 000÷1.2＝833(元)

3 年后 1 000 元的现值＝1 000÷(1＋10%×3)＝1 000÷1.3＝769(元)

4 年后 1 000 元的现值＝1 000÷(1＋10%×4)＝1 000÷1.4＝714(元)

5 年后 1 000 元的现值＝1 000÷(1＋10%×5)＝1 000÷1.5＝667(元)

思考 5.1

小王希望在 5 年后取得本利和 10 000 元，用以支付他出国留学的学费。利率是 5%，若以单利计算，小王现在应该存入银行的资金是多少？

提示

$$P=10\,000\div(1+5\%\times5)=8\,000\text{（元）}$$

（二）复利的计算

复利是计算利息的一种方法。按照这种方法，每经过一个计息期，就要将所得的利息加到本金中再计算利息，逐期滚算，俗称“利滚利”。这里所说的计息期，是指相邻两次计息的时间间隔，如年、月、日等。除非特别指明，计算期为 1 年。

1. 复利终值

复利终值是指一定量的本金按复利计算若干期后的终值。

刘先生手上有现金 50 000 元，现投资于一项工程，年报酬率为 5%，经过 1 年时间的期末金额为：

$$F=P+P\times i=P\times(1+i)=50\,000\times(1+5\%)=52\,500\text{(元)}$$

若此人并不提走现金，而是将 52 500 元继续投资于该事业，则第 2 年本利和为：

$$F=[P\times(1+i)]\times(1+i)=P\times(1+i)^2=50\,000\times(1+5\%)^2=55\,125\text{(元)}$$

同理，第 3 年的终值为：

$$F=P\times(1+i)^3=50\,000\times(1+5\%)^3=57\,881.25\text{（元）}$$

因此，复利终值的一般计算公式为：

$$F=P\times(1+i)^n$$

上式中的 $(1+i)^n$ 称为复利终值系数，用符号 $(F/P, i, n)$ 表示，表示 1 元本金 n 期末的复利终值。例如，$(F/P, 5\%, 2)$ 表示利率为 5%的 2 期复利终值的系数。为了便于计算，可编制复利终值系数表备用。该表的第一行是利率 i，第一列是计息期数 n，相应的 $(1+i)^n$ 值在其纵横相交处。通过该表可查出，$(F/P, 5\%, 2)=1.1025$，根据这个系数可以把现值换算成终值。

既然在知道利率 i 和期数 n 的情况下，能查找出 1 元的复利终值，我们也应该能够在已知 1 元复利终值和期数 n 的情况下，查找利率 i 或已知 1 元复利终值和利率 i 时，查找期数 n。

思考 5.2

刘先生现有 1 000 元，投入报酬率为 6%的一项工程中，需要多少年才能使现有的货币增长 3 倍?

提示

$$F=1\,000\times 3=3\,000$$

$$F=1\,000\times(1+6\%)^n$$
$$3\,000=1\,000\times(1+6\%)^n$$
$$(1+6\%)^n=3$$
$$(F/P,6\%,n)=3$$

查复利终值系数表，在 $i=6\%$ 的项下寻找 3，最接近的值为：

$$(F/P,6\%,19)=3.025\,6$$

所以：$n=19$

即 19 年后可使现有货币增长 3 倍。

思考 5.3

刘先生现有 1 000 元，投入某项工程，欲使其本金在 9 年后翻一番，即为原来的两倍，则这项工程的最低报酬率应该为多少?

提示

$$P=1\,000\times 2=2\,000$$

$$P=1\,000\times(1+i)^9$$
$$2\,000=1\,000\times(1+i)^9$$
$$(1+i)^9=2$$

$(F/P,i,n)=2$

查复利终值系数表，在 $n=9$ 的项下寻找 2，对应的 i 值为 8%，即这项工程的最低报酬率为 8%时，才可使现有货币在 9 年后翻一番。

2. 复利现值

复利现值是复利终值的逆运算，是指未来一定时期内特定资金按复利计算的现在价值，或者说是为取得将来一定终值现在所需要的本金。通俗地说，复利现值就是将来的钱的现在价值。

若年利率为 10%，从第 1 年到第 5 年，各年年末的 1 元钱的现值为：

1 年后 1 元的现值 $=1\div(1+10\%)=1\div1.1=0.909$（元）
2 年后 1 元的现值 $=1\div(1+10\%)^2=1\div1.21=0.826$（元）
3 年后 1 元的现值 $=1\div(1+10\%)^3=1\div1.331=0.751$（元）
4 年后 1 元的现值 $=1\div(1+10\%)^4=1\div1.464=0.683$（元）
5 年后 1 元的现值 $=1\div(1+10\%)^5=1\div1.611=0.621$（元）

而且，我们通过复利终值的计算已知：

$$F=P\times(1+i)^n$$

所以：

$$P=F\div(1+i)^n=F\times(1+i)^{-n}$$

公式中是把终值折算为现值的系数，称为复利现值系数，或称为 1 元的复利现值。为了方便计算，可编制复利现值系数表，该表的使用方法与复利终值系数表相同。

思考 5.4

小王希望在 3 年后取得本利和 10 000 元，用以支付他出国留学的学费。利率是 5%，若以复利计算，小王现在应该存入银行的资金是多少？

提示

计算现值：

$$P=F/(1+i)^n=F\times(1+i)^{-n}=10\ 000\div(1+5\%)^3$$
$$=10\ 000\times0.863\ 8=8\ 638(\text{元})(\text{存入的本金})$$

其中 3 年的复利利息为：

$$10\ 000-8\ 638=1\ 362(\text{元})$$

（三）年金的计算

在现实经济生活中，除了上面介绍的一次性收付款项外，还存在一定时期内多次收付相等金额款项的情况。例如，分期付款赊购、分期偿还贷款、发放养老金、支付保险费、年折旧、零存整取和分期付款等，这些都是年金的问题。所谓年金，是指一定时期内每次等额收付的系列款项，通常记作 A。

年金的形式多种多样，按其每次收付发生的时点不同，可分为普通年金、即付年金、递延年金和永续年金等。

1. 普通年金

普通年金是指从第一期起，在一定时期内每期期末等额发生的系列收付款项，也称后付年金。

（1）普通年金终值。

在现实中有这样一种储蓄方式：零存整取。如果年金相当于零存整取存款数，那么，年金终值就是零存整取的整取数。

普通年金终值是指最后一次支付的本利和，它是每次支付的复利终值之和，其计算方法如图 5—1 所示。

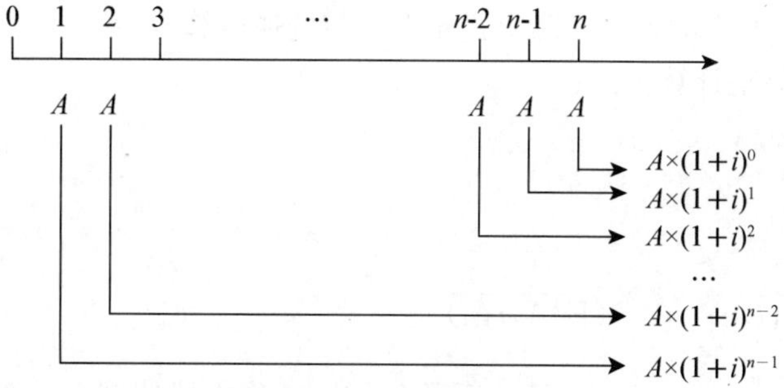

图 5—1　年金终值的计算

由图 5—1 可知，年金终值的计算公式为：

$$F=A\times(1+i)^0+A\times(1+i)^1+A\times(1+i)^2+\cdots+A\times(1+i)^{n-2}+A\times(1+i)^{n-1} \tag{5—1}$$

将式（5—1）两边同时乘以（$1+i$）得：

$$F\times(1+i)=A\times(1+i)^1+A\times(1+i)^2+A\times(1+i)^2+\cdots+A\times(1+i)^{n-1}+A\times(1+i)^n \tag{5—2}$$

将式（5—1）一式（5—2），得：

$$F\times i=A\times(1+i)^n-A$$

$$F=A\times\frac{(1+i)^n-1}{i}$$

$\frac{(1+i)^n-1}{i}$通常称作年金终值系数，记作（F/A，i，n），可查年金终值系数表求得，上式也可写作：

$$F=A\times(F/A,i,n)$$

图 5—1 和年金终值计算公式通过举例也可这样理解：

刘先生5年内每年末向银行存入1 000元，存款利率为10%，则5年后的终值是多少？

第5年存入1 000元的终值=1 000(元)

第4年存入1 000元的终值$=1\ 000\times(1+10\%)=1\ 100$(元)

第3年存入1 000元的终值$=1\ 000\times(1+10\%)^2=1\ 210$(元)

第2年存入1 000元的终值$=1\ 000\times(1+10\%)^3=1\ 331$(元)

第1年存入1 000元的终值$=1\ 000\times(1+10\%)^4=1\ 464$(元)

1 000元年金5年的终值=6 105(元)

当然，更方便的方法是利用公式：

$$F=1\ 000\times(F/A,10\%,5)=1\ 000\times6.105\ 1=6\ 105.1(\text{元})$$

（2）偿债基金。

偿债基金是指为了在约定的未来某一时点清偿某笔债务或积聚一定数额的资金而必须分次等额形成的存款准备金。由于每次形成的等额存款准备金类似年金存款，因而同样可以获得按复利计算的利息。这种债务实际上等于年金终值，每年提取的偿债基金等于年金A。也就是说，偿债基金的计算实际上是年金终值的逆运算。

根据普通年金终值计算公式：

$$F=A\times(F/A,\ i,\ n)$$

可知：

$$A=\frac{F}{(F/A,i,n)}=F\times\frac{1}{(F/A,i,n)}$$

公式中的$\frac{1}{(F/A,\ i,\ n)}$是年金终值系数的倒数，称作偿债基金系数，记作（A/F，i，n）。它可以把普通年金终值折算为每年需要支付的金额。偿债基金系数可以制成表格备查，也可以根据普通年金终值系数求倒数确定。

思考5.5

刘先生拟在3年后还清1 000元的债务，从现在起每年存入银行一笔款项。假设银行利率为5%，他每年需要存入银行多少钱？

提示

$$A=1\ 000\times\frac{1}{(F/A,\ 5\%,\ 3)}=1\ 000\times\frac{1}{3.152\ 5}=317\ (\text{元})$$

因此，当银行利率为5%时，每年存入317元，3年后就可以还清1 000元的债务了。

（3）普通年金现值。

普通年金现值是指为在每期期末取得相等金额的款项，现在需要投入的金额。它是一定时期内每期期末收付款项的复利现值之和。

刘先生 5 年内每年都取得 1 000 元，年利率为 10%，则年金现值可以表示如下：

第 1 年末的 1 000 元的现值 $=\frac{1\,000}{1+10\%}=909$(元)

第 2 年末的 1 000 元的现值 $=\frac{1\,000}{(1+10\%)^2}=826$(元)

第 3 年末的 1 000 元的现值 $=\frac{1\,000}{(1+10\%)^3}=751$(元)

第 4 年末的 1 000 元的现值 $=\frac{1\,000}{(1+10\%)^4}=683$(元)

第 5 年末的 1 000 元的现值 $=\frac{1\,000}{(1+10\%)^5}=621$(元)

因此，1 000 元年金 5 年的现值是 3 790 元，而不是 5 000 元。

现在，我们推导普通年金现值的计算公式，如图 5—2 所示。

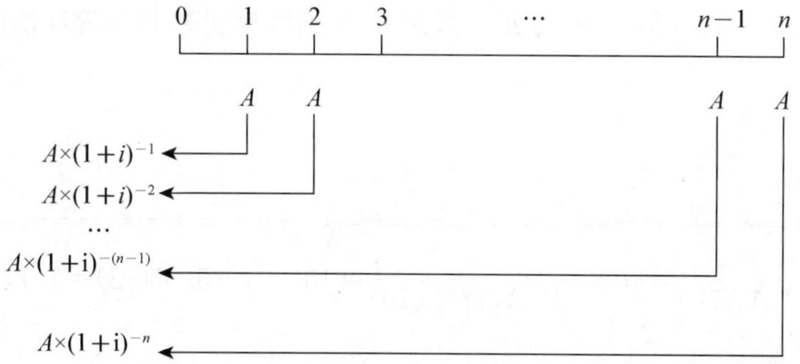

图 5—2 普通年金现值的计算

$$P=A\times\frac{1-(1+i)^{n}}{1}$$

公式中的$\frac{1-\ (1+i)^{n}}{1}$称作年金现值系数，记作（P/A，i，n），是普通年金为 1 元、利率为 i、经过 n 期的年金现值。可据此编制年金现值系数表，以供查阅。

所以，上式也可以写为：

$$P=A\times(P/A,i,n)$$

思考 5.6

刘先生出国 3 年，请你代付房租，每年租金为 1 000 元，设银行利率为 10%，他应该现在给你在银行存入多少钱？

提示

$$P=A\times(P/A,i,n)=1\,000\times(P/A,10\%,3)=1\,000\times2.486\,9=2\,486.9(\text{元})$$

（4）资本回收额。

资本回收额是指在给定的年限内等额回收初始投入资本或清偿所欠债务的价值。年资本回收额的计算是年金现值的逆运算。其计算公式为：

$$A=P\times\frac{1}{(P/A,i,n)}$$

公式中的$\frac{1}{(P/A,\ i,\ n)}$称作资本回收系数，记为（A/P，i，n），可直接查阅资本回收系数表或利用年金现值系数的倒数求得。上式也可写作：

$$A=P\times(A/P,i,n)$$

思考 5.7

刘先生买房子，现在借了 10 万元，拟在 10 年内以年利率 12％等额偿还，则每年应付的金额为多少？

提示

$$A=\frac{P}{(P/A,i,n)}=10\times\frac{1}{(P/A,12\%,10)}=10\times(1\div5.650\ 2)=1.77(\text{万元})$$

2. 即付年金

即付年金是指各期期初收付的年金。即付年金与普通年金的区别仅在于付款时间的不同。

（1）即付年金终值。

为便于理解，让我们先看一个例题。

［例 5—4］ 刘先生 5 年内每年年初向银行存入 1 000 元，存款利率为 10％，则 5 年后的终值是多少？

第 5 年初存入的 1 000 元的终值$=1\ 000\times(1+10\%)=1\ 100$(元)

第 4 年初存入的 1 000 元的终值$=1\ 000\times(1+10\%)^2=1\ 210$(元)

第 3 年初存入的 1 000 元的终值$=1\ 000\times(1+10\%)^3=1\ 331$(元)

第 2 年初存入的 1 000 元的终值$=1\ 000\times(1+10\%)^4=1\ 464$(元)

第 1 年初存入的 1 000 元的终值$=1\ 000\times(1+10\%)^5=1\ 610$(元)

1 000 元的即付年金 5 年后的终值$=6\ 715$(元)

现在，我们可以开始推导公式了。即付年金终值支付形式见图 5—3。

即付年金终值的计算公式为：

$$F=A\times(1+i)^1+\cdots+A\times(1+i)^{n-1}+A\times(1+i)^n$$

即 $$F=A\times[(F/A,\ i,\ n+1)-1]$$

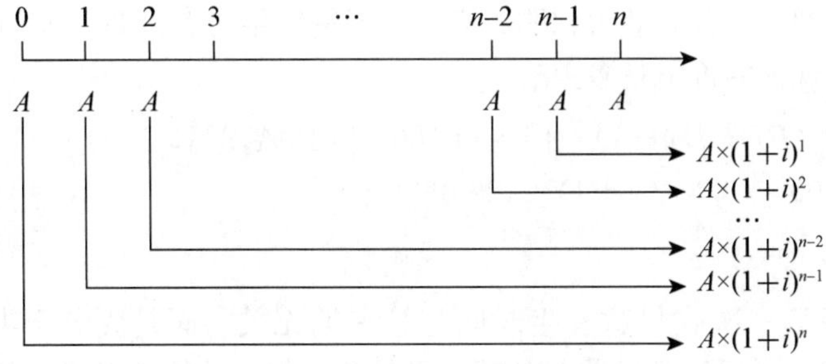

图 5—3 即付年金终值支付形式

[例 5—5] 刘先生连续 3 年于每年年初存入 1 000 元作为社会保险基金，银行存款利率为 5%，则刘先生在第 3 年末能一次取出多少本利和？

$$F=A\times[(F/A,i,n+1)-1]=1\,000\times[(F/A,5\%,4)-1]$$
$$=1\,000\times(4.310\,1-1)=3\,310.1(\text{元})$$

(2) 即付年金现值。

为便于理解，让我们先看一个例题。

[例 5—6] 刘先生连续 5 年于每年年初向保险公司缴纳 1 000 元，假设存款利率为 10%，则刘先生相当于一次性支付多少钱？

第 5 年初存入的 1 000 元的现值$=1\,000\times(1+10\%)^{-4}=683$(元)
第 4 年初存入的 1 000 元的现值$=1\,000\times(1+10\%)^{-3}=751$(元)
第 3 年初存入的 1 000 元的现值$=1\,000\times(1+10\%)^{-2}=826$(元)
第 2 年初存入的 1 000 元的现值$=1\,000\times(1+10\%)^{-1}=909$(元)
第 1 年初存入的 1 000 元的现值$=1\,000$(元)
相当于一次性支付的金额$=683+751+826+909+1\,000=4\,169$(元)

现在，我们可以开始推导公式了。即付年金现值收付形式如图 5—4 所示。

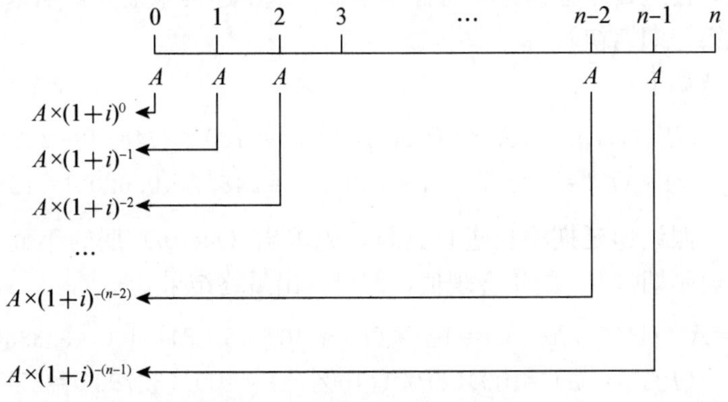

图 5—4 即付年金现值收付形式

即付年金现值的计算公式为：

$$P=A\times(1+i)^{0}+A\times(1+i)^{-1}+A\times(1+i)^{-2}+\cdots+A\times(1+i)^{-(n-1)}$$

即 $$P=A\times[(P/A,i,n-1)+1]$$

［例 5—7］ 刘先生分 5 期付款购买汽车，于每年年初支付 30 000 元，假设银行利率为 8%，则这辆车现在的价格是多少？

$$P=A\times[(P/A,i,n-1)+1]=30\ 000\times[(P/A,8\%,4)+1]$$
$$=30\ 000\times(3.312\ 1+1)=129\ 363(\text{元})$$

3. 递延年金

递延年金是指第一次收付款发生时间与第一期无关，而是隔若干期（假设为 S 期，$S>1$）后才开始发生的系列等额收付款项。它是普通年金的特殊形式，凡不是从第一期开始的年金都是递延年金。

为便于理解，举例说明递延年金的公式推导。

［例 5—8］ 刘先生 5 年后连续 3 年存入 100 元，银行存款利率为 10%，则 8 年后的终值和现值各是多少？

递延年金的支付形式如图 5—5 所示。从中可以看出，前 5 期没有发生支付，只有后 3 期才发生支付。一般用 m 表示递延期数，在本例中，$m=5$，第一次支付发生在第 6 期期末，连续支付 3 次，即 $n=3$。

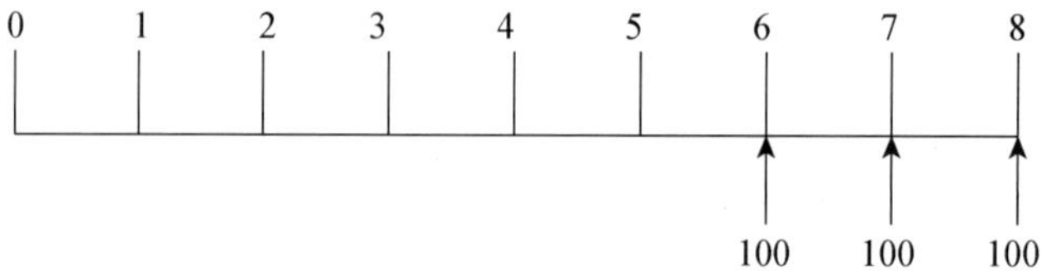

图 5—5 递延年金的支付形式

递延年金的终值大小，与递延期数无关，故计算方法和普通年金终值相同。终值的计算公式为：

$$F=A\times(F/A,i,n)=100\times(F/A,10\%,3)=100\times3.31=331(\text{元})$$

递延年金的现值计算方法有两种：

第一种方法，把递延年金视为 n 期普通年金，求出递延年金 n 期期末的现值，然后再将此现值调整到第一期期初。

现值计算方法如下：

$$P_5=A\times(P/A,i,n)=100\times(P/A,10\%,3)=100\times2.487\ 0=248.7(\text{元})$$
$$P_0=P_5\times(1+i)^{-m}=248.7\times(1+10\%)^{-5}=248.7\times0.620\ 9=154.4(\text{元})$$

第二种方法，假设递延期中也进行支付，先求出（$m+n$）期的年金现值，然后扣除实际并未支付的递延期（m）的年金现值，即可得出最终结果。

$$P_{(m+n)}=A\times(P/A,i,m+n)=100\times(P/A,10\%,5+3)=100\times5.335\ 0=533.5(\text{元})$$
$$P_m=A\times(P/A,i,m)=100\times(P/A,10\%,5)=100\times3.790\ 0=379(\text{元})$$
$$P_n=P_{(m+n)}-P_m=533.5-379=154.5(\text{元})$$

4. 永续年金

永续年金是指无期限等额收付的特种年金，可视为普通年金的特殊形式，即期限趋于无穷的变通年金。例如，在存入了一笔基金作为科学奖发放的问题上，就可看成是永续年金，最典型的代表是诺贝尔奖金的发放。

永续年金没有终止的时间，也就没有终值。永续年金的现值可以通过普通年金现值的计算公式导出：

$$P=A\times\frac{1-(1+i)^{-n}}{i}$$

当 $n\to\infty$ 时，$(1+i)^{-n}$ 的极限为零，故上式可写成：

$$P=A\times\frac{1}{i}$$

思考 5.8

某学校拟建立一项永久性的奖学金，每年计划颁发 10 000 元的资金。若利率为 10%，则现在应存入多少钱?

提示

$$P=10\ 000\times\frac{1}{10\%}=100\ 000(\text{元})$$

(四) 折现率和期数的推算

1. 折现率（利息率）的推算

对于一次性收付款项，根据其复利终值（或现值）的计算公式，可得出折现率的计算公式，即：

$$i=(F/P)^{1/n}-1$$

因此，若已知 F、P、n，不用查表便可直接计算出一次性收付款项的折现率 i。

永续年金折现率（利息率）i 的计算也很方便。若 P、A 已知，则根据公式 $P=A/i$，变形即得 i 的计算公式：

$$i=A/P$$

普通年金折现率（利息率）的推算就比较复杂了，无法直接套用公式，必须利用有关的系数表，有时还会牵涉内插法的运用。下面举例进行介绍。

［例 5—9］　已知 $P=20\ 000$，$A=4\ 000$，$n=9$，求 i。

可利用公式 $P=A\times(P/A,\ i,\ n)$。本题中 $(P/A,\ i,\ 9)=P/A=20\ 000\div4\ 000=5$，查普通年金现值系数表，发现 $n=9$ 时，无法找到恰好为 5 的系数值，所以，本题需要使用内插法。即：

i	现值系数
12%	5.328
12%+x	5
14%	4.946

$$\frac{x}{14\%-12\%}=\frac{5-5.328}{4.946-5.328}$$

$x=1.72\%$

$i=12\%+1.72\%=13.72\%$

2. 期数的推算

期数 n 的推算，其原理与步骤同折现率 i 的推算是一致的。即已知 P 或 F、A 和 i，求期数 n。

［例 5—10］ 某企业拟购买一台柴油机，以更新目前的汽油机。柴油机的价格较汽油机高出 2 000 元，但每年可节约燃料费用 500 元。若利率为 10%，则柴油机应该至少使用多少年对企业而言才有利？

依题意，已知 $P=2\ 000$，$A=500$，$i=10\%$，则：

$P=A\times(P/A,i,n)$

$2\ 000=500\times(P/A,10\%,n)$

$(P/A,10\%,n)=2\ 000\div500=4$

查普通年金现值系数表，在 $i=10\%$的项下查找，无法找到恰好为 4 的系数值，所以，应使用内插法。即：

n	现值系数
5	3.791
5+x	4
6	4.355

$$\frac{x}{6-5}=\frac{4-3.791}{4.355-3.791}$$

$x=0.37$

$n=5+0.37=5.37$(年)

第二单元　评价非现金流转因素

目　标

当你学完本单元，应该能够：

- 理解非现金流转因素在制定投资决策中的重要性
- 列举在制定投资决策时所需考虑的主要的非现金流转因素

一、战略规划

每个企业都应先编制战略规划，再研究和评价各项投资提议。如果贵公司没有战略规划，那么可以运用下面将要论述的方法进行编制。你需要知道潜在的投资机会怎样，才能与战略规划相符合。

二、非现金流转因素

在开始预计和评价各项投资提议所可能导致的现金流转之前，须考虑非现金流转因素或称定性因素可能对最终决策产生的影响。在考虑了这些因素之后，投资提议可能会因一个或数个与现金流转毫无关系的原因而被否决。

通常只在做主要的投资决策时，才对定性因素进行评价。显然，像某台机器上重置一个部件这样的决策是不会要求作详细定性分析的。然而，在建造新厂房、开发新市场或新产品这样的重大决策中，定性因素评价就不可或缺。一般考虑的主要非现金流转因素有如下几个。

（一）公司政策

考虑一项投资提案时，须从公司的总体政策出发（公司的总体政策由业主或董事会制定），这一点至关重要。总体政策可能包含于战略目标，也可能在公司未来规划里明文规定。若去评价一项与公司政策相抵触的项目，则为错误之举。

1. 经营领域

公司政策也许预先排除了任何偏离公司经营核心的投资活动。如果公司政策的确如此，则偏离经营核心的投资提议甚至根本不应考虑。此外，还可能有其他一些出于社会或人道主义原因对经营类型或贸易区域所作的限制，比如有些企业为了道德或财务上的原因不与某些国家交易。如果存在这类限制，在进行新投资时一定要严格遵守。此外，政府也可能施加类似的限制性规定。

2. 营销战略

公司政策中也许规定了营销方式（如零售或通过分销商销售），或规定了与其他企业的竞争方式。任何与这些政策不一致的提议都不应考虑。

3. 质量标准

如果公司设置某些质量标准作为其产品的标志，则对任何不符合质量标准的产品开发提议都应放弃，不管这些提议可能会带来多大的利润。

4. 财务标准

资本投资必须达到财务标准，达不到财务标准的任何提议都应该被拒绝。

（二）环境

所有主要的投资决策在制定之前，都应先有综合环境分析作为指导。公司经营地区的环境因素，以及环境变化所可能导致的影响，都应仔细评价。鉴于资本预算所考虑的是将来较长时期的收益，故其分析重点应是环境的将来趋势而非现时或过去的情形。

1. 经济

企业计划投资期间的经济环境将很可能是决定投资成败的主要因素。尽管关于将来的任何事情都不能确定（除了不确定性本身之外），但仍应努力把握经济趋势的某些方向，例如GNP（国民生产总值）总增长率、通货膨胀率、货币币值和任何即将到来的主要经济变化，如金融危机。

2. 社会

现在社会发生了巨大变化，市场的需要不同了，不但从根本上改变了公司的类型，而且改变了公司的经营方式。如：每个人所能享受的休闲时间大为增加，结果使服务业兴旺发达，使有助于充实这些休闲时间的产品畅销。通信和教育也大大影响了社会对产品和服务的需求，同时影响了社会对公司的态度。社会、雇员和平等待遇法规以及消费日益增长都是这些影响的公开体现，任何一个因素都可能对投资的成败有举足轻重的影响。这些变化还在继续，而且，有科技发展推波助澜，变化的速度将日益加快。

评价一项主要的投资提议时，社会未来的发展趋势是应予考虑的最重要的因素之一。

3. 政治

对政治趋势的长远考虑可能包括对国家介入公司或公司所在行业的可能性的评价。政府对公司和环境的潜在影响是相当重要的，公司应进一步对政治体制将来的稳定性加以考虑。如果有任何程度的不稳定，就极难充分评价投资的前景。不稳定的政治环境时常迫使公司放弃投资或迁移到另一个政治更稳定的国家进行投资。

4. 技术

迅速发展的技术从根本上改变了企业、行业以及它们身处的社会面貌。即使在十年前，人们还不能预测到这些变化。实际上，电子产品的寿命不足三年。在有关新产品或现有产品或新的固定资产或重置固定资产方面，在做出任何重大的投资决策之前，需要详细地评价技术迅速变化对公司和产品将会产生的影响。技术的进步能使某种产品的需求完全消失或大为改变，同时能完全改变产品生产过程的经济效益。

因此，在考虑一个项目的寿命期时，对它的技术寿命估计作一番衡量是相当重要的。技术寿命常比实物形体寿命短得多，但项目评价必须依据的正是技术寿命。

5. 行业

基于前述所有因素，需要对公司所属行业的发展前景及公司参与行业发展的前景作出评价。其他需要考虑的战略要点包括行业内的定价和成本结构、竞争程度和创新来源。

（三）资源

正确搜集资源显然对项目发展极为关键。在对项目提议作出任何进一步的决策之前，必须弄清是否已具备必需的资源。

1. 人力资源

这涉及落实投资建议所需的人数、劳动力供应来源及现有雇员人数等。所提议的投资也许会使许多现有雇员成为冗员，这可能是需加考虑的重要的定性（非财务）因素。如果投资提议要求具备技术工人，便需要对技术工人的供给来源和/或重新培训或重新部署现有雇员的前景加以考虑。

2. 管理资源

除了可能要求新的操作技术之外，还需要获得新的管理技能。因此要对公司从内部或外部获得这种技能的可能性及新投资对现有管理队伍的影响作好评价。也许会在控制或在新技术使用方面出现问题，也许有必要在管理风格方面作些变化，如沟通方法和激励手段等。

3. 技术资源

需要评价现有厂房设备生产新产品的能力和/或实施新项目所需的新设备能否及时供应。如果一个项目的上马是基于这样的假设：现有生产能力可包容这个项目，而结果证明并非如此，则项目的总体经济状况会一塌糊涂。如果现有厂房不能兼容新项目，也许就需要进行扩展或干脆另迁新址。

4. 财务资源

这将涉及内部资金来源和外部资金来源的评价。如果财务资源有限，则应做到资本分配合理化，确保有限的资金发挥最大的效益。在某些特殊情况下，当计划投资额非常大时（比如兼并），就有必要考虑融资要求对资本结构的影响。

对用于控制新项目的现有财务报告系统的能力，也应加以评价。尤其当引入多元化新产品或新领域时，这一点就格外重要。

第三单元　估算现金流量

目　标

当你学完本单元，应该能够：

- 描述那些在估算现金流量中颇为重要的因素
- 理解增量现金流量的含义
- 指出使风险和不确定性最小化的方法

一、现金流量

如果通过了非现金流转评价，下一步就该为投资提议作现金流量评价了。对投资所产生的现金流量的评价，将是最终决策的核心。

（一）计划投资的总成本

计划投资的总成本包含与投资计划相关的资本成本，包括：

◆ 购置固定资产的初始投资——土地、房屋、厂房和机器。
◆ 固定资产的安装成本。
◆ 其他非营业性开支，如研究与开发费。
◆ 项目要求的营运资本（这部分营运资本在投资期末，如果不再需要，就以现金流量流入的方式收回）。

（二）项目的预估寿命

在预估项目的寿命时，必须按其经济寿命而非实物寿命来估算，这一点相当重要。因此，将需要对市场以及技术和产品的可能变化作一番评价。

（三）将来的收入、节省的开支和付出的成本

这是现金流量估算中最难完成但又是最重要的部分。因为投资与否将基于这些现金流量的评价。现金流量是指一个投资项目引起的未来一定时期内现金流出量和现金流入量的总称。现金流出量和现金流入量两者之间的差额称为现金净流量。这里的现金不仅包括各种货币资金，还包括需要投入的企业拥有的非货币资源的变现价值。

现金流入包括：

◆ 项目收入或现有开支的节省。
◆ 政府补助。
◆ 资产的转售价值或残值。
◆ 税务收入。
◆ 项目所产生的任何其他现金流入。

现金流出包括：

◆ 项目成本。
◆ 税务支出。
◆ 项目所产生的任何其他现金流出。

在进行估算时，应遵循下述原则：

◆ 只包括增量现金流量。
◆ 使风险和不确定性减至最小。

（四）支出、收入和开支节省的具体时间

评价投资提议时要求预估何时需要资本支出以及何时需要增加相应的营运资本，还需

要预估现金流量流入的时间和新投资导致某些开支得以节省的时间。

二、增量现金流量

（一）增量现金流量的定义

增量现金流量指的是由投资决策所直接导致的现金流量的变化。也就是说，应对那些与投资项目无关的现金流量忽略不计。在判别与投资决策相关的现金流量时，起点应是相关的成本和收入。这指的是已经决定的投资决策所导致的将来的成本和收入。成本与收入的会计核算方法通常基于权责发生制，因此必须调整为现金收付制，非相关现金流量应当被排除在外，因为不管投资决策最终是否做出，它们都已经或即将发生，这样的因素有：

- 沉没成本，即在投资决策制定之前就已付出的成本（即使当初它们是与该项特定项目直接相关的）。
- 约束成本（committed costs），不论投资是否进行，这些成本都将付出。

同样，当源自新投资的产品吸收或替代了现有产品时，只有增加的那部分现金流量才应算作增量现金流量。不管新投资是否进行，原有的现金流量都是存在的。

（二）增量现金流量的计算公式

增量现金流量是指一定期间现金流入量和现金流出量的差额，也可称为净现金流量。现金流入量大于现金流出量时，净现金流量为正值；反之，净现金流量为负值。各年的现金流入和现金流出的计算公式如下：

现金流入量＝营业收入＋固定资产残值收入＋回收的流动资金

现金流出量＝固定资产投资＋流动资金投资＋营业成本＋营业税金＋销售费用＋管理费用－固定资产折旧

整个投资期的现金流量的计算公式如下：

净现金流量＝现金流入量－现金流出量

$$=\sum(\text{各年营业收入}-\text{各年营业成本}-\text{营业税金}-\text{各年销售费用}-\text{各年管理费用}+\text{各年折旧})-\text{固定资产投资}-\text{流动资金投资}+\text{固定资产残值}+\text{回收的流动资金}$$

$$=\sum(\text{各年营业利润}+\text{各年折旧})-\text{固定资产投资}-\text{流动资金投资}+\text{固定资产残值}+\text{回收的流动资金}$$

例如：

德升食品公司某个项目的投资总额为 1 500 万元，分两期投入，第一年和第二年分别投入 1 000 万元和 500 万元，第二年末投入 500 万元的流动资产，第三年初该项目投入运营。预计该项目的收益期为5年，每年可取得营业收入1 000万元，发生营业成本900万元。假定该投资项目采用使用年限法提取折旧，期满时无残值。该项目各年净现金流量计算如表5—1所示。

表5—1　　现金流量计算　　单位：元

年次	1	2	3	4	5	6	7	合计
投资	(1 000)	(500)						(1 500)
流动资产			(500)				500	0
营业收入			1 000	1 000	1 000	1 000	1 000	5 000
营业成本			900	900	900	900	900	4 500
毛利			100	100	100	100	100	500
折旧			300	300	300	300	300	1 500
现金净流量	(1 000)	(500)	(100)	400	400	400	900	500

三、使风险和不确定性最小化

应尽量利用所有适用的分析、统计和数理方法，使风险和不确定性最小化。这些方法包括：

- ◆ 回归分析法——用于协助预测销售量的发展趋势。
- ◆ 标准差——年现金流量的标准差可用于增强概率分析的准确性。
- ◆ 敏感性分析——用于评价某些关键变量的变化可能产生的影响。
- ◆ 对各项现金流量的概率分析——用于计算最有可能的期望值（见表5—2）。

表5—2　　单位：元

可能性	现金流量	概率	期望值
1	1 500	0.10	150
2	1 400	0.30	420
3	1 300	0.35	455
4	1 200	0.15	180
5	1 100	0.10	110
总计	6 500	1.00	1 315

可能性1的现金流量为1 500元，发生概率为0.1。如果用现金流量乘以概率，便得到其期望值。各项期望值之和即该现金流量的总期望值——1 315元。

对最坏或最好结果进行估算。运用此法有助于使与投资相关的现金流量风险和不确定参数清晰、简洁。从计划投资的所有可能结果中选取最坏的、最好的和最有可能发生的结果，可用图 5—6 表示。

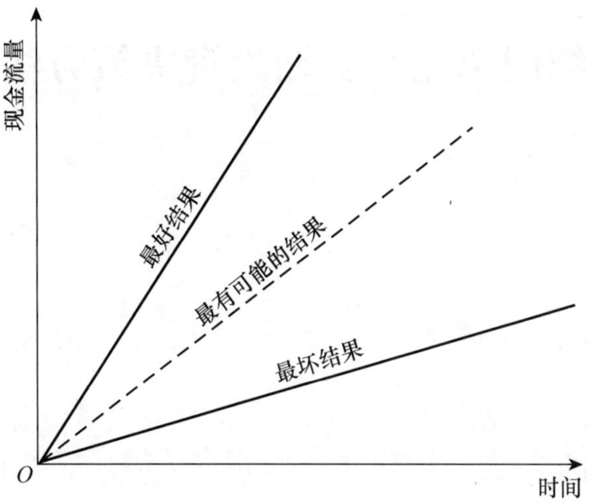

图 5—6　结果估算

如果以“发生可能性”的方式获得了三种结果（最好、最有可能、最坏）的概率，即可运用“三点”估算法。下面我们举例说明。

例如：

运用表 5—2 中的数据，可得出对该投资的“三点”估算，如表 5—3 所示。

表 5—3　　单位：元

项目	金额	概率
最好结果	1 500	0.18
最有可能的结果	1 300	0.64
最坏结果	1 100	0.18

根据表 5—2，可获得该项投资的期望值，见表 5—4。

表 5—4　　单位：元

项目	金额	概率	金额
最好结果	1 500	0.18	270
最有可能的结果	1 300	0.64	832
最坏结果	1 100	0.18	198
期望值			1 300

许多使用期望值的方法被广泛运用，但仅有期望值这个单一数字并不能反映可能结果的范围和可能结果倾向某一方的程度，而且它没有考虑那些不愿冒风险的决策者的立场。

第四单元　长期投资决策方法

目　标

当你学完本单元，应该能够：

- 了解和区分长期投资决策的方法
- 掌握各种长期投资决策方法的特点
- 熟练掌握净现值法、内含收益率法、投资回收期法的计算方法

长期投资决策方法可分为静态分析法和动态分析法两种。

一、静态分析法

长期投资决策的静态分析法主要是指不考虑时间价值而直接按投资项目形成的现金流量分析评价投资经济效益的各种方法的总称。静态分析法的主要指标有静态投资回收期和报酬率等。

（一）静态投资回收期

静态投资回收期是指以投资项目经营净现金流量抵偿原始总投资所需要的全部时间。一般来说，投资回收期越短，表明该项投资的效果越好，所冒的风险也越小。静态投资回收期的计算方法分为两种情况：一种是各年净现金流量相等的情况；另一种是各年净现金流量不等的情况。

在各年净现金流量相等的情况下，静态投资回收期可按下列公式计算：

$$\text{静态投资回收期}=\frac{\text{原始投资总额}}{\text{年净现金流量}}$$

在各年净现金流量不等的情况下，静态投资回收期可根据各年末累计的净现金流量与各年末尚未回收的投资金额进行计算。其计算公式如下：

$$\text{静态投资回收期}=\begin{matrix}\text{累计净现金流量}\\\text{出现正值的年份数}\end{matrix}-1+\frac{\text{上年累计净现金流量的绝对值}}{\text{当年净现金流量}}$$

［例 5—11］　德升食品公司有两个投资方案，投资支出均为 50 000 元，都在投产一年后开始有回报，投资项目的经营有效期限为 5 年。A 方案预计每年可实现 10 000 元的利润，B 方案每年的利润分别为 0、5 000 元、10 000 元、10 000 元和 20 000 元。假定德升食品公司的投资项目采用使用年限法计提折旧，且期满时无残值。试计算 A 方案和 B 方

案的静态投资回收期。

由于A方案各年的利润相等，且每年折旧为10 000元，故A方案每年的净现金流量为20 000元。其静态投资回收期可计算如下：

A方案的静态投资回收期=原始投资总额÷年净现金流量
=50 000÷20 000
=2.5(年)

由于B方案各年的净现金流量不等，可先通过编制B方案的现金流量计算表（如表5—5所示）得出累计净现金流量，然后再据以计算静态投资回收期。

表5—5 **B方案现金流量计算表** 单位：元

年份	现金流出	现金流入		净现金流量	累计净现金流量
		利润	折旧		
0	50 000			−50 000	−50 000
1		0	10 000	10 000	−40 000
2		5 000	10 000	15 000	−25 000
3		10 000	10 000	20 000	−5 000
4		10 000	10 000	20 000	15 000
5		20 000	10 000	30 000	45 000
合计	50 000	45 000	50 000	45 000	

B方案的静态投资回收期=4−1+5 000÷20 000=3.25(年)

从上面的计算结果可以看出，A方案的静态投资回收期短于B方案，仅从静态投资回收期指标评价，A方案优于B方案。

静态投资回收期指标的优点是：(1) 计算简便，容易为决策者正确理解。投资回收期法不需要十分准确估算方案的盈利能力，不需要对许多项目进行初步筛选，使用该方法很方便。(2) 强调投资项目的流动性，在同等条件下，管理者总是偏爱投资回收期短的项目，可以较快收回资金供其他项目使用，从而提高了组织的灵活性。

静态投资回收期指标的缺点是：(1) 忽略了计划或方案的经济寿命。(2) 没有考虑资金的时间价值，把不同年限的现金流入量等同起来，实际上人为缩短了投资方案的回收期。(3) 不能提供获利性的指标。(4) 由于没有考虑投资项目的所有收益，故其结果可能导致放弃长期内较优的方案。

(二) 报酬率

在静态分析法下，反映投资项目盈利能力的报酬率通常有投资报酬率和年平均报酬率两个指标。

1. 投资报酬率

投资报酬率是指投资项目达到设计生产能力后的一个正常生产年份的年平均利润与项

目总投资的比率。投资报酬率指标反映项目正常生产年份每 1 元投资带来的年利润。其计算公式如下：

$$投资报酬率=\frac{年平均利润}{原始投资额}\times 100\%$$

思考 5.9

根据［例 5—11］的资料，计算德升食品公司 A 方案和 B 方案的投资报酬率。

提示

A 方案的投资报酬率＝10 000÷50 000×100%＝20%

B 方案的投资报酬率＝[(0＋5 000＋10 000＋10 000＋20 000)÷5]÷50 000×100%＝18%

2. 年平均报酬率

年平均报酬率是指投资项目达到设计生产能力后的一个正常生产年份的年平均利润与平均投资额的比率。年平均报酬率指标反映在整个项目计算期内平均每 1 元投资带来的年平均利润。由于折旧被看作投资的回收，因而各年的投资额呈递减趋势。如果投资项目报废时无残值，并采用使用年限法计提折旧，则年平均投资额就等于总投资额的 1/2。其计算公式如下：

$$年平均报酬率=\frac{年平均利润}{年平均投资额}\times 100\%$$

思考 5.10

根据［例 5—11］的资料，计算德升食品公司 A 方案和 B 方案的年平均报酬率。

提示

A 方案的年平均报酬率＝10 000÷(50 000÷2)×100%＝40%

B 方案的年平均报酬率＝[(0＋5 000＋10 000＋10 000＋20 000)÷5]
÷(50 000÷2)×100%＝36%

从上述提示中可以看出，投资报酬率与年平均报酬率的主要区别仅在分母上，前者的分母是投资总额，后者是年平均投资额。两个指标从不同的角度说明投资与收入之间的关系。

综上所述，静态分析法下评价指标的计算简单、明了，易于理解和掌握。但无论是静态投资回收期指标还是报酬率指标，都没有考虑资金的时间价值，因此静态分析法一般只能用于投资项目方案的初选。

二、动态分析法

长期投资决策的动态分析，是以现金流量为基础，并考虑资金的时间价值，对长期投资项目作出分析、评价的方法。动态分析法的主要指标有动态投资回收期、净现值、净现值率和内含收益率等。

(一) 动态投资回收期

动态分析法下的投资回收期是以折现后的现金流量为基础计算的完全收回项目全部投资所需要的时间。它是以部门、行业的基准收益率或设定的折现率折现的现金流量作为计算基础，当累计折现的净现金流量为零时所需要的时间。

如果投资方案的每年净现金流量相等，可以根据年金现值系数，运用内插法计算动态投资回收期。具体方法如下：

由

$$每年净现金流量\times年金现值系数=原始投资额$$

得

$$年金现值系数=\frac{原始投资额}{每年净现金流量}$$

通过查年金现值系数表确定动态投资回收期的区间，然后采用内插法求得动态投资回收期的近似值。

如果投资方案的每年净现金流量不相等，则可按下列公式计算动态投资回收期：

$$动态投资回收期=累计折现的净现金流量开始出现正值的年份数-1+\frac{上年累计折现的净现金流量的绝对值}{当年折现的净现金流量}$$

思考 5.11

根据［例 5—11］的资料，假定折现率为 10%，计算 A、B 方案的动态投资回收期。

提示

由于 A 方案各期净现金流量相等，可求得年金现值系数如下：

$$年金现值系数=50\ 000\div20\ 000=2.5$$

然后查年金现值系数表，因为设定折现率为 10%，所以在 i 为 10%这一栏找 2.5，以确定 n 的值，但没有相应的值，只能查到最接近的两个数 2.487 和 3.170。

$(P/A,10\%,3)=2.487$

$(P/A,10\%,n)=2.5$

$(P/A,10\%,4)=3.170$

由此可以确定 A 方案的动态投资回收期在 3 年到 4 年。再用内插法求动态投资回收期的近似值：

动态投资回收期=3+(2.5−2.487)÷(3.170−2.487)=3.02(年)

由于 B 方案各年的净现金流量不等，因此，可先编制 B 方案的现金流量计算表得到折现后的累计现金净流量，如表 5—6 所示。

表 5—6　　B 方案现金流量计算表　　单位：元

年份	年净现金流量	折现系数（10%）	折现的净现金流量	累计折现后的净现金流量
0	−50 000	1	−50 000	−50 000
1	10 000	0.909	9 090	−40 910
2	15 000	0.826	12 390	−28 520
3	20 000	0.751	15 020	−13 500
4	20 000	0.683	13 660	160
5	30 000	0.621	18 630	18 790
合计	45 000		18 790	

从表 5—6 得知，B 方案从第 4 年开始累计净现金流量为正数，所以动态投资回收期应该在 3 年到 4 年之间。运用前述公式计算动态投资回收期如下：

动态投资回收期=4−1+13 500÷13 660=3.99(年)

从上面的计算结果可以看出，A 方案的动态投资回收期短于 B 方案。因此，仅从动态投资回收期指标评价，A 方案优于 B 方案。

动态投资回收期考虑了资金的时间价值，优于静态投资回收期指标，但仍有片面性，它不能说明投资项目的经济效益，只考虑投资的期限长短，容易使管理者追求短期效益。

（二）净现值

净现值（net present value，NPV）是指特定方案未来现金流入的现值与未来现金流出的现值之间的差额，反映的是投资项目的获利能力。通过净现值指标，可以判断一个投资项目是否可行。计算净现值指标，所有未来的现金流入和现金流出都要按预定折现率折算为现值，然后再计算它们的差额。其计算公式如下：

$$NPV=\sum_{t=1}^{n}(C_1-C_0)_t(1+r^{-t})$$

其中：

C_1：现金流入量；

C_0：现金流出量；

r：折现率；

$(C_1-C_0)_t$：第 t 年的净现金流量。

其中，折现率是一个可取的投资项目所应达到的最低收益率。净现值越大，说明该项目的经济效益越好。若净现值大于零，则说明该投资项目的报酬率大于等于预定的折现率，该项目可行；若净现值小于零，则说明该投资项目的报酬率小于预定的折现率，该项目不可行。

［例 5—12］ 承［例 5—11］，假设折现率为 10%，试计算 A、B 方案的净现值。由于 A 方案每年的净现金流量相等，所以可以按年金现值的计算方法计算其净现值。

A 方案的净现值＝20 000×3.791－50 000＝75 820－50 000＝25 820(元)

由于 B 项目每年的净现金流量不相等，所以可以按复利现值的计算方法计算其净现值。

B 方案的净现值＝10 000×0.909＋15 000×0.826＋20 000×0.751
＋20 000×0.683＋30 000×0.621－50 000
＝68 790－50 000
＝18 790(元)

A、B 两个方案的净现值为正数，说明其报酬率均超过 10%。如果该公司的资金成本或要求的投资报酬是 10%，则 A、B 方案可以接受。

净现值法以现金流量为基础，充分考虑了资金的时间价值。净现值法具有广泛的适用性，在理论上也比较完善。当两个方案的投资额相同时，净现值越大，说明投资的报酬率越高。但当不同方案的投资额不同时，单纯以净现值的绝对数进行比较不能作出正确的评价，必须用净现值率来衡量。

（三）净现值率

净现值率（present valve index，PVI）是投资项目的净现值与全部投资现值之比，即单位投资现值的净现值。

净现值率的计算公式如下：

$$PVI=\frac{NPV}{I_p}\times 100\%$$

其中，I_p 为投资的现值。

［例 5—13］ 承［例 5—11］，计算 A、B 方案的净现值率。

A 方案的净现值率＝25 820÷50 000×100%＝51.64%
B 方案的净现值率＝18 790÷50 000×100%＝37.58%

净值率指标用以说明每 1 元投资的现值未来可获得的净现值有多少。净值率指标是相对数指标，以现金流量为计算基础，并考虑了资金的时间价值，而且以比率的方式表现出来，适用于不同规模投资方案的比较。

净现值和净现值率两个指标之间存在着如下关系：

◆ 如净现值>0，则净现值率>0；
◆ 如净现值<0，则净现值率<0；
◆ 如净现值=0，则净现值率=0。

尽管净现值指标在投资决策分析中被广泛运用，但它是一个绝对数指标，只能反映某个单独的投资方案的成本和效益关系。净现值率是个相对数指标，用以说明每1元投资的现值未来可以获得的净现值有多少，并使投资规模不同的方案具有共同的可比基础。但两者都有一个共同的缺陷，就是不能揭示方案本身实际能达到的投资报酬率。

（四）内含收益率

内含收益率（internal rate of return，IRR）也称为内含报酬率，是通过计算投资方案本身的实际收益率来评价方案优劣的一种方法。内含收益率是使一个投资项目的未来现金流入量现值等于未来现金流出量现值的折现率，即使投资方案净现值为零的折现率。通过内含收益率指标，可以判断项目的实际收益率是否高于资本成本，从而确定投资方案是否可行。若内含收益率大于资本成本，方案可行；反之，则不可行。内含收益率的计算，根据各期现金流量的不同，分为以下两种情况：

（1）若每期现金流入量相等，可利用年金现值系数表计算确定投资项目的内含收益率，具体步骤如下：

首先，以原始投资额除以各年净现金流量，计算其年金现值系数。计算公式如下：

$$年金现值系数=\frac{原始投资额}{各年净现金流量}$$

其次，从年金现值系数表中找出在相同期数里与上述年金现值系数相邻的折现率。

最后，依据两个相邻的折现率和已计算出的现值系数，采用内插法计算出投资方案的内含收益率。

［例5—14］ 根据［例5—11］的资料，计算A方案的内含收益率。

A方案的年金现值系数=50 000÷20 000=2.5

查年金现值系数表，在第5期这一行中找出与2.5接近的两个年金现值系数及其相应的折现率。

$(P/A，25\%，5)=2.689$
$(P/A，i，5)=2.5$
$(P/A，30\%，5)=2.436$

A方案的内含收益率=25%+(30%−25%)×(2.689−2.5)÷(2.689−2.436)=28.74%

（2）若每期现金流量不相等，可采用逐次测试法计算投资项目的内含收益率，具体步骤如下：

首先，估计一个折现率，并以此折现率来计算各年现金流入量的累计现值。

其次，计算项目的净现值。如净现值为正数，则表示估计的折现率小于该方案可能达到的内含收益率。这时应提高估计的折现率再进行测算，直到测算的净现值接近零为止。如果净现值为负数，则表示估计的折现率大于该方案可能达到的内含收益率。这时应降低估计的折现率再进行测算，如此经过逐次测算，即可求出由正到负的两个相邻的折现率。

最后，依据正负相邻的折现率，采用内插法找到使净现值为零的折现率，即方案本身的内含收益率。其计算公式如下：

$$IRR=r_1+(r_1-r_2)\times\frac{|NPV_1|}{|NPV_1|+|NPV_2|}$$

其中：

r_1：测算用的净现值为正数的较低折现率；

r_2：测算用的净现值为负数的较高折现率；

$|NPV_1|$：以 r_1 折现的净现值的绝对值；

$|NPV_2|$：以 r_2 折现的净现值的绝对值。

［例 5—15］ 承［例 5—11］，计算 B 方案的内含收益率。

B 方案的内含收益率可采用逐次测试法计算，如表 5—7 所示。

表 5—7 **逐次测试计算表** 单位：元

年份	各年净现金流量	第一次测试（25%）		第二次测试（20%）	
		现值系数	现值	现值系数	现值
1	10 000	0.800	8 000	0.833	8 330
2	15 000	0.640	9 600	0.694	10 410
3	20 000	0.512	10 240	0.579	11 580
4	20 000	0.410	8 200	0.482	9 640
5	30 000	0.328	9 840	0.402	12 060
未来报酬总现值			45 880		52 020
原投资额			50 000		50 000
净现值			（4 120）		2 020

第一次测试的结果，净现值为负数 4 120 元，说明应降低折现率进行第二次测试，若改用 20%，其净现值为正数 2 020 元。

通过上述两次测试，可知 B 方案的内含收益率在 20%和 25%之间，应用内插法进行计算。

$$\text{B 方案的内含收益率}=20\%+(25\%-20\%)\times\frac{2\,020}{2\,020+4\,120}=21.64\%$$

从以上的计算可以看出，A 方案的内含收益率大于 B 方案的内含收益率，所以 A 方案优于 B 方案。

内含收益率法以现金流量为基础，并充分考虑了资金的时间价值，而且不用事先确定折现率。但是这种方法计算过程比较复杂，而且有一个假定，即流入的现金在进行再投资时其报酬率是和所计算的内含报酬率是一致的，但在实际情况下是很难做到的，这也造成了在有些情况下内含收益率法的选择结果与净现值法不一致。

三、投资方案的对比和优选

如前所述，投资项目的主要经济评价指标是净现值、净现值率和内含收益率等。这些指标是从不同的角度对投资项目进行评价的，各有其优缺点和局限性。因此，必须分别根据不同的目的和用途，正确使用不同的评价指标，对投资方案进行对比与优选。正确计算评价指标，目的就是要运用这些指标，通过对比和分析正确选择投资方案。运用投资项目的经济评价指标时，首先要从不同投资方案之间的关系着眼，将投资方案区分为独立方案和互斥方案两类，然后根据不同的评价目的，采用不同的评价指标和评价方法。

（一）独立方案的投资决策

对独立方案而言，其投资决策的目的是评价其在经济上是否可行。独立方案投资决策常用的评价指标是净现值和内含收益率。

1. 单个独立方案的投资决策

在资金总量允许的情况下，一个独立方案的净现值如为正值，说明该方案可实现的投资收益率大于设定的折现率，经济上可行；如其净现值为负值，说明该方案可实现的投资收益率小于设定的折现率，经济上不可行。由于没有其他竞争方案，只要投资方案本身可行，就可以接受。

思考 5.12

德升食品公司投资 2 000 000 元购建一套设备，预计该项目的有效经济使用年限为 10 年，无残值。该设备每年可生产甲产品 20 000 件，每件售价 100 元，单位变动成本为 60 元，固定成本总额为 400 000 元。假定资本成本为 10%，试分别用静态分析法和动态分析法评价该项目是否可行。

提示

首先计算该投资项目每年的现金流量。

年利润＝(100－60)×20 000－400 000＝400 000(元)
年折旧额＝2 000 000÷10＝200 000(元)
年净现金流量＝400 000＋200 000＝600 000(元)

然后以该现金流量为基础，分别采用静态分析法和动态分析法计算评价指标。

（1）静态分析法：

静态投资回收期＝2 000 000÷600 000＝3.33(年)

投资报酬率＝400 000÷2 000 000＝20％

年平均报酬率＝400 000÷(2 000 000÷2)＝40％

（2）动态分析法：

动态投资回收期的计算如下：

年金现值系数＝2 000 000÷600 000＝3.33

$(P/A,10\%,4)=3.170,(P/A,10\%,5)=3.791$

动态投资回收期＝4＋(3.33－3.170)÷(3.791－3.170)＝4.26(年)

净现值＝600 000×$(P/A,10\%,10)$－2 000 000

＝600 000×6.145－2 000 000

＝1 687 000（元）

净现值率＝1 687 000÷2 000 000×100％＝84.35％

内含收益率计算如下：

年金现值系数＝2 000 000÷600 000＝3.33

$(P/A,25\%,10)=3.571,(P/A,30\%,10)=3.092$

$$内含收益率=25\%+(30\%-25\%)\times\frac{3.571-3.33}{3.571-3.092}=27.52\%$$

由此可见，无论是采用静态分析法还是动态分析法，该项目的经济效益都是比较好的。如果各项指标都不低于当时的平均水平，则可以投资。

从以上的计算可以看出，对于一个独立方案，无论是采用净现值、净现值率指标，还是内含收益率指标进行评价，得出的结论是相同的，即当净现值大于零或净现值率大于零，或内含收益率大于设定的折现率时，该投资项目可行。

2. 多个独立方案的投资决策

如果有多个投资方案且相互之间是独立的，经过各种分析法的考查证明在经济上都具有可行性，就有必要对这些投资方案进行排队。

排队分两种情况：（1）在资金总量不受限制的情况下，可按净现值的大小对各方案进行排队，确定先后顺序；（2）在资金总量受到限制的情况下，则按净现值率的大小来排序。不同的投资方案需要的原始投资额不一定完全相等，所以一般还需要按净现值指标对选定方案进行调整。

［例 5—16］ 甲公司计划投资总额为 400 万元，现有 A、B、C、D、E 五个投资方案可供选择。它们的原始投资额及净现值率的资料如表 5—8 所示。要求为甲公司作出投资方案的最优组合决策。

表 5—8　　各项目原始投资额及净现值率

投资方案	A	B	C	D	E
原始投资额（万元）	180	260	170	140	100
净现值率	15％	20％	11％	25％	18％

根据给定的净现值率按高低顺序重新排列，如表 5—9 所示。

表 5—9　　排序后的各项目原始投资额及净现值率

按净现值率高低顺序排列	1	2	3	4	5
投资项目	D	B	E	A	C
原始投资额（万元）	140	260	100	180	170
净现值率	25%	20%	18%	15%	11%

根据各方案排列的顺序，并结合投资定量 400 万元，应选择 D、B 两个方案。因为它们的净现值率相对其他方案比较高，每 1 元投资在未来所获得的现金流入量的现值较高。

（二）互斥方案的投资决策

所谓互斥方案，是指有取必有舍，不能同时并存的方案。互斥方案的决策目的是通过方案的对比和分析，从中选出最佳方案。对互斥方案的比较，如果同时使用净现值、净现值率和内含收益率，可能得出相互矛盾的结论。因此，对于互斥方案，一般可分别采用净现值法和差额投资内含收益率法进行对比和优选。

1. 净现值法

净现值法就是应用净现值与净现值率指标对互斥方案进行比较，决定其取舍，从而选择最优方案。在采用净现值法时，对投资额相同的互斥方案，可通过比较净现值指标，选取净现值大的投资方案为最优方案；对投资额不同的互斥方案，则应通过比较净现值率指标，选取净现值率最大的投资方案为最优方案。

思考 5.13

德升食品公司拟投资 100 000 元购建一条生产线，该生产线期末残值为零。现有 A、B 两个方案可供选择，经济寿命期均为 5 年。A 方案每年现金流入均为 30 000 元，B 方案各年的现金流入分别为 0、20 000 元、20 000 元、50 000 元和 90 000 元。假定该公司的资本成本为 15%。试采用净现值法选择最优方案。

提示

由于 A、B 方案的投资额相同，因此，可通过比较两个方案的净现值选择最优方案。

A 方案的净现值＝30 000×3.352－100 000＝560(元)

B 方案的净现值＝20 000×0.756＋20 000×0.658＋50 000×0.572
＋90 000×0.497－100 000＝1 610(元)

由于 B 方案的净现值大于 A 方案的净现值，所以 B 方案为最优方案。

若思考 5.13 中的 B 方案的投资额为 30 000 元，其他资料不变。试采用净现值法选择最优方案。

由于 A、B 两个方案的投资额不同，因此，可通过比较两个方案的净现值率选择最优方案。

A 方案的净现值率＝560÷10 000×100％＝5.6％

B 方案的净现值率＝1 610÷30 000×100％＝5.37％

由于 A 方案的净现值率大于 B 方案的净现值率，所以 A 方案为最优方案。

2. 差额投资内含收益率法

差额投资内含收益率是以两个初始投资额不同方案的差额净现金流量为基础计算的内含收益率，它是两个方案各年净现金流量差额的现值之和等于零时的折现率。若以 ΔIRR 表示差额投资内含收益率，则其必须满足以下等式：

$$\Delta IRR=\sum_{t=0}^{n}\left[(C_1-C_0)_2-(C_1-C_0)_1\right]_t\times(P/F,\Delta IRR,t)=0$$

其中：

C_1：现金流入量；

C_0：现金流出量；

$(C_1-C_0)_2$：投资金额大的方案的现金净流量；

$(C_1-C_0)_1$：投资金额小的方案的现金净流量；

$\left[(C_1-C_0)_2-(C_1-C_0)_1\right]_t$：第 t 年两个方案的差额净现金流量。

两个方案的差额投资内含收益率可以用逐次测试法求得，当差额投资内含收益率大于或等于基准收益率时，投资金额大的方案较优；反之，投资金额小的方案较优。

［例 5—17］ 德升食品公司决定提高该公司的产品质量，经过研究，研发部宣布通过再造生产流程以提高产品质量，降低生产成本。现在有 A、B 两种方案可供选择，具体情况如表 5—10 所示。假定该公司的资本成本为 12％，并假定 A、B 方案经济寿命期满时无残值。试对 A、B 方案作出选择。

表 5—10 **A、B 方案基本情况** 单位：元

项目	A	B
年收入	179 460	239 280
年运营成本	155 460	211 280
原始投资额	180 000	210 000
经济寿命期（年）	5	5

首先，计算 A、B 方案的净现值。A 方案的原始投资额为 180 000 元，每年的净现金流入为 60 000 元（179 460－155 460＋36 000）。B 方案的原始投资额为 210 000 元，每年的净现金流入为 70 000 元（239 280－211 280＋42 000）。根据这些现金流量信息，可以计算 A、B 方案的净现值：

A 方案的净现值＝60 000×$(P/A,12\%,5)$－180 000＝36 300(元)

B 方案的净现值＝70 000×$(P/A,12\%,5)$－210 000＝42 350(元)

然后，根据差额投资内含收益率进行分析。

由

$$(60\,000-70\,000)\times(P/A,\ \Delta IRR,5)-(180\,000-210\,000)=0$$

得

$$(P/A,\Delta IRR,5)=3$$

查年金现值系数表，得 $\Delta IRR\approx 20\%$

根据以上分析，A 方案的净现值低于 B 方案的净现值，且 A 方案的 IRR 大于 12%，因此应选择 B 方案。

总之，对于原始投资额相等的多方案进行比较，一般可采用净现值指标进行评价和选择；对于原始投资额不等的多方案进行比较，一般可采用净现值率或差额投资内含收益率进行评价和选择。

除了新建项目外，企业还往往面临着原有项目的改建、扩建与更新改造等方面的决策。在计算这些项目的经济评价指标时，是以改建、扩建与不改建、不扩建相对应的增量现金流入和增量现金流出（即增量净现金流量）为计算基础的。增量现金流出是改建、扩建和更新改造项目的新增投资，而增量现金流入因项目的具体情况而异：有些增量现金流入可以单独计算，有些增量现金流入难以单独确定；有些增量现金流入表现为因增加产量而增加的收入，而有些增量现金流入则表现为成本降低额。对于此类决策，往往是以增量现金流量为基础来评价各个方案的可行性的。

［例 5—18］ 德升食品公司拟投资 250 000 元对某一产品生产线进行改建。该生产线是 3 年前投资 300 000 元购建的，预计其经济寿命期为 5 年，使用期满无残值。该生产线每年生产甲产品 10 000 件，每件售价 100 元，单位变动成本为 60 元，固定成本总额为 300 000 元。改建后可继续使用 5 年，每年产量、成本（除折旧外）、销售量均无变动。假定折现率为 10%，试用动态分析法对改建项目进行评价。

由于改建生产线实际上是将其经济寿命从原来的 5 年延长至 8 年，尽管改建后项目还可以使用 5 年，但由于前两年是原有生产线尚可使用的年限，即使不改建也是有收入的，对新的改建项目来说是一种机会成本，所以在对改建项目评价时应该将其扣除。原投资项目与改建项目的关系如图 5—7 所示。

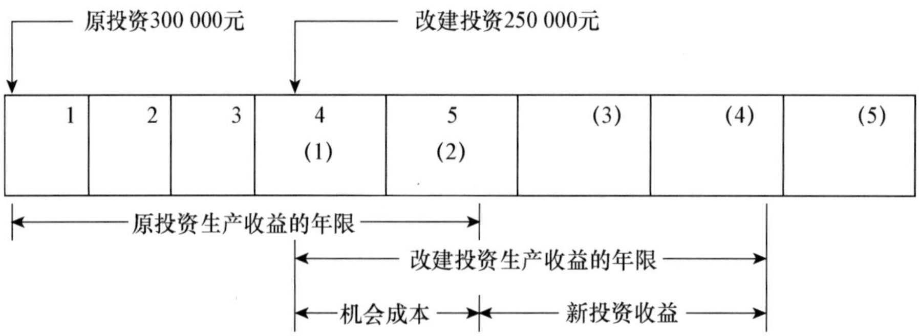

图 5—7 原投资项目与改建项目的关系

每年现金流量的计算如下：

$$\text{每年现金流量}=(100-60)\times 10\ 000-300\ 000+300\ 000\div 5=160\ 000(\text{元})$$

编制改建方案的现金流量计算表计算折现后的累计净现金流量，如表 5—11 所示。

表 5—11　　改建项目的现金流量计算表　　单位：元

年份	年净现金流量	折现系数（10%）	折现的净现金流量	累计折现后的净现金流量
0	−250 000		−250 000	−250 000
1	0		0	−250 000
2	0		0	−250 000
3	160 000	0.751	120 160	−129 840
4	160 000	0.683	109 280	−20 560
5	160 000	0.621	99 360	78 800

投资回收期$=5-1+\frac{20\ 560}{99\ 360}=4.21$(年)

改建项目的增量净现金流量=160 000×(3.791−1.736)−250 000=78 800(元)

采用内含报酬率进行评价。由于改建项目的年现金流量不等，所以采用逐次测试法进行测试，如表 5—12 所示。

表 5—12　　逐次测试计算表　　单位：元

年份	各年净现金流量	第一次测试（16%）		第二次测试（18%）	
		现值系数	现值	现值系数	现值
1	0				
2	0				
3	160 000	0.641	102 560	0.609	97 440
4	160 000	0.552	88 320	0.516	82 560
5	160 000	0.476	76 160	0.437	69 920
未来报酬总现值			267 040		249 920
原始投资额			250 000		250 000
净现值			17 040		−80

从表 5—12 的测试结果可以看出，改建项目的内含报酬率≈18%。

从上述计算的各项指标看，改建后的效益不如改建前的效益，故不应改建。

自测题

一、单项选择题

1. 下列资金时间价值系数中，表示年金现值系数的是（　　）。

A. $(F/P, i, n)$　　B. $(P/F, i, n)$

C. $(F/A, i, n)$　　D. $(P/A, i, n)$

2. 在项目投资决策中，完整的项目计算期是指（　　）。

A. 建设期　　B. 生产经营期

C. 建设期+生产期　　D. 建设期+运营期

3. 下列各项中，不属于投资项目现金流出量内容的是（　　）。

A. 固定资产投资　　B. 折旧与摊销

C. 无形资产投资　　D. 新增经营成本

4. 某项目经营期为 3 年，项目要求的营运资本为 15 万元，固定资产初始投资为 200 万元，预计残值收入为 10 万元，固定资产清理支出为 5 万元，则该项目终结期的净现金流量为（　　）。

A. 15 万元　　B. 30 万元　　C. 25 万元　　D. 20 万元

5. 下列投资项目评价指标中，不受建设期长短、投资时间及回收额的影响的评价指标是（　　）。

A. 静态投资回收期　　B. 投资报酬率

C. 净现值率　　D. 获利指数

6. 下列指标的计算中，没有利用净现金流量的是（　　）。

A. 内部收益率　　B. 投资报酬率

C. 净现值率　　D. 获利指数

7. 某项目预计初始投资额为 20 万元，投资后每年可获得净利润 4 万元，每年折旧费用为 1 万元，则静态投资回收期为（　　）。

A. 3 年　　B. 4 年　　C. 5 年　　D. 6 年

8. 下列各项中，不会对投资项目的内部收益率指标产生影响的因素有（　　）。

A. 初始投资金额　　B. 各期现金流量

C. 项目计算期　　D. 折现率

9. 在进行多个独立方案投资决策分析时，在资金总量不受限制的条件下，投资与否的依据为（　　）。

A. 净现值大于零的方案　　B. 净现值最大的方案

C. 净现值率最大的方案　　D. 净现值小于零的方案

10. 下列投资决策评价指标中，一般而言，数值越小越好的是（　　）。

A. 投资回收期　　B. 净现值率

C. 净现值　　D. 获利指数

11. 下列各项中，不属于项目初始投资的是（　　）。

A. 资产的残值　　B. 固定资产投资

C. 垫支的营运资本　　D. 项目试运营收入

12. 在进行互斥方案投资决策时，应采用的评价指标为（　　）。

A. 净现值　　B. 净现值率

C. 内含收益率　　D. 净现值+差额内含收益率

13. 张女士买房子，贷款 40 万元，已知年利率为 6%，期限为 10 年，则计算年还款额时，应选用的系数是（　　）。

A. $(P/F, 6\%, 10)$　　B. $(F/P, 6\%, 10)$

C. $(P/A, 6\%, 10)$　　D. $(F/A, 6\%, 10)$

14. 下列各项中，不属于年金的是（　　）。

A. 分期付款赊购
B. 发放养老金
C. 奖金
D. 分期偿还贷款

二、多项选择题

1. 下列各项中，属于年金形式的有（　　）。
A. 零存整取
B. 定期定额支付的养老金
C. 偿债基金
D. 存本取息
E. 整存整取
2. 投资项目的现金流入量包括（　　）。
A. 营业收入现金
B. 固定资产报废时的残值收入
C. 垫支的流动资金
D. 垫支的营运资金的收回
E. 直接资本投资
3. 动态分析法的主要指标有（　　）。
A. 净现值
B. 动态投资回收期
C. 净现值率
D. 内含收益率
E. 投资报酬率
4. 独立方案投资决策的常用评价指标是（　　）。
A. 净现值
B. 动态投资回收期
C. 净现值率
D. 内含收益率
E. 投资报酬率
5. 在实际生活中，以年金形式出现的有（　　）。
A. 房贷
B. 加速折旧法下各年计提的折旧
C. 养老金
D. 租金
E. 奖金
6. 递延年金具有的特点有（　　）。
A. 年金的第一次收或付发生在若干期以后
B. 没有终值
C. 终值与递延期无关
D. 现值与递延期无关
E. 现值系数是普通年金现值的倒数
7. 影响资金时间价值大小的因素主要有（　　）。
A. 利率
B. 资金额
C. 期限
D. 计息方式
E. 风险
8. 下列表述中，正确的有（　　）。
A. 普通年金是指从第一期开始，于每期期末收付款的年金
B. 即付年金是指从第一期开始，于每期期初收付款的年金
C. 递延年金是指在第二期或第二期以后收付款的年金
D. 永续年金是指无限期的普通年金
E. 永续年金是指无限期的即付年金
9. 下列表述中，错误的有（　　）。

A. 单利现值计算与单利终值计算是互逆的
B. 复利终值系数和复利现值系数互为倒数
C. 普通年金终值系数与普通年金现值系数互为倒数
D. 普通年金终值系数与资本回收系数互为倒数
E. 普通年金现值系数与偿债基金系数互为倒数
10. 下列表述中，正确的有（　　）。
A. （F/P，i，n）表示复利终值系数
B. （P/F，i，n）表示复利现值系数
C. （F/A，i，n）表示年金终值系数
D. （A/F，i，n）表示偿债基金系数
E. （P/A，i，n）表示年金现值系数

三、判断题（正确为A，错误为B）

1. 资金的时间价值和投资风险价值，是财务活动中客观存在的经济现象。（　　）

2. 资金的时间价值是资金所有者推迟现时的消费而要求得到的按推迟时间长短计算的报酬。（　　）

3. 资金之所以会随着时间的推移而增值，是因为它参与了社会再生产过程。（　　）

4. 不同时间的货币可以直接进行比较。（　　）

5. 资金的时间价值是资金在周转使用中产生的，是资金所有者让渡资金使用权而参与社会财富分配的一种形式。（　　）

6. 内含收益率是使一个投资项目的未来现金流入量现值等于未来现金流出量现值的折现率，即使投资方案净现值为零的折现率。（　　）

7. $(1+i)^n$ 被称为复利现值系数，用符号（F/P，i，n）表示，表示1元本金 n 期末的复利现值。（　　）

8. 现金流量是指一个投资项目引起的未来一定时期内的现金流入量。（　　）

9. 年金是每年金额相等的一系列现金流入量或流出量。（　　）

10. 利率不仅包含时间价值，而且包含风险价值和通货膨胀因素。（　　）

11. 国库券是一种风险很低的有价证券，其利率可以代表资金的时间价值。（　　）

12. 单利现值的计算同单利终值的计算是互逆的，由终值计算现值的过程称为折现。（　　）

13. 普通年金现值的计算同普通年金终值的计算是互逆的，由终值计算现值的过程称为折现。（　　）

14. 随着折现率的降低，未来某一款项的现值将逐渐增加。（　　）

15. 永续年金只有终值，没有现值。（　　）

16. A方案在以后的4年中于每年年初付款5 000元，B方案在以后的4年中于每年年末付款5 000元，若利率相同，则B方案的终值较大。（　　）

17. 投资回收期法不考虑资金的时间价值。（　　）

18. 普通年金是指从第一期开始于每期期初收款、付款的年金。（　　）

19. 长期投资决策的方法有静态分析法和动态分析法两种。（　　）

第六章 资产管理

引 言

资产管理是企业财务管理的重要环节。资产是企业拥有或者控制的能以货币计量的经济资源，也是企业最重要的内部财源之一，包括各种财产、债权和其他权利。资产可以分为流动资产、固定资产、无形资产和其他资产等。资产管理的内容主要包括固定资产管理和流动资产管理两个方面。

财务经理要考虑的主要问题是在既定的业务量前提下，如何尽可能地减少企业对资产的投资，以求得更多的利润。财务经理首先必须精确地预计和确定企业为保持经营能力和发展活力所需要的资产数额；其次，进一步分析提高资产利用效率的余地和方法；最后，进一步优化企业在资产上的投资。

对各种资产的管理基本上是一个盘存管理的问题。要进行有效的资产管理，必须与各项资产的自身性质相结合，要使企业的资产投入保持在一个合适的水平，太高或太低都会出现问题。

本章将对资产管理中的一些问题加以讨论，包括资产管理的目标、固定资产管理、营运资本管理、存货管理、应收账款管理、现金管理。

第一单元 资产管理概述

目 标

当你学完本单元，应该能够：

- 理解资产管理的目标
- 列出资产管理的要点
- 明晰减少资产投资的好处和不利之处

一、资产管理的目标

资产管理的目标主要是在保持生产能力和企业活力的前提下，尽可能地减少企业对资产的投资。企业在经营过程中投入的资产主要表现为固定资产和流动资产，以及对外投资、无形资产等，固定资产体现了企业的生产能力，流动资产体现了企业的营运能力，只有将生产能力与营运能力结合在一起，企业才能开展生产经营活动。企业应该根据其所处的经济环境、经营风险和生产经营的实际情况，将有限的经济资源进行合理的配置，以求得最佳经济效益。

二、资产管理的要点

对财务经理而言，资产管理的要点包括：

- ◆ 预测或预计生产经营所需要的资产数量。
- ◆ 提出减少资产投入的方案。
- ◆ 评价资产使用的效率。
- ◆ 控制并管理资产的成本支出。

三、减少资产投资的好处

思考 6.1

请列出三项减少资产投资的好处。

提示

你可以列出下列中的三项：

- ◆ 将企业有限的资源进行更合理地配置。
- ◆ 降低经营风险带来的损失。
- ◆ 减少资产管理成本。
- ◆ 减少利息支出。

（一）将企业有限的资源进行更合理地配置

企业各项经济资源始终是有限的，当企业将资源投放在某项资产上时，该项资源就丧失了其他投资机会。较少地对某项资产投资，可以省下企业宝贵的经济资源用于更重要的地方。

（二）降低经营风险带来的损失

企业将大量宝贵的经济资源投放在资产上，一旦经营环境或产品市场发生重大变化，就可能造成企业经营困难，企业的损失也就增大。减少资产投资可以降低这种经营风险带来的损失。

（三）减少资产管理成本

企业为了管理好各项资产，必然要发生各项管理成本，企业资产越多，资产管理成本越高。减少资产是降低资产管理成本的有效手段。

（四）减少利息支出

企业投放在资产上的资金如果是借入的，就要支付适当的利息，资产越多，利息支出越大。

四、减少资产投资的不利之处

思考 6.2

尽管减少资产投资对企业有好处，但是，过度地减少资产投资会产生不利的影响，试举出减少资产投资的不利之处。

提示

你可能会想到下列几种不利之处：

- 丧失企业扩张的机会。
- 不能保持企业的生产能力。
- 可能降低企业的竞争能力。

（一）丧失企业扩张的机会

在市场繁荣的情况下，企业有很好的扩张机会，如果企业在资产上投放的资源不足，就会导致企业生产能力不足，无法发展新的客户、接受新的订单，只能放弃业务扩张的机会。

（二）不能保持企业的生产能力

企业要维持其生产能力，就需要对资产进行适量的投资，一味地减少资产，随着经营活动的开展，就会造成资产的损耗或减值，如果没有对资产的追加投资，企业就难以保持其原有的生产能力。

（三）可能降低企业的竞争能力

企业的市场竞争能力与企业的规模有着密切的联系，规模大的企业，其市场地位相对比较稳固。资产的增加有助于扩大企业规模，资产的减少会缩小企业的规模，从而降低企业的市场竞争能力。

减少资产投资有利有弊，在大部分情况下是利大于弊的。

第二单元　固定资产管理

目　标

当你学完本单元，应该能够：

- 理解如何预测固定资产的需要量
- 列出减少固定资产的方法
- 理解减少固定资产投资可能产生的问题

一、固定资产的特征

固定资产包括：

- ◆ 土地；
- ◆ 建筑物；
- ◆ 厂房；
- ◆ 设备；
- ◆ 办公室器具和设备；
- ◆ 机动车辆等。

这些物品都是企业生产产品和提供服务所必需的长期资源。固定资产的特点是单位价值较大，使用时间较长，随机变现的能力比较差。一般情况下，企业拥有这些固定资产的所有权，这些资产所带来的经济利益和风险也由企业承担。

二、预测固定资产需要量

企业为了加强对固定资产的管理，必须预先了解企业对固定资产的需求情况。固定资产需求量的预计应该根据企业生产的产品或提供的劳务的数量为基础，结合具体固定资产的生产能力进行测算。例如，生产设备的需要量可以按照下列公式计算：

$$某项设备需要数量=\frac{全年生产产品数量}{单台设备生产能力}$$

思考 6.3

企业用 A 设备加工一种产品，该产品预计年产量为 3 000 件，每台 A 设备每年可以加工 500 件产品，计算 A 设备的需要数量。

提示

计算过程如下：

$$A设备需要数量=\frac{全年生产产品数量}{单台设备生产能力}=\frac{3\,000}{500}=6(台)$$

三、减少固定资产投资

思考 6.4

有许多方法可以用来减少固定资产投资，试举三项。

提示

你可能已经想到了下列方法中的几种：

- ◆ 出售多余的固定资产。
- ◆ 出售不盈利的下属子公司或部门。
- ◆ 出售不包括在企业整体战略中的产品系列。
- ◆ 转包或分包。
- ◆ 管理层收购。
- ◆ 以租代买。
- ◆ 售后回租。
- ◆ 其他减少固定资产投资的方法。

（一）出售多余的固定资产

企业可能出于将来业务扩展或其他考虑，拥有一定数量现时并不需要的固定资产，如多余的楼房或土地。这些多余的固定资产价值较大，占用了大量宝贵的经济资源，而这些资源本来是可以用于日常的业务经营活动的。将大量宝贵的经济资源束缚在这些非生产性的用途上，将导致企业营运资金吃紧，影响正常的经营活动。因此，财务经理应当对现有固定资产进行分析，将这些多余的非生产性和不需要的固定资产及时出售。

（二）出售不盈利的下属子公司或部门

企业下属的不盈利或盈利很少的子公司或部门，占用企业大量的经济资源，如果将这些资源投放到盈利的子公司或部门，可以为企业带来更大的收益，企业可以将这些子公司或部门出售，以便收回宝贵的经济资源用于盈利部门的扩张。即使收回的资源没有别的用途，出售不盈利的下属子公司或部门也能改善企业总体的运用资本报酬率和权益报酬率。

（三）出售不包括在企业整体战略中的产品系列

企业整体战略对企业的持续发展至关重要，企业提供的产品或服务的类型应尽可能与企业的整体战略相适应。有四种通用的企业整体战略可供企业选择：

- 市场渗透：企业运用各种促销、推销手段来支持现有产品在现有市场上的销售。
- 市场开发：将现有产品打进新市场。
- 产品开发：在现有市场上发展新的产品或经过改良的产品。
- 多元化：发展新产品，打入新市场。

当企业的整体战略确定以后，那些不符合企业整体战略的产品或产品系列应及时停产，并将其出售，以便将资源集中在符合企业整体战略的产品或产品系列上。

为了使企业的经营集中在与企业整体战略相适应的业务上，企业可以将那些虽然盈利但已不再属于企业战略范围的部门出售给外部集团，也可以将这部分业务从企业分解出去，如根据这些业务的特点注册新的独立公司，再将新公司的权益分配给原公司的股东，从而减少企业在固定资产上的投资。

（四）转包或分包

将产品生产的某些工序或零部件生产转包或分包给其他企业，一般来讲，这种做法对企业是很有利的。若某一道工序需要大量的固定资产投资时，将其转包或分包给专业性的公司就特别有效。如企业生产的某种产品需要进行表面电镀处理，企业如果自己完成就需要购置价格昂贵的电镀设备，而且，由于产品生产数量不多，购进的设备常常不能满负荷运行，造成了生产能力的浪费。在这种情况下，将电镀工序转包给专业的表面处理公司是明智之举，企业不仅避免了昂贵的电镀设备的投资，而且产品的加工质量也能够得到较好保证。

专业的加工公司由于承接的是多家企业的加工任务，产品的加工批量较大，因此，能够经常地更新设备，更多地采用最新技术。企业在产品的生产中运用最新技术可以使其在竞争中处于较有利的地位，而企业本身由于加工批量小而无法做到这点。甚至有些世界知名的成功企业，也将它们几乎全部的加工工序转包或分包出去，企业仅负责打商标和营销。

（五）管理层收购

企业可将某部分业务或下属的子公司出售给子公司的管理层。这些业务或子公司通常是盈利的，但是，可能不符合企业的整体战略计划，通过出售企业可以更有效地集中资源用于企业的战略计划。将子公司出售给子公司管理层，一方面，子公司管理层本身对业务比较熟悉，便于继续经营；另一方面，可以提高子公司管理层的士气。管理层除了自己出资外，也可以通过举债方式从风险资本机构筹集资金。

（六）以租代买

企业可以租赁或租用的方式代替固定资产的购买。固定资产投资所产生的现金收益一般要经过较长的时间才能得到补偿，购买固定资产需要马上支付较大数量的现金，而租赁或租用则不会将宝贵的现金资源束缚在资产上。特别是诸如机器、机动车辆、办公设备等固定资产，一旦租用，马上就可以投入使用，尽早创造现金收益，用这部分现金收益来支付租金在一般情况下是有利的，将固定资产的资本投资降到最低，企业就有更多的资源转投在流动资产上。

（七）售后回租

企业将固定资产出售给第三方，条件是购买方马上将此项固定资产回租给企业使用。这里的第三方通常是需要有固定收入的长期投资的投资机构，这些机构包括房地产投资公司、保险公司、信托公司和养老基金等。售后回租的通常是土地、楼房、大型设备等价格昂贵、需要大量投资的资本投资。

企业要与第三方达成售后回租协议，一般需要具备下列三项基本条件之一：

◆ 有土地、楼房、大型设备等需要大量投资的固定资产。
◆ 能对这些固定资产进行独立的、可验证的资产计价。
◆ 租赁方提供可信的企业财务记录或经营规划，以证实企业在整个租赁期内有支付租金的能力。

售后回租的好处在于，企业能把大量的资金转投到日常的经营业务中去，利用该项资产所创造的现金收益来支付租金。售后回租可以一次性地为企业注入大量的现金资源，实际上是企业的一种变相自我融资行为。由于售后回租使企业在今后一段时间内承担了大量的债务，因此，也增加了企业的财务风险。

（八）其他减少固定资产投资的方法

提高现有固定资产的利用效率以相对地降低固定资产投资是固定资产管理的有效方法。企业可以通过改进工作流程、合理安排加工程序、减少工作进程中的浪费等方法达到更有效地利用固定资产的目的，从而减少固定资产的投资。如合理安排工作空间或仓库存储空间，将节省的空间用于追加生产或出租，甚至可以直接出售，以获取宝贵的现金资源。

四、减少固定资产投资可能导致的问题

思考 6.5

尽管减少固定资产投资对企业有很多好处，但也会产生一些问题，试举出三项带有普

遍性的问题。

提示

较常发生的问题包括：

- 可能丧失企业扩张的机会。固定资产投资的削减直接导致企业生产能力的下降，当经济形势向好的方向发展时，市场需求激增，由于企业没有多余的生产能力，不能适时抓住业务发展的大好机会，就可能错过进一步拓展业务的机会。
- 影响向银行贷款的能力。银行在将款项贷给企业时，通常要求企业提供相应的抵押物，如果企业固定资产数量较少，尤其是缺少可供抵押的楼房、土地等不动产，企业的贷款要求就可能遭到银行的拒绝。
- 采用售后回租或租赁等方式减少固定资产，将会增加企业的财务风险，这些以协议方式反映的企业负债并不在资产负债表上直接反映，管理当局如果没有对这些资产负债表外的融资项目予以足够的重视，没有预备足够的现金资源来偿付这些债务，就有可能陷入财务失败的泥潭中。同样的道理，如果市场情况发生重大变化，致使这些租入的资产不能创造足够的现金资源用于偿还租金，也将导致企业财务危机的发生。
- 面对通货膨胀，固定资产可以作为非常有效的保值手段，尤其是土地、楼房等。如果企业没有足够的固定资产储备，通货膨胀会使企业的财富大大缩水。

因此，企业在考虑减少固定资产投资时，应当慎重，权衡再三，找到一个各方面兼顾的组合点。

第三单元　营运资本管理

目　标

当你学完本单元，应该能够：

- 说出营运资本的主要组成部分
- 理解营运资本周转期
- 理解营运资本管理的模式
- 知道协调营运资本需求矛盾的方法

一、营运资本

企业经营所需要的资产主要是固定资产和流动资产，企业需要的流动资产有一部分是由企业的短期负债提供的，另外一部分是来源于长期债务和投资者权益，这部分就是企业的营运资本。因此，营运资本可以理解为流动资产减掉流动负债的部分，是企业为了经营而进行的投资。

有时候，流动资产本身被称为总营运资本，而流动资产减去流动负债被称为净营运资本。当它们同时出现时，要注意这两个定义的差别。

二、营运资本的组成要素

思考 6.6

营运资本由哪些要素组成?

提示

你可以指出下列中的几种：

- ◆ 存货；
- ◆ 债务人；
- ◆ 银行存款和现金；
- ◆ 债权人。

（一）存货

存货也称盘存，是指企业在正常生产经营过程中持有的以备将来出售的产成品或商品，或者为了出售仍然处在生产过程中的在产品，或者将在生产过程或提供劳务过程中耗用的材料、物料等。企业存货的数额取决于企业的业务规模和业务活动的性质。

（二）债务人

债务人也称应收款项或应收账款，是指企业因赊销而形成的客户应付给企业的金额，一般包括应收票据、应收账款、其他应收款、预付账款等。债务人金额取决于企业赊销的规模和企业给予客户的信用政策。

（三）银行存款和现金

银行存款和现金通常简称为现金，包括企业持有的现金、银行存款余额和能够随时兑现的短期投资。

（四）债权人

债权人也称应付账款或应付款项，是企业将在一年或者超过一年的一个营业周期内偿还的债务，包括应付票据、应付账款、预收账款和各种其他应付款等。它取决于企业的业务规模和供应商给予企业的信用条件。

以后各单元将进一步探讨营运资本各要素的管理。

三、营运资本的管理模式

企业流动资产中有一部分是通过短期负债来源解决的，另一部分是通过长期负债和权益资本等长期资本来源解决的。而流动资产需求本身在一年内也是有起伏的，一部分是长期稳定的需求，如存货的最低储备量、债务人最低余额等，称为长期流动资产；另一部分是临时需要的流动资产，如季节性生产的存货等，称为短期流动资产。

营运资本管理可以根据企业实际情况选择不同的管理模式，有以下三种管理模式可供选择。

（一）理想模式

图 6—1 表示的是营运资本管理的理想模式。

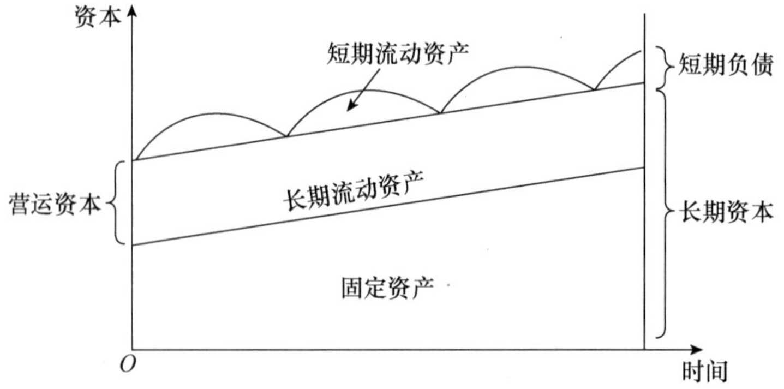

图 6—1　营运资本管理的理想模式

从图 6—1 中可以看出，企业的固定资产和长期流动资产由长期资本提供，短期流动资产由短期负债提供。

（二）冒险模式

图 6—2 表示的是营运资本管理的冒险模式。

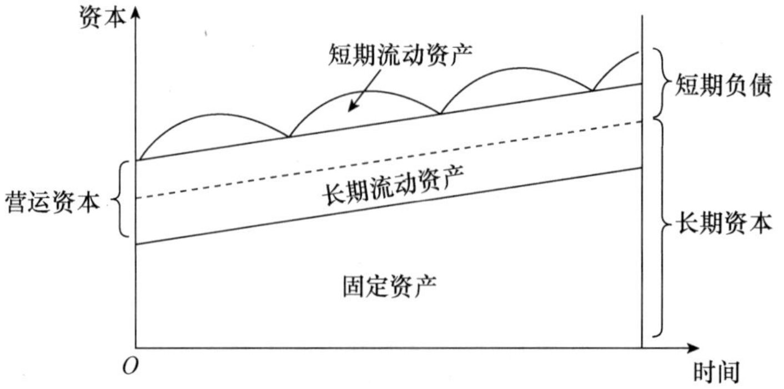

图 6—2　营运资本管理的冒险模式

从图 6—2 中可以看出，企业的固定资产和部分长期流动资产由长期资本提供，短期流动资产和部分长期流动资产由短期负债提供。这种模式需要企业投入的资本较少，但是企业的偿债风险较大。

（三）保守模式

图 6—3 表示的是营运资本管理的保守模式。

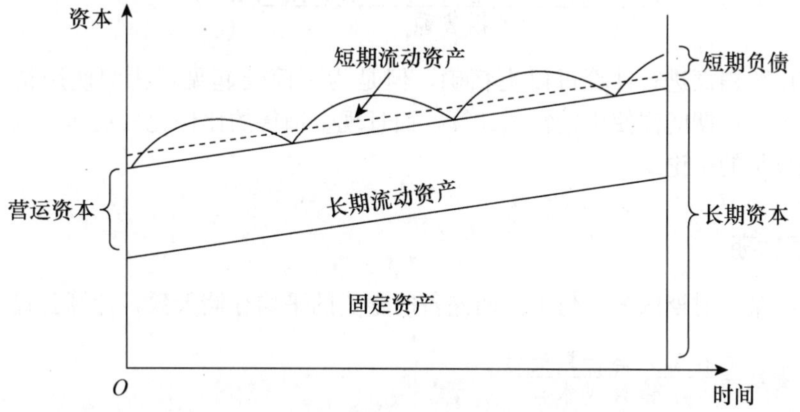

图 6—3　营运资本管理的保守模式

从图 6—3 中可以看出，除了企业的固定资产和长期流动资产由长期资本提供外，部分短期流动资产也由长期资本提供，剩余短期流动资产由短期负债提供。这种模式需要企业投入的资本较多，但是企业的偿债风险较小。

四、营运资本的周转期

营运资本的周转期是营运资本各个要素周转的综合。

思考 6.7

你认为计算营运资本周转期与哪三个比率有关？

提示

这三个比率是：

- 收账期或债务人结算天数；
- 存货期；
- 付款期或债权人结算天数。

（一）收账期或债务人结算天数

它表示从货物销售到收回货款的平均天数，计算公式如下：

$$\text{收账期}=\frac{\text{债务人}\times\text{会计期天数}}{\text{销售额}}$$

或

$$\text{收账期}=\frac{(\text{期初债务人}+\text{期末债务人})\times\text{会计期天数}}{2\times\text{销售额}}$$

如果使用赊销额进行计算可以更精确，但是为了简便起见，我们使用销售额进行计算。只要每个会计期间都使用销售额计算，而且现金销售的比例比较稳定，这种计算方法就不会影响分析的结论。

（二）存货期

它表示在某一时期内为应付生产而储备的存货的平均存储天数，计算公式如下：

$$\text{存货期}=\frac{\text{存货}\times\text{会计期天数}}{\text{销售成本}}$$

或

$$\text{存货期}=\frac{(\text{期初存货}+\text{期末存货})\times\text{会计期天数}}{2\times\text{销售成本}}$$

存货一般由原材料、在制品和制成品三部分组成，可以分别计算三个组成部分的存货期。

（三）付款期或债权人结算天数

它表示企业从购入商品到实际付款的平均天数，计算公式如下：

$$\text{付款期}=\frac{\text{债权人}\times\text{会计期天数}}{\text{销售成本}}$$

或

$$\text{付款期}=\frac{(\text{期初债权人}+\text{期末债权人})\times\text{会计期天数}}{2\times\text{销售成本}}$$

也可以使用采购额或赊购额进行计算，但是为了简便起见，我们使用销售成本进行计算。只要每个会计期间都使用销售成本计算，而且现金采购的比例比较稳定，这种计算方法就不会影响分析的结论。

思考 6.8

应用上述比率计算 A 公司营运资本的周转期，相关资料如表 6—1 所示。

表 6—1 单位：元

项目	金额
销售额	13 400
销售成本	8 400
存货	2 100
应收账款	1 800
应付账款	1 200

提示

$$收账期=\frac{1\ 800\times 365}{13\ 400}=49(天)$$

$$存货期=\frac{2\ 100\times 365}{8\ 400}=91(天)$$

$$付款期=\frac{1\ 200\times 365}{8\ 400}=52(天)$$

营运资本周转期＝88(天)

从以上计算可以看出：企业从原材料购进到制成产品最后销售给客户共需 88 天，88 天中第 52 天必须支付购买原材料的费用，产品销售后第 49 天才能收到客户购买商品的款项，营运资本周转期为 88 天。

营运资本周转期增加，意味着企业在营运资本上的投资额增加；营运资本周转期减少，意味着企业在营运资本上的投资额也减少。营运资本周转期反映了企业营运资本管理的水平。通过对连续几个会计期间营运资本周转期的比较分析，可以了解企业在营运资本管理上的有效程度。

企业减少营运资本周转期的方法很多，主要是尽可能缩短收账期、存货期，尽可能延长付款期。以后各单元将着重讨论这些问题。

思考 6.9

应用下列资料（见表 6—2）计算 A 公司连续两年的营运资本周转期，并讨论其结果说明的问题。

表 6—2 单位：千元

项目	第一年	第二年
销售收入	2 000	3 000
销售成本	1 200	1 600
销售及管理费用	210	250
营业利润	590	1 150
存货	240	260
应收账款	485	800
应付账款	128	246

提示

A 公司的营运资本周转期如表 6—3 所示。

表 6—3

项目	第一年	第二年
存货期（天）	73	59
收账期（天）	89	97
	162	156
付款期（天）	(39)	(56)
营运资本周转期（天）	123	100

从计算结果来看，企业营运资本管理的水平有明显的提高。营运资本周转期缩短了 23 天（100－123），存货期的缩短可能是由于销售旺盛、产品销售增加引起的；收账期的延长可能是企业为了增加销售给予客户比较宽松的信用政策引起的，显然，新的信用政策收到了较好的效果，销售额增加明显，利润也相应增加了，但是，可能会增加企业的坏账风险；付款期的增加说明企业通过延迟付款进行了变相融资。

五、协调相互矛盾的营运资本需求

企业的各个业务部门都与营运资本的某些方面有利益关系，涉及许多财务人员和非财务人员，各个部门如果都只注重自己的利益，就可能产生矛盾。下面是一家大公司处理与营运资本相关财务问题的管理人员的情况，如表 6—4 所示。

表 6—4

管理人员职务	与营运资本相关的职责	影响营运资本的具体内容
现金经理	收款、支付、整理、短期投资、银行关系	现金、短期投资、短期贷款
信用经理	监督和控制应收账款、信用政策决策	债务人
营销经理	信用政策决策	债务人
采购经理	采购决策和供应商决策、协商付款条件	存货、债权人
生产经理	设定生产进度和原材料需求	存货、债权人
付款经理	付款决策、是否接受折扣的决策	债权人
债务经理	有关营运资本信息、协调矛盾	现金、存货、债务人、债权人等

各个业务部门经理的职责不同，考虑问题的角度也不同。例如，采购经理为了采购或运输上的便利，希望大批量采购原材料；生产经理为了保证生产进度的完成，要求储备整套的修理用配件；营销经理为了吸引客户、增加销售，想向客户提供较优惠的信用条件等。部门经理的这些想法都没有仔细考虑财务上的成本，没有考虑减少营运资本的投资在财务上的意义。财务经理的责任就是要告诉业务经理和总经理，他们的需求在财务上意味着什么。

协调这些相互矛盾的需求是一件困难的事情，财务经理必须找到一个兼顾财务控制和营销、生产、采购等各方面，体现企业总目标的合适的均衡点。

在后面几个单元将详细讨论营运资本各项组合要素。

第四单元　存货管理

目　标

当你学完本单元，应该能够：

- 理解存货的类型
- 理解存货管理的 ABC 法
- 理解经济订货量模型
- 理解其他存货管理方法

一、存货的类型

在制造企业，存货通常分为三类，即原材料、在制品和制成品。原材料处于企业整个生产过程的起点；在制品是指处于生产过程中的未完工的成品，这类存货的数量取决于生产过程的长短，如食品业的在制品很少，造船业的在制品数量就很大；制成品是指生产已经完成可以发运或销售的商品。

存货的类型是由物件在生产过程中的地位决定的，与物件的名称无关。一个企业的原材料可能是另一个企业的制成品。不同类型存货的流动性差别很大，制成品可以较快地转换成现金，而原材料和在制品则比较困难。不同类型的存货之间还存在着一定的需求依赖性，如制成品的需求决定在制品和原材料的数量。

财务经理关注的是存货管理的总体有效性，着重了解存货水平变化的财务意义，可以通过分别计算每个月的存货期以监控存货变动情况。为了更清晰地掌握存货变动水平，可以将存货期按存货类别分解为原材料周转期、在制品周转期和制成品周转期进行进一步的分析。

二、存货管理的 ABC 法

ABC 法是存货管理的一种简单方法，其基本做法是将企业全部存货按照其重要程度、价格高低、耗用量多少、采购难易等因素分成 A、B、C 三类（也可以分为四类、五类）。数量上占很小比例，价值上占很大比例的存货为 A 类存货；数量上占很大比例，价值上占很小比例的存货为 C 类存货；B 类存货介于 A 类存货和 B 类存货之间。

图 6—4 展示了 A、B、C 三类存货的比较，每一组存货分别按存货项目的百分比和存

货价值的百分比列示。从图中可以看出，A类存货只占存货项目的10%，但是，它的价值却占了全部存货价值的64%。因此，A类存货的储存情况应该详细记录，受到密切的监控，注意保持较低的存货水平。而C类存货虽然占存货项目的52%，但是，它的价值只占全部存货价值的7%。因此，C类存货的储存情况只要进行一般的记录、保持一般的监控就可以了，存货水平也可以适当的高一点。B类存货处于两者之间。

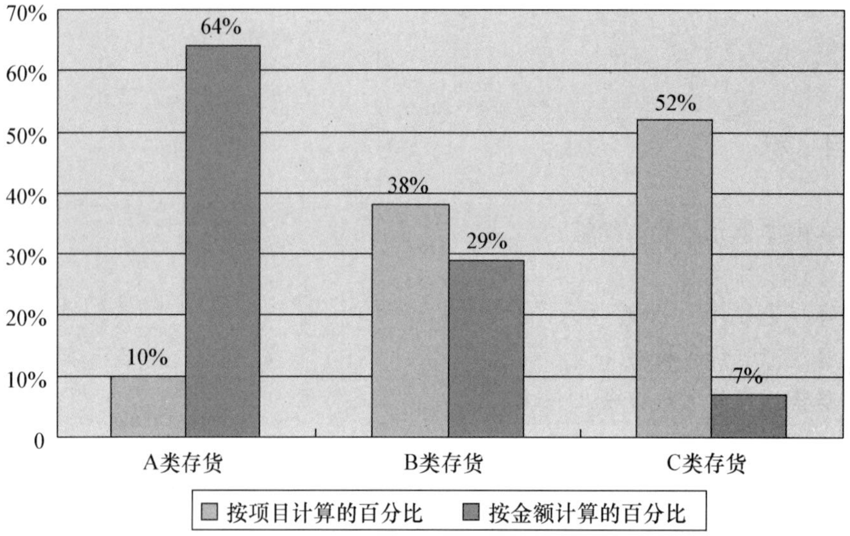

图6—4　三类存货的比较

三、确立最优存货水平

进行企业存货管理，首先要确立它的最优存货水平，并以此为基准来衡量存货管理的优劣，尽量降低存货投资是存货管理的目标之一。

思考6.10

在确定一个企业的最优存货水平时，要考虑很多因素。试举出三个。

提示

你可以从下列因素中举出三个：

- 企业的销售水平或预计销售水平。
- 生产过程的长短和复杂程度。
- 完成销售所需要的服务水平（包括对客户需求的反应能力和反应速度、产品系列的完备性等）。

◆ 存货储存的特殊要求（如防潮、冷藏、温度等）。
◆ 存货本身的脆弱程度（易碎易损、易变质、易过时等）。
◆ 存货的采购条件（供应商距离、订货的行业惯例、运输条件等）。
◆ 缺货的损失程度（一旦缺货，企业可能产生的损失）。
◆ 订货期的长短（从订货到到货的时间）。
◆ 市场价格变动的可能性。
◆ 供应商给予的信用条件。

四、经济订货量（*EOQ*）

企业的存货处于一种变动状态，当存货刚买进时，存货水平最高，在再次采购前，存货水平最低，在计算和考察存货水平时指的是平均存货水平。图 6—5 显示的是存货的平均存量。

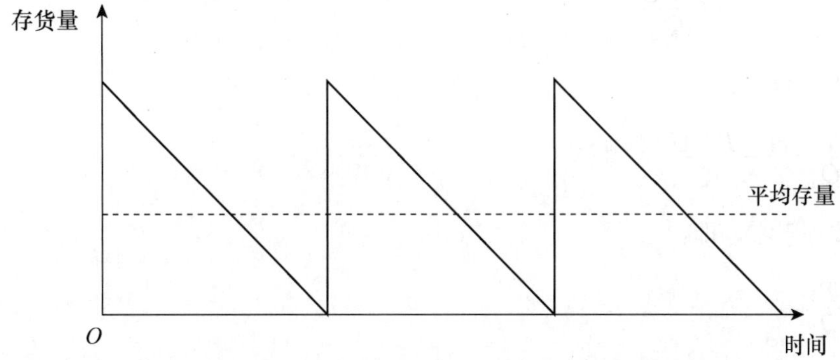

图 6—5　存货的平均存量

经济订货量（*EOQ*）是准确地建立最优存货平均水平的重要方法。储存存货将发生两种主要的成本，即存货的采购成本和储备成本。存货的采购成本随着存货水平的提高而下降，储备成本随着存货水平的提高而提高。图 6—6 显示了这两种成本的特性。存货的储存成本就是这两种成本之和。

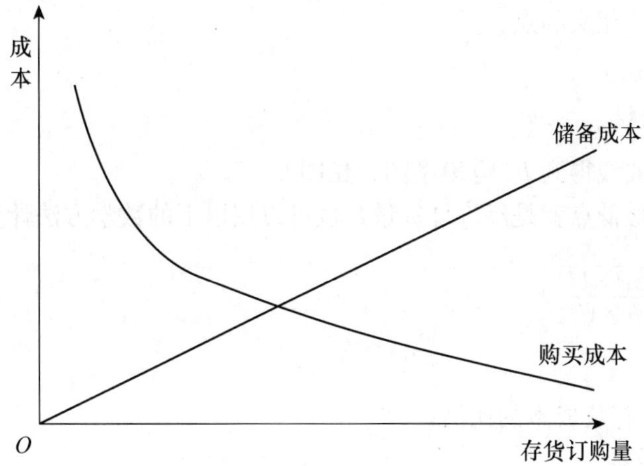

图 6—6　购买成本和储备成本的特性

存货的采购成本与储备成本是不同的。在存货管理中存在着一种基本的权衡关系，就是找到某个存货的订购量，使它们的采购成本与储备成本之和达到最小，即存货的储存成本达到最优。这个达到最优的存货订购量就是经济订货量。

从图 6—6 中可以看出，EOQ 取决于这两个成本函数。可以用微积分方法来加以证明。

设：

T：储存成本；

Q：每次订购量；

H：每年单位存货的储备成本；

P：一次订货成本；

U：年使用存货数量。

则：

$$T=\frac{Q\times H}{2}+\frac{P\times U}{Q}$$

对 Q 求导可得：

$$\frac{\mathrm{d}T}{\mathrm{d}Q}=\frac{H}{2}-\frac{P\times U}{Q^2}$$

令导数等于零，即：

$$\frac{\mathrm{d}T}{\mathrm{d}Q}=0$$

$$\frac{H}{2}=\frac{P\times U}{Q^2}$$

则 EOQ 为：

$$Q^*=\sqrt{\frac{2\times P\times U}{H}}$$

两项成本函数线相交的点：

$$\frac{Q\times H}{2}=\frac{P\times U}{Q}$$

再加上总成本曲线得到 EOQ 模型图，见图 6—7。

总成本曲线的最低点就是经济订货量，也可以用以下的数学方法计算 EOQ：

$$EOQ=\sqrt{\frac{2P\times U}{h\times C}}$$

其中：

h：储备成本占存货成本的比例；

C：单位存货成本。

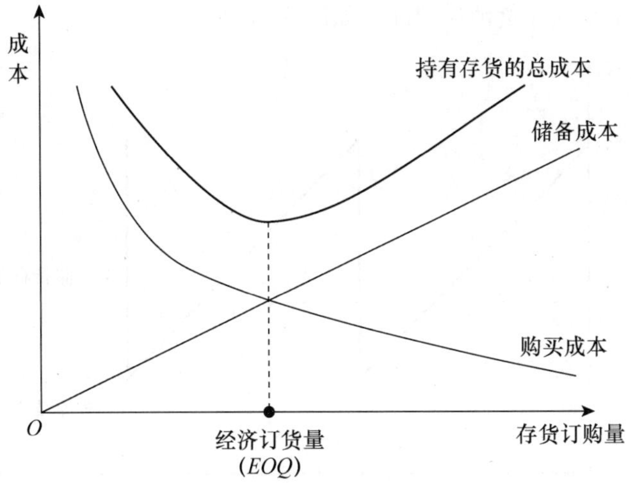

图 6—7 *EOQ* 模型图

思考 6.11

某企业每年需耗用 189 063 单位的存货，单位存货成本为 9 元，预计储备成本占存货价值的 6%，一次订货成本为 120 元，试计算 *EOQ*。

提示

$$EOQ=\sqrt{\frac{2\times 189\ 063\times 120}{0.06\times 9}}=\sqrt{84\ 028\ 000}=9\ 167$$

因此 *EOQ* 为 9 167 单位。

五、*EOQ* 模型的拓展

EOQ 模型假设企业当存货全部用完后再采购，而事实并非如此，有两个原因可能促使企业在存货没有用完时就再订购：第一，如果手头没有一定数量的存货，因缺货而丧失销售和客户的风险就增大了；第二，从订货到存货到达有一段时间，即订货后不能马上获得存货。这就引出了 *EOQ* 模型的两个拓展概念——安全存货和再订货点。

(一) 安全存货

由于销售水平是波动的，如果完全按照 *EOQ* 模型来确定订货量就有可能出现在销售高峰时发生存货短缺并影响销售的情况，给企业造成损失。为了防止出现这样的情况，订货时就要考虑这一问题，要建立安全存货水平以防不测。

安全存货水平取决于销售的波动程度和一旦发生缺货企业要付出的代价有多大。如果缺货就意味着大量客户或主要的大客户将转向其他企业，就要保持较高的安全存货量，以防止这些客户的流失；反之，则可维持较低水平的安全存货量。安全存货水平的确定一般可依据企业以往的经验和专家推测。

考虑安全存货水平的存货消耗情况，如图 6—8 所示。

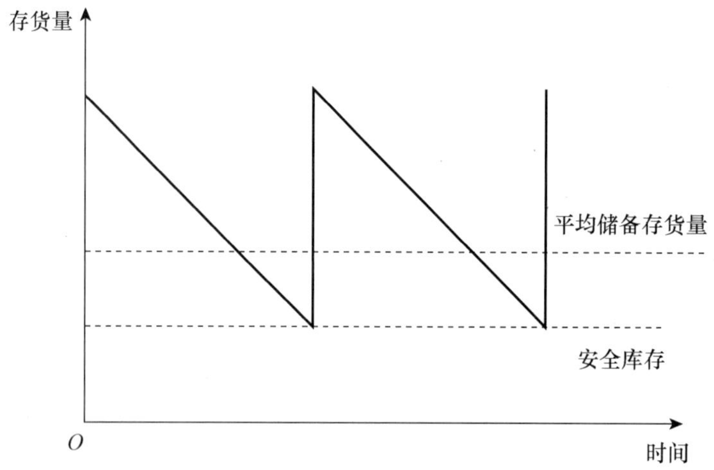

图 6—8　考虑安全存货水平的存货消耗情况

从图 6—8 可以看出：

◆ 存货不应该降到安全库存水平以下。
◆ 平均存货水平提高了。
◆ 储存存货的成本增加了。

（二）再订货点

再订货点（再订购点）就是企业真正下存货订单的时候。由于订货到真正收到存货，有一段单证处理、邮寄、存货运输时间，企业可以估计在这段时间的存货的耗用量，当存货达到这一水平时，就要下单订货了，等存货消耗完，订购的存货正好到达。再订货点一般固定地发生在预测存货水平达到零时的前几天。时间的长短与运输条件、订货手续等有关。存货再订货点如图 6—9 所示。

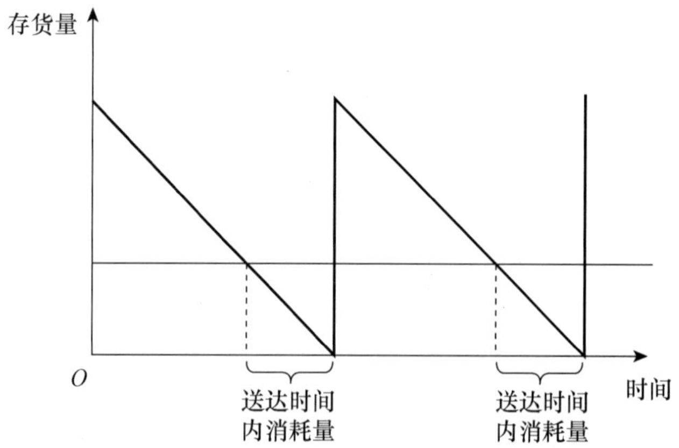

图 6—9　存货再订货点示意图

企业在确定存货数量时，应该把安全存货水平和再订货点结合起来，维持一个存货的缓冲数量，以应对各种难以预见的事项发生。结合安全存货水平和再订货点的存货消耗情况如图 6—10 所示。

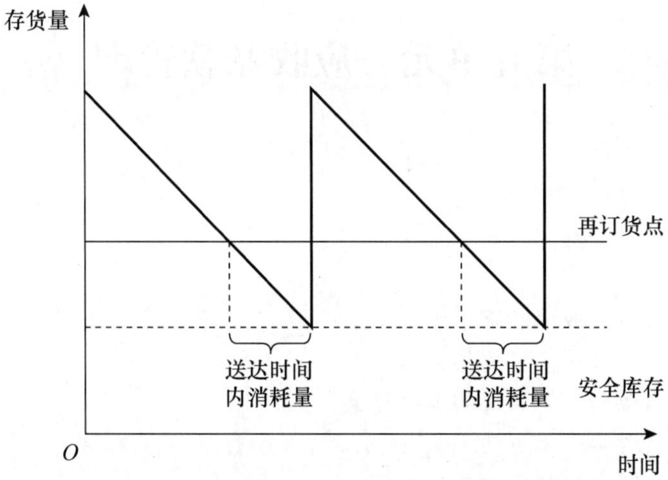

图 6—10 结合安全存货水平和再订货点的存货消耗情况

六、其他存货管理方法

根据存货的需求进行存货管理是现代存货管理中常常采用的方法。正如前面已经提到的，对某些存货的需求来自或依赖对其他存货的需求。如电视机厂家对电视机的需求，依赖于客户需求、预计销售量等因素，而显像管、电子元器件等在制品、原材料的需求，完全取决于电视机的需求量。物料需求计划和适时制存货是根据存货的需求依赖关系进行存货管理的两种常用的方法。

（一）物料需求计划（MRP）

MRP 的基本理念就是：一旦确定了制成品的存货水平，就可以此为基础，计算出满足制成品存货水平的在产品和原材料的需要量，从而进一步确定在产品、原材料的存货水平。这种从制成品倒推的方法来源于不同类型存货之间的相互依赖性。对于需要很多种不同的零部件才能组装成制成品的复杂产品，倒推计算的工作量很大，好在存货管理专家、管理软件商已经为物料需求计划开发出了很实用的计算机软件系统。因此，MRP 有时也特指这种物料需求计划的软件系统。

（二）适时制存货（JIT）

适时制存货是管理依赖性存货的很有效的现代方法。适时制存货的目标是使存货的周转最大化、存货的平均存量最小化，即手头上的存货刚好足够满足立即生产的需要。

JIT 产生的结果是经常再订货和再进货。要使这种系统有效运转，避免企业发生存货短缺，企业与供应商之间的合作协调就显得非常重要。

第五单元　应收账款管理

目　标

当你学完本单元，应该能够：

- 了解应收账款管理应考虑的因素
- 理解信用条件和信用条件的各个要素
- 了解信用条件决策的方法
- 理解赊销过程的评估和信用标准
- 理解收账过程

一、应收账款管理的含义

债务人也称应收账款或应收款项。企业在交易过程中，可以要求客户在交货日或交货日以前支付货款，也可以给予客户信用，允许客户在交货日后的一段时间内付款，债务人就是这种与商品或劳务销售相关联的、给客户授信而形成的资产投资。很明显，债务人具有一定的风险，风险程度随着客户赊账时间的延长而增加。

在企业中，债务人控制是财务经理直接负责的几个主要领域之一。

二、应收账款管理应考虑的因素

思考 6.12

如果企业要制定一整套债务人控制和管理政策，应该注意哪些重要因素？

提示

为企业制定一套有效的债务人控制和管理政策，应该仔细考虑下列因素：

- 行业惯例和竞争对手的政策。
- 债务人投资的成本。
- 信用期限。
- 折扣政策。
- 信用条件的评价和决策。

- ◆ 客户信用情况评估。
- ◆ 收账政策。

（一）行业惯例和竞争对手的政策

企业在制定债务人控制和管理政策时，通常不得不考虑竞争对手的反应和本行业的一些惯例。在同一市场上，几家企业是相互竞争的对手，它们产品相似、价格接近，而且客户在做出购买决策时可以得到足够的信息，可对各家企业的产品信息和信用政策进行了解、比较。作为同行，往往有一些行业的不成文的惯例，各家企业一般都能遵守。一家企业如果给客户比其他竞争对手更优惠的信用条件，其他企业就会做出反应，它们可能自动或被迫调整它们的信用条件，使之更具竞争性，也可能根据企业的实际情况，从长远利益出发不调整给客户的信用条件。因此，企业在制定债务人控制和管理政策时，要考虑行业的习惯做法和竞争对手可能采用的策略。

（二）债务人投资的成本

信用条件是指企业授予客户的信用。在考虑企业可以授予客户怎样的信用条件时，通常要考虑的因素包括债务人投资的资本成本、同意客户赊欠的信用期限、给予客户的现金折扣和折扣期间等。我们先讨论债务人投资的成本，以后再讨论其他问题。

企业投资在债务人上的金额取决于赊销金额和同意客户赊欠的信用期限，如企业给予客户的信用期限为 30 天，那么，任何时候都将有相当于 30 天销售的金额尚未收到。如果每天赊销 100 元，那么，平均而言，企业在债务人上的投资就是 3 000（30×100）元。

在债务人上投入的资本，有三种需要考虑：

- ◆ 机会成本；
- ◆ 管理成本；
- ◆ 风险成本。

1. 机会成本

机会成本有时又称为融资成本或资本成本，企业如果不把资本投放在债务人上而是转作他用，就有相应的投资收益，投放在债务人上，就会丧失这种收益，这种丧失的收益就是债务人投资的机会成本。如果企业用于债务人投资的资本是通过融资取得的，利息支出就是这部分投资的机会成本。

2. 管理成本

债务人的管理成本主要是用于调查客户信用情况的费用、催收和组织收账的费用以及日常的账款管理费用。

3. 风险成本

企业投放在债务人上的资本具有一定的风险，主要是坏账损失的风险，因此，这种风险有时又称坏账成本。

企业投放在债务人上的资本的成本，对企业选择信用条件有很大的影响。如果债务人成本比较低，企业就可能采用比较宽松、灵活的信用条件；如果债务人成本比较高，企业就可能采用比较严格的信用条件。

（三）信用期限

信用期限是企业对客户授予信用的基本时间长度。不同行业的差异很大，一般在30天至120天。如果提供现金折扣，信用期限就包含两个要素，即净信用期限和现金折扣期限。通常在表示信用期限时用“2/10，净30”这样的形式，表示现金折扣期限为10天，折扣为2%，净信用期限为30天的信用条件。信用期限从发票日开始计算。

思考6.13

哪些因素对企业确定信用期限有较大的影响？

提示

你可能列出下面几项对企业确定信用期限有较大影响的因素：

- 本行业的一般惯例；
- 商品本身的特点；
- 销售对信用期限的敏感性；
- 客户类型；
- 客户的信用评估。

1. 本行业的一般惯例

如果本行业一般信用期限为60天，那么企业要缩短信用期限是困难的，除非另外给客户其他优惠作为补偿。

2. 商品本身的特点

信用期限的长短与商品本身的特点关系密切。容易腐烂变质的商品，其价值低廉的商品，其信用期限较短；耐用昂贵的商品，其信用期限较长。

3. 销售对信用期限的敏感性

如果销售对信用期限是很敏感的，如信用期限从30天延长到60天，销售的增长也成同比例的增长，延长信用期限可能是有价值的。如果销售对信用期限是不敏感的，如信用期限从30天延长到60天，销售的增长不会成同比例的增长，甚至没有增长或下降，这时延长信用期限就是没有价值的。

4. 客户类型

企业的客户可能是其他企业，也可能是批发商或零售商，不同客户的采购批量不同，交易关系的稳定性不同，对企业的重要性也不同，因此，对不同的客户类型就可能授予不同的信用期限。

5. 客户的信用评估

客户的信用风险越大，可能授予的信用期限就越短。对信用良好的客户，可以授予较长的信用期限。

(四) 折扣政策

有两种基本的折扣类型：

- ◆ 商业折扣；
- ◆ 现金折扣。

1. 商业折扣

商业折扣一般是指给批发商或大客户的折扣，是给个别客户的特殊折扣。通常是商品以零售价标价，在出售给特定客户时，则根据零售价减去商业折扣的金额开具发票。

2. 现金折扣

现金折扣是销售条件的一部分，是以直接折价的方式来促使客户尽快地付款。现金折扣的好处在于可以因客户提前付款而大幅度改善现金流转。

下面的例子显示了如何计算现金折扣的成本。

假设某企业的信用条件是“2/10，净 30”，即 10 天内付款的客户可以享受 2%的现金折扣，不要折扣者，必须在 30 天内付清全部货款。

可以用下面的公式计算：

$$\text{现金折扣成本}=\frac{\text{折扣率}}{(100\%-\text{折扣率})}\times\frac{365}{(\text{净信用期限}-\text{折扣期限})}$$

对上例我们可计算出下面的结果：

$$\text{现金折扣成本}=\frac{2\%}{(100\%-2\%)}\times\frac{365}{(30-10)}=37.24\%$$

从上例可以看出，采用现金折扣的成本是很昂贵的，提前 20（30－10）天收款，要付出所收取货款的 2%的代价，其年利率高达 37.24%。

思考 6.14

实施折扣政策时要考虑哪些因素？

提示

实施折扣政策时应考虑如下因素：

- ◆ 应将折扣的条件清楚无误地传递给客户及直接与客户交易的销售人员。
- ◆ 并不是所有的客户都可以得到折扣，企业应有应对那些无权得到折扣的客户所提出无理要求的程序。

◆ 要经常、仔细地监督和控制折扣政策的执行情况。

◆ 由于折扣潜在的高成本，应经常进行必要的成本/效益比较分析。

（五）信用条件的评价和决策

债务人的风险与收益共存的特点，决定了企业进行信用条件的评价和决策时，要在信用条件确定后所增加的成本和增加的收益之间作出权衡。一般情况下，宽松的信用条件可以增加销售收入，从而带来销售利润，但是，也会引起相关的成本和费用的增加。只有增加的收益减去成本和费用后的增量收益大于零时，信用条件才是可行的。增量收益越大越好。信用条件的评价和决策就是对各项信用条件的方案进行计算与评价，从中找出最优的方案。

信用条件的评价和决策主要包括信用期限的评价和决策、现金折扣政策的评价与决策以及其他一些影响信用条件的因素，如信用政策、收账政策等的评价和决策。

1. 信用期限的评价和决策

不同的信用期限可能会带来不同的销售收入，同时会引起不同的成本费用。信用期限的评价和决策就是要在不同的信用期限方案间进行决策，找出最优的方案。

思考 6.15

A 公司生产唯一的产品——健身按摩器，有关该健身按摩器的相关成本资料如表 6—5 所示。

表 6—5　　　　单位：元

项目	1	2
售价		800
单位变动成本	720	
分配的固定成本	50	770
单位净利		30

A 公司目前每年的平均销售额为 800 000 元，公司希望通过延长信用期限的方法来扩大销售，增加盈利。目前的信用期限为 30 天，公司打算将信用期限增加到 45 天或 60 天，相应的预计销售额可以增加到 13 600 00 元和 1 480 000 元。该公司的资本成本为 10%。

通过计算指出哪种信用期限对 A 公司更有利。

提示

计算结果如表 6—6 所示。

表 6—6 单位：元

项目	45 天	60 天
增加销售额		
（1 360 000－800 000）	560 000	
（1 480 000－800 000）		680 000
边际贡献率〔（800－720）/800×100%〕	10%	10%
增加的毛益	56 000	68 000
债务人		
（1 360 000×45/365）	167 671	
（1 480 000×60/365）		243 288
当前债务人		
（8 000 000×30/365）	65 753	65 753
增加的债务人	101 918	177 535
增加债务人的成本（10%）	10 192	17 754
增加的利润	45 808	50 246

计算结果表明，将信用期限延长到 60 天的方案比 45 天的方案可获得更多的利润，因此，A 公司可以考虑采用将信用期限延长到 60 天的方案。

2. 现金折扣政策的评价和决策

现金折扣政策的评价和决策与信用期限的评价和决策一样，也要从增加的收益与增加的成本费用两方面进行分析。

思考 6.16

A 公司生产唯一的产品——台式风扇，有关该产品的成本资料如表 6—7 所示。

表 6—7 单位：元

项目	1	2
售价		100
单位变动成本	80	
分配的固定成本	10	90
单位净利		10

A 公司目前每年的平均销售额为 30 000 元，公司希望通过提供现金折扣的方法来扩大销售，增加盈利。目前的信用期限为 30 天，没有现金折扣，公司打算将信用条件改为“2/10，净 30”，预计销售额可以增加到 35 000 元。其中，30%的客户将放弃现金折扣，公司的资本成本为 12%。

通过计算指出新的信用条件对 A 公司是否有利。

提示

计算结果如表6—8所示。

表6—8　　单位：元

项目	1	2
新方案销售额	35 000	
原销售额	30 000	
增加销售额（35 000－30 000）		5 000
边际贡献率［(100－80)/100×100%］		20%
增加利润（5 000×20%）		1 000
原债务人（30 000×30/365）	2 466	
新方案债务人（35 000×0.7×10/365＋35 000×0.3×30/365）	1 534	
增加债务人		(932)
资本成本		12%
债务人成本		(112)
增加折扣成本（35 000×0.7×2%）		490
增加利润［1 000－(－112)－490］		622

计算结果表明，采用“2/10，净30”的信用条件对A公司是有利的，与原方案相比可获得更多的利润。因此，A公司可以考虑采用新方案。

（六）客户信用情况评估

赊销就像银行贷款给顾客，要对顾客的信用情况进行必要的评估。企业授信给客户，存在着一定的坏账风险，只有信用较好的客户，才能够允许其赊账。客户信用情况评估就是根据企业制定的信用标准，对某些特定的客户进行评价，以确定这些客户是否可以赊购。

通常，客户信用情况评估涉及三个步骤，即制定企业信用标准、收集客户的相关信用信息和评价客户信用状况。

1. 制定企业信用标准

信用标准是指客户获得授信的基本条件，如果客户不符合这些条件，就不能享受企业的信用优惠或只能享受较低的信用优惠。各企业可以根据自身的情况和企业所处的环境制定相应的信用标准。

企业在制定其信用标准时，可以参考以下五个基本因素（即“信用5C”）：

- 客户的品质（character）：客户履行信用责任的意愿，有无故意拖欠的行为。
- 偿还能力（capacity）：客户能够用经营现金流量偿还债务的能力。
- 资金（capital）：客户所拥有的资产总量。
- 担保（collateral）：客户违约情况下可以用作抵押的资产。
- 经济状况（conditions）：客户所处产业的一般经济状况。

仅仅制定信用标准是不够的，重要的是要确保信用标准能被准确地执行。这需要企业经常性地对信用标准进行监督和控制。

2. 收集客户的相关信用信息

要对客户的信用状况进行评估，首先要收集、了解、掌握客户的相关信用信息，只有充分掌握了材料，才能对客户做出有依据的判断。缺乏信息或收集了不真实的信息就有可能导致企业做出错误的判断。

思考 6.17

从哪些方面可以收集到客户的信用信息？

提示

客户的信用信息包括下列几个方面：

◆ 客户的损益表和资产负债表。若是上市公司，可以从证券交易机构获取客户的财务报告，对于其他客户，可以直接要求其提供。一般情况下，客户不愿意提供财务报告，因为这可能涉及客户的商业机密。但是，对于赊销金额较大但预计有一定风险的客户，应该坚持要求其提供这些重要的财务报告。

◆ 关于顾客的信用报告。有关客户的信用报告大致包括下列几种：

■ 银行的证明。由于银行业有保密的法规和惯例，故银行的证明一般都措辞谨慎，除了表示企业目前的存款状况外，很少有实质性的内容，只有经验丰富的财务经理才能从字里行间找出需要的信息。

■ 信用评估机构的报告。如信用评估机构对客户决算报告的评估和客户信用等级的评定，这些报告对于了解客户的信用状况是很有用的。信用评估机构的信誉对报告的可信任性很重要。

■ 其他贸易商的证明。它代表了其他贸易商对客户的看法，是其他贸易商与客户交易的经验，但不是客户财务状况的证明。

■ 购买客户的付款分析报告。有些机构专门出售有关其他公司的信用能力和信用历史的资料，企业可以从这些机构购买客户的付款分析报告。

■ 同业公会的资料。查阅同业公会的资料，有时对于分析客户的信用状况很有用。同业公会的资料包括客户提供给该公会的信息，也包括行业内与该客户交易的其他人的经验。

◆ 与客户以往的交易经验。客户以往与公司交易的信用记录，对评价客户信用状况是有用的，据此可以获取客户是否及时偿还过去的债务等信息。但是，应注意不能过分依赖这些经验。

◆ 其他一般性信息来源。这些信息来源可以是客户所处的行业内部期刊、报纸等。据此可了解客户所处行业的发展情况、影响该行业的各种主要因素的变动情况等。

3. 评价客户信用状况

根据企业制定的信用标准和收集到的客户信用信息，可以评价客户的信用状况。一般可以采用信用评分的方式，计算客户的数量化评分，确定客户的信用等级。根据客户不同的信用等级，决定是否授信和授信的范围及限额。

给客户授信时往往还要考虑一些其他因素，如客户交易额、企业本身的财务状况等。一般情况下，应定期或不定期地对客户的信用状况进行重估，以根据目前的财务及信用信息调整对客户的授信范围和限额。

授信的范围和限额包括：

◆ 给予客户的最高赊销额。
◆ 允许客户赊账的最长期限。
◆ 要求客户的最小订货量。
◆ 付款程序的明确安排。
◆ 结算工具的明确安排。
◆ 逾期付款的利息和提前付款的折扣的规则等。

（七）收账政策

收账政策是指向客户收取超过或未超过信用期限的款项的程序。收账政策涉及债务人监控、收账费用和收账策略。

1. 债务人监控

及时收回账款对企业来讲是非常重要的。若要及时收回账款，就要随时注意有无严重逾期的账款发生，因为坏账与客户付款时间的长短有密切关系。企业可以通过监控债务人平均收款期的变动，掌握债务人逾期情况。除了季节性销售以外，债务人平均收款期的期间变长，说明有相当数量的债务人已经严重逾期了。

编制账龄分析表是监控债务人的一种基本方法。编制账龄分析表就是将债务人按照其账龄进行分类并计算各类所占的比例。表6—9是一个公司的账龄分析表。

表6—9　　账龄分析表　　单位：元

账龄	金额	占债务人总价值的百分比
0～10天	50 000	50%
11～30天	25 000	25%
30～90天	20 000	20%
90天以上	5 000	5%
合计	100 000	100%

如果该公司的信用条件为“2/10，净30”，说明该公司有50%的账款尚在折扣期内，有25%的债务人已经逾期，有5%的债务人已经严重逾期。

2. 收账费用

收回账款尤其是收回逾期账款要支付相应的收账费用，收账费用的支出与坏账损失的发生有一定的关系。一般情况下，收账费用支出越多，坏账损失就越少。但是，两者并非线性关系，通常是刚开始支出部分收账费用，坏账损失的下降并不明显，随着收账费用的增加，坏账损失出现了较为明显的下降，但是，收账费用继续增加达到某一点时，坏账损失的下降出现了滞缓的现象，继续增加收账费用就显得意义不大。这个点称为收账费用饱和点，也是收账费用支出的最佳点。

图 6—11 显示了收账费用与坏账损失的关系。图中的 P 点就是收账费用饱和点。

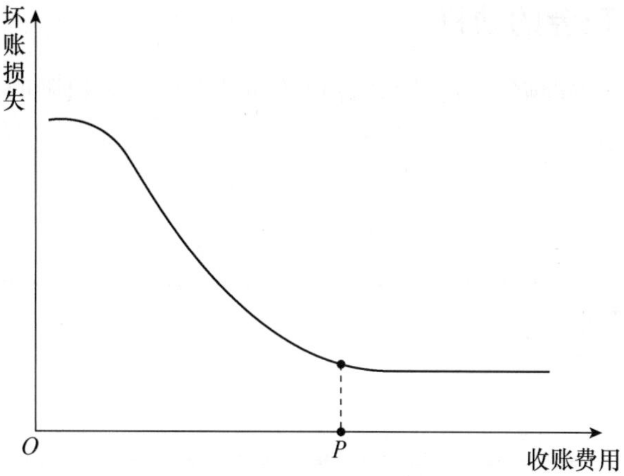

图 6—11　收账费用与坏账损失的关系

3. 收账策略

收账策略是企业对逾期客户所采取的步骤，企业应根据客户逾期的具体情况，采用不同的策略。收账策略一般包括下列步骤：

- 对于刚逾期的客户，寄发拖欠信函，告知客户账款已经处于逾期状态。
- 对于逾期稍长的客户，寄发措辞更为强硬的催款函，告知客户拖欠款项将带来的后果。
- 打电话给逾期稍长客户的企业主管，重申企业的收账政策和信用条件，明确地告知客户企业主管，继续拖欠款项将带来对其不利的后果。
- 对逾期较长的客户，可以雇用收账机构进行催讨。
- 对于逾期时间很长、收款难度较大的客户，应该采取法律措施来应对。

第六单元　现金管理

目　标

当你学完本单元，应该能够：

- 理解企业持有现金的动机
- 掌握现金最佳持有量的确定
- 了解现金浮游存量
- 掌握加快现金周转的方法
- 列出可以弥补现金暂时短缺的方法

一、企业持有现金的动机

在这里，现金应该被理解为包括因各种目的而持有的、可以随时用于支付的货币、银行存款和短期有价证券。

思考 6.18

企业为什么要持有现金？

提示

企业持有现金大致有以下四个方面的动机：

- 交易动机；
- 预防动机；
- 投机动机；
- 补偿性动机。

（一）交易动机

交易动机是指企业为交易提供资金而持有现金。这是企业持有现金的最基本的动机，是企业日常业务活动的需要。大部分的业务活动都会有现金的需求和创造现金的收入。

（二）预防动机

预防动机是企业为了应付意外事项而持有现金准备。预防性现金的数量取决于企业对未来风险的估计和风险损失的估计，也与企业现金流转的稳定性有关。如果现金流转相当稳定，就不需要准备大量的现金；如果现金流转不稳定，经常有较大的波动，就需要大量的预防性现金。

（三）投机动机

投机动机是指企业出于投机的目的而持有现金。企业应该持有足够的现金，以便抓住意外的盈利机会，当这样的机会出现时，如果企业手头上没有现金就只能放弃，这对企业来讲是很可惜的。

（四）补偿性动机

补偿性动机是指企业在其商业银行的账户中保持一定数额的存款余额，作为接受银行服务的补偿费。补偿性余额可能是企业持有现金的最低限度。

二、确定企业现金的最佳持有量

企业持有现金的数额如果太少，就不能满足现金持有动机的要求，会因为现金不足而不能偿付到期的债务。如果持有现金太多，则因为多余的现金没有投入营运活动中，故不能为企业创造利润。

所谓现金的最佳持有量，是指企业持有这一数额的现金量，对企业最为有利，现金的持有成本最低，效益最好。确定最佳现金持有量的方法有很多，最常用的是成本分析模式。

成本分析模式通过分析企业持有现金的成本，以确定持有成本最低的现金持有量。

思考 6.19

企业持有现金的成本包括哪些?

提示

企业持有现金的成本有以下三种：

- 机会成本；
- 管理成本；
- 短缺成本。

(一) 机会成本

企业保持一定数量的现金，就不能用于其他方面的投资，也就放弃了其他投资所能获得的收益，这是持有现金的代价。现金的持有量越大，机会成本就越高。持有现金的机会成本，可以用年平均现金持有量乘以企业的资本收益率或资本成本来计算。

(二) 管理成本

持有现金的管理成本是指为了保管、管理现金而发生的费用。如管理人员工资、保险、安全设施等。管理成本一般与现金持有量无关，因此，管理成本是一种固定成本。

(三) 短缺成本

短缺成本是指因缺少现金而使企业蒙受的损失或为此付出的代价。现金短缺成本随着现金持有量的增加而下降。短缺成本一般按预计损失额估计。

确定最佳现金持有量就是使上述三项成本之和最小。图 6—12 显示了三项成本与现金持有总成本的关系。

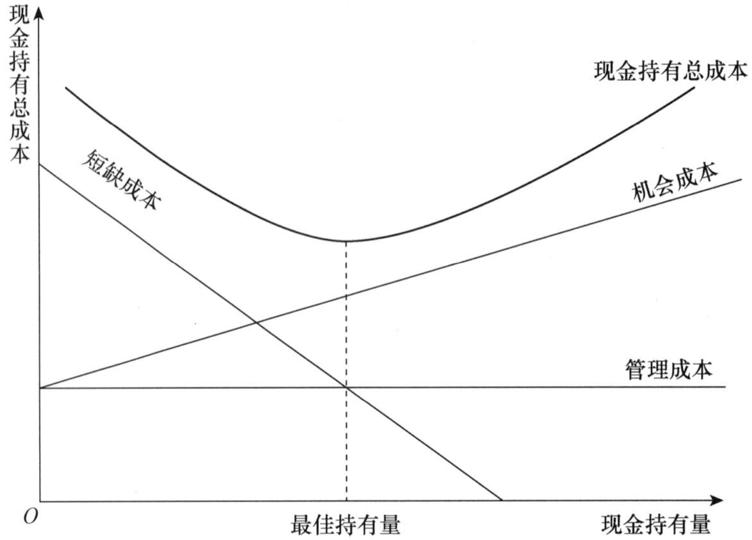

图 6—12　三项成本与现金持有总成本的关系

三、现金浮游存量

企业账簿上记录的现金余额与银行账户的余额往往不一致，造成这种不一致的原因是企业和银行的记账时间不一致。这是结算过程中支票在银行体系内运动的净效果。

现金浮游存量分为支付浮游存量和收款浮游存量。导致产生支付浮游存量的原因是企业开出支票而对方尚未在银行入账。支付浮游存量减少了企业账面现金余额，但是并不减少企业在银行的可用余额。导致发生收款浮游存量的原因是企业收到支票但尚未存入银行。收款浮游存量增加了企业账面现金余额，但是并不增加企业在银行的可用余额。支付浮游存量和收款浮游存量之差称为现金的净浮游存量。

现金浮游存量的管理涉及现金收款和现金支付的控制。现金收款控制的目标是加速收款，并缩短客户支付账单到变成银行可用余额的时间。现金支付控制的目标是控制付款，并使付款的成本最小化。

现金收款和现金支付的时间由邮寄时间、处理时间和到账时间组成。收款加速就是要尽可能地缩短其中的一个或几个时间，支付延迟就是要尽可能地延迟其中的一个或几个时间。随着计算机在银行的普遍使用，结算速度越来越快，现金浮游存量已经变得越来越小。

四、加速现金流转

加速现金流转就是要加快现金流入和延缓现金流出。

（一）加快现金流入

加快现金流入的方法有：

（1）严格执行债务人收账程序是加速现金流入的最重要的有效手段。

（2）将每天收到的现金和支票及时存入银行。

（3）对大额支票应该当天结算，及时存入银行。

（4）外地的销售代表收到现金时，应及时存入企业银行账号或在当地的银行分行，不要邮寄或随身带回。

（5）应该尽可能要求或鼓励客户采用电子资金拨款方式（EFT）、电子数据交换系统（EDI）或互联网付款等现代支付方式。

（6）应该要求国外或路途遥远的客户直接将款项电汇到企业的银行账户，尽可能不采用邮寄的方式。

（二）延缓现金流出

延缓现金流出的方法有：

（1）尽可能长地拖延向债权人的付款时间是延缓现金流出的最常用的方法，但是，这样做有一定的风险。

（2）尽可能采用邮寄支票方式，而不是通过现金或银行转账来支付款项，这样可以使现金在企业多保留几天。

（3）组合安排银行存款、往来款项和进出的付款，尽量增加付款的在途时间。

（4）加强付款审核制度，尽可能保证每一笔付款都在信用期限的最后一天。

五、弥补现金暂时短缺的方法

企业发生暂时现金短缺的时候，需要进行适当的弥补，弥补现金暂时短缺的方法有很多，具体包括：

（1）确保企业对现金流转的严格控制。

（2）经常修正现金预算，检查作为预算前提的各种假定是否有变化。

（3）非盈利的或对业务运行不是很重要的资本支出尽可能推迟。

（4）处置不能为企业带来利益的固定资产和其他资产。

（5）每天查询银行的往来余额，以便更好地利用现金浮游存量。

（6）在可行的范围内裁减雇员，以减少薪金支出。

（7）推迟不必要的采购，尽可能延迟对供应商的付款。

（8）加强债务人管理，强化收账程序。

（9）在可行的范围内将存货变现。

（10）重新安排贷款的偿还。

（11）争取银行及其他信用机构的贷款。

（12）增发股票或企业债券。

（13）向客户收取销售以外的加价等。

所有这些方法都可能对企业产生不利的影响，都可能影响企业与其他利益相关者的关系，如供应商、雇员、银行、客户等，财务经理应该慎重地选择。

自测题

一、单项选择题

1. 现金循环周期的变化会直接影响企业所需营运资金的数额。一般来说，下列选项会导致营运资金数额变小的是（　　）。

A. 存货周转期变长　　B. 应收账款周转期变长

C. 应付账款周转期变长　　D. 应付账款周转期变短

2. 下列关于现金的说法中，不正确的是（　　）。

A. 现金是变现能力最强的盈利性资产

B. 现金管理的过程就是在现金的流动性与收益性之间进行权衡选择的过程

C. 现金管理对于提高资金收益率具有重要意义

D. 企业持有现金的成本包括持有成本、转换成本和短缺成本

3. 某企业每年耗用某种原材料 3 600 千克，该材料的单位成本为 20 元，单位材料年持有成本为 1 元，一次订货成本为 50 元，则该企业的经济订货批量为（　　）千克，最小存货成本为（　　）元。

A. 300，3 000　　B. 600，600　　C. 600，300　　D. 600，6 000

4. 某企业按照“2/10，净 60”的信用条件购进一批商品。若企业放弃现金折扣，在信用期内付款，则放弃现金折扣的机会成本为（　　）。

A. 20.41%　　B. 12.24%　　C. 14.70%　　D. 20%

5. 在营运资金管理中，企业将“从收到尚未付款的材料开始，到以现金支付该货款之间所用的时间”称为（　　）。

A. 现金周转期　　B. 应付账款周转期

C. 存货周转期　　D. 应收账款周转期

6. 根据营运资金管理理论，下列各项不属于企业应收账款成本的是（　　）。

A. 机会成本　　B. 管理成本　　C. 短缺成本　　D. 坏账成本

7. 购买材料时，并不都是收到原材料的当天就马上付款，通常会有一定的延迟，这一延迟的时间段是（　　）。

A. 应收账款周转期　　B. 存货周转期

C. 应付账款周转期　　D. 现金周转期

8. 企业拟将信用期由目前的 30 天放宽为 60 天，预计赊销额由 1 000 万元变为 1 200 万元，变动成本率为 60%，风险投资的最低报酬率为 10%，则放宽信用期后应收账款占用资金应计利息增加（　　）万元。（一年按 360 天计算）

A. 17　B. 5　C. 7　D. 12

9. 假设恒通公司 20×8 年 3 月底的应收账款为 360 万元，信用条件为在 30 天按全额付清货款，过去三个月的销售收入分别为 270 万元、280 万元、260 万元，则平均逾期（　）天。（一个月按 30 天计算）

A. 40　B. 10　C. 44　D. 30

10. 企业评价客户等级时，决定给予或拒绝客户信用的依据是（　）。

A. 信用标准　B. 收账政策　C. 信用条件　D. 信用政策

11. 下列各项中，与丧失现金折扣的机会成本呈反向变化的是（　）。

A. 现金折扣率　B. 折扣期　C. 信用标准　D. 信用期

12. 下列各项中，可用于计算营运资金的是（　）。

A. 资产总额－负债总额　B. 流动资产总额－负债总额

C. 流动资产总额－流动负债总额　D. 速动资产总额－流动负债总额

13. 企业持有现金最基本的动机是（　）。

A. 交易动机　B. 预防动机

C. 补偿性动机　D. 投资动机

14. 假设某企业预测的年赊销额为 2 000 万元，应收账款平均收账天数为 45 天，变动成本率为 60%，资本成本为 8%，一年按 360 天计算，则应收账款的机会成本为（　）万元。

A. 250　B. 200　C. 15　D. 12

15. 下列各项中，不属于现金支出管理措施的是（　）。

A. 推迟支付应付款　B. 提高信用标准

C. 以汇票代替支票　D. 争取现金收支同步

二、多项选择题

1. 流动资产投资又称经营性投资，与固定资产投资相比，下列说法正确的是（　）。

A. 投资回收期短　B. 流动性强

C. 具有并存性　D. 具有波动性

2. 与长期负债筹资相比，流动负债筹资（　）。

A. 速度快　B. 弹性大　C. 成本高　D. 风险小

3. 营运资金周转是指企业的营运资金从现金投入生产经营开始，到最终转化为现金为止的过程，营运资金周转期主要包括（　）。

A. 存货周转期　B. 应付账款周转期

C. 应收账款周转期　D. 预收账款周转期

4. 现金是指在生产过程中暂时停留在货币形态的资金，下列属于现金的有（　）。

A. 库存现金　B. 银行存款　C. 银行本票　D. 银行汇票

5. 应收账款的成本包括（　）。

A. 机会成本　B. 管理成本　C. 收账费用　D. 坏账成本

6. 企业持有存货的主要目的是（　）。

A. 防止停工待料　　B. 适应市场变化
C. 降低进货成本　　D. 维持均衡生产

7. 在应收账款管理中，应收账款的成本包括（　　）。
A. 应收账款机会成本　　B. 应收账款管理成本
C. 应收账款坏账成本　　D. 应收账款信用成本

8. 某企业的信用条件为“5/10，2/20，净 30”，则下列选项正确的有（　　）。
A. “5/10”表示 10 天内付款，可以享受 5%的价格优惠
B. “2/20”表示在 20 天内付款，可以享受 2%的价格优惠
C. “净 30”表示最后的付款期限是 30 天，此时付款无优惠
D. 如果该企业有一项 100 万元的货款需要收回，客户在第 15 天付款，则该客户只需要支付 98 万元

9. 下列关于营运资金周转期的表述中，正确的有（　　）。
A. 延缓支付应付账款可以缩短营运资金周转期
B. 产品生产周期的延长会缩短营运资金周转期
C. 营运资金周转期一般短于存货周转期与应收账款周转期之和
D. 营运资金周转期是介于企业支付现金与收到现金之间的时间段

10. 企业如果延长信用期限，可能导致的结果有（　　）。
A. 扩大当期销售　　B. 延长平均收账期
C. 增加坏账损失　　D. 增加收账费用

11. 企业持有现金的目的有（　　）。
A. 交易动机　　B. 预防动机
C. 补偿性动机　　D. 投机动机

12. 在成本分析模式下，企业持有现金的成本有（　　）。
A. 机会成本　　B. 管理成本　　C. 短缺成本　　D 坏账成本

13. 企业在制定信用标准时参考的基本因素有（　　）。
A. 客户的品质　　B. 偿还能力
C. 资金　　D. 经济状况

14. 企业减少营运资金周转期的方法有（　　）。
A. 缩短收账期　　B. 缩短存货期
C. 缩短付款期　　D. 延长付款期

三、判断题（正确为 A，错误为 B）

1. 企业持有一定数量的现金主要是基于交易动机、预防动机、补偿性动机和投资动机。（　　）

2. 现金的持有成本是指企业因保留一定现金余额而增加的管理费用。（　　）

3. 持有现金的管理成本是指为了保管、管理现金而发生的费用，如管理人员的工资、保险、安全设施等。（　　）

4. 信用政策即应收账款的管理政策，是指企业为应收账款投资进行规划与控制而确立的基本原则与行为规范，包括信用标准、信用期限和收账政策三部分内容。（　　）

5. 营运资金的管理是指流动资产的管理。(　　)

6. 现金持有量过多，它所提供的流动性边际效益便会随之上升，从而使企业的收益水平提高。(　　)

7. 应收账款的功能是指其在生产经营中的作用，主要包括两方面：一是增加销售；二是减少存货。(　　)

8. 现金的短缺成本随现金持有量的增加而下降。(　　)

9. 企业必须对应收账款的总体水平加以监督，因为应收账款的增加会影响企业的流动性。(　　)

10. 存货管理的目标，就是要尽力降低存货成本。(　　)

11. 在存货管理中，与持有存货有关的成本包括取得成本和储存成本。(　　)

12. 企业采用严格的信用标准，虽然会增加应收账款的机会成本，但能扩大商品销售额，从而给企业带来更多的收益。(　　)

13. 现金持有量过多，它所提供的流动性边际效益便会随之上升，从而使企业的收益水平提高。(　　)

14. 收账费用的支出与坏账损失的发生有一定的关系，一般情况下，收账费用支付越多，坏账损失就越少。(　　)

15. 现金的持有额越大，机会成本就越高。(　　)

16. 交易动机是指企业为了应付意外事件而持有的现金准备。(　　)

17. 一般来说，存货周转期和应收账款周转期越长，应付账款周转期越短，营运资金周转期就越长，营运资金数额就越大。(　　)

18. 现金是变现能力最强的非盈利性资产。(　　)

19. 营运资金周转期是指介于企业支付现金与收到现金之间的时间，营运资金周转期＝存货周转期－应收账款周转期＋应付账款周转期。(　　)

20. 通常，延长信用期限可以在一定程度上扩大销售量，从而增加毛利。但是不适当地延长信用期限，会给企业带来不良后果：一是使平均收账期延长，占用在应收账款上的资金相应增加，引起机会成本增加；二是引起坏账损失和收账费用的增加。(　　)

第七章 合并与收购

引 言

合并与收购是企业外部增长的重要形式，企业通过合并与收购使企业得到快速的增长，实现企业的财务目标。同时，能够提高企业的社会声誉，更好地吸引优秀人才为企业服务。

企业合并可能使合并双方的优势得到互补，对双方都有好处，但是，企业合并使企业走向衰败的也不乏例子。从本质上看，收购其他企业是固定资产的投资，不论是合并还是收购，都会对企业的长期发展产生重大影响，都可能要求企业付出巨大的经济代价，因此，任何一个合并或收购的计划都必须谨慎地对待，都需要认真地进行分析。

本章着重探讨企业在合并与收购过程中可能遇到的问题，以及对目标公司的估价方法等。具体内容包括合并与收购的原因、对目标收购公司的估价、合并与收购的支付方式和抵抗收购的方法。

第一单元 合并与收购的原因

目 标

当你学完本单元，应该能够：

- 理解企业合并与收购的方式
- 理解企业合并与收购的原因
- 探讨合并与收购的弊端

一、合并与收购的方式

合并（又称吸收合并）一般是指将两个公司的全部资产和经营业务合在一起，成立一个新公司，原来两个公司的股东成为新公司的股东。

收购（又称兼并）是指一家公司通过购买另一家公司一定数量（该数量足以控制被收购公司）的股票，从而在实质上控制被收购公司。

合并与收购按业务范围可分为下列方式：

◆ 横向联合；
◆ 纵向联合；
◆ 多元化联合。

（一）横向联合

横向联合是指同一行业中的两个或两个以上的生产经营同样产品或劳务的企业之间的联合，联合后可以使资本在同一生产领域集中，扩大生产规模。

（二）纵向联合

纵向联合是指同一行业中生产不同产品或劳务的企业之间的联合，这些企业间往往有“上游”与“下游”的关系，如纺织企业与服装企业。这种联合通常是为了扩大销售网络的前向联合或保障原材料、零配件供应的后向联合。

（三）多元化联合

多元化联合是指产品的生产、销售等没有直接关系的不同行业之间的企业联合。这种联合一般是为了扩大经营范围、分散经营风险。

二、合并与收购的动机

企业进行合并或收购有各种各样的动机，这些动机大致可以分为防护性动机和进攻性动机两大类。防护性动机是企业为了对抗市场的不利情况或竞争压力保护自己而采用的措施。进攻性动机是企业为了利用其他企业的弱点扩展自己而采用的措施。

（一）防护性动机

出于防护性动机的合并或收购既可以是横向联合，也可以是纵向联合。

思考 7.1

企业横向联合时有哪些具体的防护性动机？

提示

企业横向联合的具体的防护性动机主要有下列几点：

◆ 实现规模经营。
◆ 提高生产效率。
◆ 消除竞争。
◆ 实现增长。
◆ 提高企业融资能力。
◆ 获得优质员工。
◆ 获得研究成果、专利等利益。

1. 实现规模经营

任何一种生产和经营，只有当业务量达到一定的规模后，才是经济的，才能有效地提高企业的效益。通过合并，企业可以消除重复的设施，减少重复设置的机构，消除各种重复思考，节约大量经济资源。

2. 提高生产效率

企业合并有利于消除过剩的生产能力，从而提高设备的生产效率。通过合并或收购，可以对两个企业各自的设备进行重新整合，将多余的设备出售或移作他用，避免了企业间各自增加其生产设备而导致的使用效率低下。

3. 消除竞争

维持价格是消除竞争的主要好处，通过收购竞争对手，可以取得对市场的垄断地位，维护垄断价格。垄断经营对消费者是很不利的，同时也不利于新技术、新产品的推出。因此，各国法律、法规对企业合并或收购都有较严格的规定。对于那些可能导致垄断的重大兼并，需要经主管部门的批准。如果主管部门认为合并或收购会导致垄断，就可以不予批准，即使是已经批准的合并或收购，也可能会基于防止垄断的考虑，而对企业的经营领域作出各种限制。

4. 实现增长

实现增长可能是合并与收购的最主要的动机。通过合并与收购，可使企业资本快速集中，实现企业外部增长。特别是优势企业兼并劣势企业，使劣势企业原有的闲置资产得到充分利用，有利于资源的优化配置。

5. 提高企业融资能力

合并与收购一方面扩大了企业的规模；另一方面可以改善企业的资本结构、产权比率等财务指标，有利于树立企业在金融市场上的形象，提高企业市场融资的能力。

6. 获得优质员工

如果企业需要优秀的管理人员或优秀的技术工人而又难以雇用到时，收购另一家管理良好或拥有大量技术人才的企业，是一个行之有效的方法。

7. 获得研究成果、专利等利益

被收购企业如拥有企业所急需的研究成果或专利等，收购后这些研究成果或专利就可以马上为企业所利用，做到取长补短、相互得益。比如，一个公司有产品或专利，但是没有营销渠道或缺少资金，而另一家公司正好有充裕的资金和营销渠道，但是没有好的产品，二者之间的收购就能产生双赢的效果。

思考 7.2

企业纵向联合时有哪些具体的防护性动机?

提示

企业纵向联合的具体的防护性动机主要有下列几点:

- ◆ 保障货源充足。
- ◆ 控制竞争对手的货源。
- ◆ 保护销售渠道。
- ◆ 限制竞争及控制价格。

8. 保障货源充足

企业通过收购供应商,可以改变在原材料、零配件供应上的被动地位,能够更好地控制供货的时间、价格、质量等,有助于企业降低产品生产成本,提高产品销售毛利。

9. 控制竞争对手的货源

企业通过收购供应商从而可以控制竞争对手的货源。这种动机一般被认为是不道德的,主管部门可能会加以干涉或限制。

10. 保护销售渠道

如果企业产品的销售渠道受到他人的威胁,收购是保护自己的一种手段。如果企业产品没有得到营销商的重视和关注,收购也可能是一种有效的手段,这种收购还可以将竞争对手的产品排斥在销售网络之外。

11. 限制竞争及控制价格

与前面已经提到的一样,这种做法将受到主管部门的各种限制。

思考 7.3

企业多元化联合时有哪些具体的防护性动机?

提示

企业多元化联合的防护性动机包括:

- ◆ 分散经营风险。
- ◆ 减少周期性的不稳定。
- ◆ 逐步取代夕阳企业。

12. 分散经营风险

这是多元化联合的最主要的动机。如果企业核心业务市场风险比较高,可以通过收购或合并一些低风险的产业，使企业的整体风险水平得以降低。

13. 减少周期性的不稳定

如果企业经营具有明显的季节性或周期性的特点，那么，收购或合并另一家具有相反季节性或周期性特点的企业，将有助于企业资源的充分利用，稳定企业的生产和利润，降低企业的经营风险和财务风险。

14. 逐步取代夕阳企业

某些行业随着社会经济的发展，将逐步走向衰落，这些企业只有通过多元化联合逐步转换它们的核心产业，以夕阳产业逐步变为朝阳产业。

（二）进攻性动机

思考 7.4

企业合并和收购的进攻性动机有哪些?

提示

进攻性动机包括：

- 进取性增长政策。
- 剥夺资产。
- 融资机会。
- 个人目的。

1. 进取性增长政策

由于采用收购或合并可以快速实现企业的增长，一些产品或经营处于强势的企业就可能主动出击，收购弱势的企业，以达到快速增长的目的。

2. 剥夺资产

有时，企业收购另一家企业，仅仅是因为看中了被收购企业的某些优质资产，而不是其经营能力，如处于较好地理位置的房地产，有市场影响的产品品牌等，尤其是被收购企业由于经营不善而处于股价低迷的时候，这种收购往往是很有效的。

3. 融资机会

通过收购其他企业改善企业的资本结构和财务指标，使企业能够较好地利用被收购企业的多余资金和举债能力，达到获取融资机会的目的。有时收购某一特定企业也可能是为了得到税收上的优惠。

4. 个人目的

这种收购是完全为了满足某些个人的欲望而进行的。如为了建立统一的商业王国，确立行业霸主地位，满足个人对权力的欲望或自尊心、成就感等。

三、合并与收购可能产生的问题

企业合并与收购是企业实现外部增长的重要手段，但是，不适当的收购与合并会产生各种各样的问题，这些问题很多，如果处理不当，将会导致合并或收购失败。

第二单元　对收购目标公司的估价

目　标

当你学完本单元，应该能够：

- 理解评估目标公司股份价值的原因
- 论述各种评估公司和股份价值的方法，进行正确的计算
- 运用估价方法来计算和评价一项收购的价值

一、对收购目标公司估价的目的

收购或合并一家公司的决策，取决于企业的战略目标和期望的收益。一般情况下，对收购目标公司的估价，可以采用如下方法制定一个最高限价：把计划收购的目标公司在某一限定期限内所能获得的预计现金净流量，以资本成本作为贴现率进行贴现的现值作为最高限价。对收购目标公司估价的目的就是确定最高限价是否能为企业所接受。这种做法的困难之处在于，很难预计收购目标公司未来的现金净流量，也很难确定贴现的时间。因此，在大部分情况下，是根据收购目标公司的盈利、估价、净资产等比较容易计量的因素进行估计。

最终交易的价格是在估计价格的范围内，经过双方反复谈判后确立的。如果对方谈判人员较出色，最终价格可能会接近预定的最高限价。如果是敌意的收购，最终价格会受到收购时的股市变动情况和收购目标公司抵抗收购措施的影响。

二、对收购目标公司估价的基础

思考 7.5

企业对收购目标公司进行估价时，一般要考虑的估价基础有哪些？

提示

对收购目标公司进行估价时，一般要考虑的估价基础主要有：

- ◆ 目标公司的市场价值。
- ◆ 目标公司的盈利能力。
- ◆ 目标公司资产的账面价值。
- ◆ 目标公司资产的清算价值。
- ◆ 目标公司的股息率。

（一）目标公司的市场价值

收购的目标公司如果是上市公司，公司当前的股价反映了其市场价值。

（二）目标公司的盈利能力

收购一家目标公司并希望这家公司能继续经营下去，该公司预计今后的盈利水平以及盈利能力是估计目标公司价值的基础。

（三）目标公司资产的账面价值

目标公司的资产账面净值可以作为谈判双方的基点，但是，账面价值往往与公司的实际价值差距较大。

（四）目标公司资产的清算价值

由于清算价值往往由于资产的减值而低于账面价值，故以目标公司的资产价值在清算时的可变现净值为作价的基础。因此，一家公司的清算价值一般低于持续经营的公司价值。

（五）目标公司的股息率

根据市价与股息的倍数进行计算，只有当收购者没有取得目标公司的控制权时，目标公司的股息率水平才是估计价格的重要因素之一。如果取得了控制权，股息水平已经被控制，那么盈利能力才是主要的因素。不过，当收购者要求目标公司的股东放弃部分股息以求得可能的资本收益时，股息率也可能成为重要的因素。

三、估价方法

此处以 Locust 食品公司收购 Ilex 食品公司为例，讲解估价方法。

Locust 食品公司是一家上市公司，主要经营一种老年保健食品，由于保健食品市场广阔，公司发展很快，已经取得了很大的成功。该公司 20×9 年末的汇总资产负债表如表 7—1 所示。

表 7—1　　Locust 食品公司 20×9 年 12 月 31 日的资产负债表　　单位：千元

项目	1	2
固定资产		2 000
流动资产	3 200	
减：流动负债	700	
净流动资产		2 500
可运用资本		4 500
股东资金（面值为 0.50 的普通股）		2 000
储备（盈余积金）		1 000
公司债券（十年期，利率为 8%）		1 500
		4 500
近三年的税后利润（税率为 50%）		
20×7 年		790
20×8 年		800
20×9 年		900

Locust 食品公司为了提高产量，进一步扩展市场，打算向 Ilex 食品公司提出收购。Ilex 食品公司专门经营一种与 Locust 食品公司产品相近的老年保健食品，如果收购成功，Locust 食品公司将形成系列产品，有利于公司的发展。Ilex 食品公司不是上市公司，20×9 年末的资产负债表如表 7—2 所示。

表 7—2　　Ilex 食品公司 20×9 年 12 月 31 日的资产负债表　　单位：千元

项目	1	2
固定资产		700
流动资产	1 200	
减：流动负债	400	
净流动资产		800
可运用资本		1 500
股东资金（面值为 0.50 的普通股）		700
储备（盈余积金）		300
公司债券（十年期，利率为 7%）		500
		1 500
近三年的税后利润（税率为 50%）		
20×7 年		230
20×8 年		250
20×9 年		270

两个公司的有关财务指标如表 7—3 所示。

表 7—3

项目	Locust 食品公司	Ilex 食品公司
运用资本报酬率	40.27%	38.33%
利润增长率	12.50%	8.00%
近三年平均盈利		
税前（千元）	1 660	500
税后（千元）	830	250
每股盈利（元）	0.225	0.192 9
股票市价（元）	3.375	
盈利收益率	6.67%	
市盈率	15	
每股股息	0.20	0.18
股利率	5.93%	

（一）市场价值法

由于 Ilex 食品公司不是上市公司，因此不适合采用市场价值法对其进行估价。如果是上市公司，以每股股票市价乘以股数来估计目标公司的价值。

（二）盈利能力法

采用盈利能力法估计目标公司的价值时，首先要确定一个适当的市盈率，以便计算目标公司的资本价值；其次要选择 Ilex 食品公司适当的盈利水平。由于市盈率和盈利水平的选择有较大的自由度，因此，如何选择往往是双方谈判的焦点。

对于像 Ilex 食品公司这样不上市的公司，可以比较接近的同类公司的市盈率为基准点，这个基准点一般反映了市场对该类公司的评价。由于私人公司与上市公司在很多方面存在较大的差异，因此，通常的做法是在选择的基准点市上适当降低 20%左右，作为估价用的市盈率。如 Locust 食品公司的市盈率为 15，可以降低 20%作为计算市盈率的基准点。

对目标公司的盈利水平可以有多种的选择，如当前盈利水平、三年或五年平均盈利水平、过去某一时期的盈利水平、将来预计的盈利水平等。以下是几种通常采用的盈利能力法对 Ilex 食品公司进行估价的计算过程。

1. 估价 1——基于最近盈利水平

Ilex 食品公司的估价如表 7—4 所示。

表 7—4　　单位：元

Ilex 食品公司的每股盈利	0.192 9
Locust 食品公司的市盈率	15
估价采用的市盈率（15×80%）	12
估计股票价格（0.192 9×12）	2.31

2. 估价 2——基于平均盈利水平

Ilex 食品公司的估价如表 7—5 所示。

表 7—5

单位：元

Ilex 食品公司三年平均盈利（千元）	250
平均每股盈利（250÷1 400）	0.178 6
每股股票价格（0.178 6×12）	2.14

3. 估价 3——基于体现收购公司营运资本报酬率的盈利水平

假设 Ilex 食品公司被收购后马上能够达到 Locust 食品公司的运用资本报酬率，根据 Locust 食品公司的运用资本报酬率估计 Ilex 食品公司价值。

Ilex 食品公司的估价如表 7—6 所示。

表 7—6

单位：千元

Ilex 食品公司的运用资本	1 500
Locust 食品公司的运用资本报酬率	40.27%
息税前利润（1 500×40.27%）	604
减：债券利息（500×7%）	35
税前利润	569
税项（50%）	284.50
税后利润	284.50
每股盈利（元）（284.50÷1 400）	0.203 2
每股股票价格（元）（0.203 2×12）	2.44

4. 估价 4——基于预计的盈利水平

预计目标公司被兼并后能够达到收购公司的利润增长率，基于预计的盈利水平就是以预计增长后的利润进行估计。

假设 Ilex 食品公司被收购后能够达到 Locust 食品公司的利润增长率，根据 Locust 食品公司的利润增长率估计 Ilex 食品公司价值。

Ilex 食品公司的估价如表 7—7 所示。

表 7—7

单位：千元

Ilex 食品公司三年平均盈利	250
增长后的利润 [250×(1+12.5%)]	281.25
每股盈利（元）（281.25÷1 400）	0.20
每股股票价格（元）（0.20×12）	2.40

5. 估价 5——基于收购公司所要求的运用资本报酬率

Ilex 食品公司的估价如表 7—8 所示。

表 7—8　　单位：千元

Locust 食品公司的运用资本报酬率	40.27%
Ilex 食品公司的净利润	270
加：税款	270
税前利润	540
加：公司债券利息（500×7%）	35
息税前利润	575
按 Locust 食品公司的运用资本报酬率计算的运用资本（575÷40.27%）	1 427.86
每股价值（元）（1 427.86÷1 400）	1.02

（三）账面价值法

按目标公司的账面净资产计算每股价值。

Ilex 食品公司的估价（估价 6——账面价值法）如表 7—9 所示。

表 7—9　　单位：千元

Ilex 食品公司的运用资本	1 500
减：长期债券	500
Ilex 食品公司的账面净资产	1 000
每股账面价值（元）（1 000÷1 400）	0.71

（四）清算价值法

按重新估计的资产价值计算，即按每项资产和负债清算中预计可以收回的现值来计算企业的净值，并进一步计算每股股票的净值，以确定目标公司的价值。

Ilex 食品公司的估价（估价 7——清算价值法）如表 7—10 所示。

表 7—10　　单位：千元

项目	1	2
固定资产（按估价）		900
流动资产（以账面价值的 80%计算）		960
总资产价值		1 860
减：流动负债	400	
长期债务	500	
		900
企业净值		960
每股价值（元）（960÷1 400）		0.69

（五）股息法

股息法是以收购公司的市价对股息的倍数进行估计，股息倍数可以按“每股市价÷每股股息”进行计算。

Ilex 食品公司的估价（估价 8——股息法）如表 7—11 所示。

表 7—11

Locust 食品公司的股息倍数（3.375÷0.20）	16.875 倍
Ilex 食品公司的股票价格（0.18×16.875）	3.04 元

从上面介绍的八种估价方法中可以看出，每种方法都有一定的理论依据支持，也可以从这些理论中引申出更多的估价方法，但是，每种估计方法估算的结论相差很大。这说明估计的目标公司价格仅仅是谈判的基础，实际支付的价格是在估计价格的基础上经过反复谈判最终达成的。

第三单元　合并与收购的支付方式

目　标

当你学完本单元，应该能够：

- 了解常用的支付方式以及要考虑的因素
- 评价收购中股票支付方式
- 评价公司股东的影响和市场价值的影响
- 理解杠杆收购的含义和风险
- 理解以盈利为对价的收购的含义

一、常用的支付方式以及要考虑的因素

（一）常用的支付方式

收购公司可以多种支付方式作为收购、合并的对价，最常见的有现金和股票，其他如债券、优先股等有时也被作为收购股份的对价，甚至可以将几种支付方式组合使用。

思考 7.6

收购一家目标公司对收购公司而言，选择支付方式时要考虑哪些因素？

提示

选择支付方式时，收购公司要考虑的因素有：

◆ 公司目前现金是否足够。
◆ 对企业资本结构的影响。
◆ 资本成本。
◆ 每股盈利的变动。
◆ 控制权稀释。

（二）收购公司选择支付方式需考虑的因素

1. 公司目前现金是否足够

以支付现金方式收购一家公司，现金的需要量很大，只有收购公司拥有充足的现金，这种支付方式才是可行的。

2. 对企业资本结构的影响

如果收购公司现金不足，采用现金收购就可能增加公司额外的借款，这种额外的借款将会影响企业的资本结构，增加公司债务资本的比重和财务风险。同样，合并后的公司，也可能因为被收购的目标公司负债较大，而影响收购公司的资本结构。因为在收购公司的合并报表上，权益是要抵消的，而债务要在合并资产负债表上反映。如果以借款为基础的现金支付方式会引起收购公司资本结构失衡，增加收购公司的财务风险，那么这种选择是不明智的。

3. 资本成本

通过借款来筹集现金，用于支付目标公司的股份对价，资本成本相对比较低，因为借款的利息是在税前列支的。

4. 每股盈利的变动

现金支付不会增加股份的总数；追加发行股份将增加总股数，如果盈利的增长小于股份数量的增加，每股盈利就会被稀释，这对老股东而言是不愿意接受的。此外，由于增发股份，老股东每股股份所包含的权益也被稀释了。

5. 控制权稀释

以现金为支付方式由于不增加总股数，对收购公司原有股东的控股比例没有影响；而追加发行股份由于增加了总股数，使原股东的控股比例稀释了，如果发行股份的数量较大，就可能使原股东的控股权发生转移。

思考 7.7

就目标公司而言，在接受支付方式时要考虑哪些因素？

提示

目标公司在接受支付方式时要考虑的因素有：

◆ 收入水平。

◆ 税务限制。
◆ 丧失控制权。

（三）目标公司接受支付方式需考虑的因素

1. 收入水平

对于目标公司的股东来讲，收入水平可能是决定是否接受收购的最重要的因素。如果以现金支付的方式，扣除交易成本后，实际收到的现金不能小于目前的市价或以市价为基准的价格，否则，是不能接受的。如以追加股份方式支付，新股的收益不能低于老股，因此，收购公司为了使收购能够成功，往往以更高的资本报酬或更高的股息率来弥补老股东的收入上的预期不足。此外，由于增加了总股数，股票市价会有所下降，增加了股价上升的空间，对今后股价上升比较有利。

2. 税务限制

对于目标公司的股东来讲，收取现金和得到股份在税务上是不同的。直接收取现金往往会被要求缴纳更多的税金，而得到股份则可能没有这种后果，因此，股东能够继续维持其股份投资是比较理想的选择。

3. 丧失控制权

目标公司的股东如果是企业的高层管理人员，目前控制着公司，并且有较丰厚的报酬，那么他们对收购后控制权的丧失是最关心的。他们可能在新公司中失去过去的权势，甚至成为多余的人而面临失业的危险，因此，能否保住控制权对他们来说是至关重要的事情。

二、支付方式对股东的影响

不同的支付方式对合并双方的股东都会产生一定的影响。下面以上一单元的 Locust 食品公司收购 Ilex 食品公司的例子，进一步讨论支付方式对股东的影响。

假设 Locust 食品公司与 Ilex 食品公司最后谈判商定以 Ilex 食品公司最近一年的盈利为基础，以 20%的增长率来确定每股盈利，并以每股盈利为基础，按 12 倍的市盈率计算每股股票的收购价格。

Ilex 食品公司的预计每股盈利和股票价格计算如表 7—12 所示。

表 7—12 单位：千元

项目	金额
Ilex 食品公司最近一年的盈利	270
增长后的利润［270×(1+20%)］	324
每股盈利（元）(324÷1 400)	0.231 4
每股股票价格（元）(0.231 4×12)	2.78

假设 Locust 食品公司将以支付公司股票的方式合并 Ilex 食品公司，因此，先要计算

出股份转换率。由于要吸引 Ilex 食品公司股东在收购要约期满前愿意转让他们的股份，通常采用稍低于市价的转让价格进行转让。确定转换率后，可能由于市场对 Locust 食品公司的未来发展有不同的看法而使股票价格发生较大的变动，因此，转换价格的吸引力也会有所波动。

思考 7.8

1. Locust 食品公司需要发行多少新股才能进行收购？
2. 收购完成后，Locust 食品公司的每股盈利是多少？
3. 收购完成后，对原来两个公司的股东收益有何影响？

提示

1. 计算 Locust 食品公司需要发行的股数。Locust 食品公司对 Ilex 食品公司的股份转换率为 0.8（2.78÷3.375），即 1 股 Ilex 食品公司的股票换 0.8 股 Locust 食品公司的股票，或以整股计算为 10 股换 8 股。因此，Locust 食品公司需要发行的股数为 1 120 000 股（1 400 000×0.8）。

2. 收购以后，Locust 食品公司的每股盈利如表 7—13 所示。

表 7—13 单位：千元

项目	金额
Locust 食品公司现有盈利	900
Ilex 食品公司的盈利	270
总盈利	1 170
总股数（股）（4 000 000+1 120 000）	5 120 000
每股盈利（元）（1 170 000÷5 120 000）	0.23

3. 对于 Locust 食品公司的股东来讲，由于是按 10 股换 8 股的比率支付，因此每股盈利没有因此而被稀释，股东们应该是可以接受的，而且，收购后由于预期的协力优势，盈利将增加。对于 Ilex 食品公司的股东来讲，每股盈利出现了小幅下降，由原来的 0.193 元降为 0.184（0.23×0.8）元，由于 Ilex 食品公司不是上市公司，要加上股东对未来盈利的期望，因此，这种小幅下降是可以接受的。

应该注意的是，当转换率大于 1 时，收购公司每股收益往往会被稀释。

三、支付方式对股票市价的影响

两个上市公司合并，将对股票的市场价格造成影响，合并双方的股东都有可能立即得到好处。以下面的例子加以说明（见表 7—14）。

表 7—14 单位：元

项目	A公司	B公司
公司盈利	600 000	100 000
股份数量	1 200 000	400 000
每股盈利	0.50	0.25
市价	9	2.50
市盈率（倍）	18	10

如果A公司以每股3元的价格收购B公司的股份，并且全部以A公司的股份作为支付，则按收购价计算的股份转换率为0.333（3÷9），即每3股B公司的股份可以换1股A公司的股份。

对于作为目标公司的B公司的股东来讲，收购价与市价的比率是1.2（3÷2.50），每股升值了0.5元。只要收购价与市价的比率大于1，目标公司的股东就能够从股价升值中获益。

对作为收购公司的A公司的股东而言，收购对合并后公司的每股盈利的影响见表7—15。

表 7—15 单位：元

A公司的盈利	600 000
B公司的盈利	100 000
合并公司盈利	700 000
A公司原有股份数量（股）	1 200 000
收购增发股份数量（股）（400 000×0.333 333）	133 333
合并公司股份数量（股）	1 333 333
合并公司每股盈利（700 000÷1 333 333）	0.525

如果按A公司的市盈率计算，合并后的公司股价将会是9.45元。因此，在A公司市盈率不变的假设下，A公司的股东也能从市场价值中获益。通常，这种情况发生在高市盈率的公司对低市盈率的公司的收购中。

四、杠杆收购

杠杆收购（leveraged buyout），是指以被收购公司的资产和将来的收益能力作为抵押，筹集资金用于收购行为的一种财务管理活动。杠杆收购的特点是利用高负债融资，通常运用杠杆收购的主体是目标公司的管理者或经理层，由能通过借债融资收购的目标公司内部管理人员安排，又称管理层收购，通常需要有风险资本家和投资银行的支持。

管理层可能基于以下理由而进行收购：

- ◆ 追求公司规模的增长，因为他们的报酬、津贴、地位和权力与公司规模相联系。
- ◆ 发挥其未充分利用的管理能力和管理技巧。
- ◆ 降低财务成本和公司破产的风险。

◆ 避免被并购。

思考 7.9

杠杆收购或管理层收购有很多特点，请说出其中三项。

提示

你的回答可能是下列中的三项：

◆ 杠杆收购融资的财务比率非常高，十分适合资金不足而又对公司情况熟悉的公司管理层。
◆ 杠杆收购既适用于国有企业的私有化，也适用于跨国、跨行业的集团公司的改组和非集团化改造。同时，可以满足基层经理人员的创业尝试。
◆ 贷款由拟收购公司的资产和比较可靠的未来收益能力作为保证，银行及其他金融机构比较容易接受贷款申请。
◆ 由于被收购公司在收购交易中一般出售价格低于其实际价格，故有时可以得到意外的收益。
◆ 有利于调动管理层参股者的工作积极性，提升公司的收益能力。

思考 7.10

进行杠杆收购时，管理层所任职的公司一般需要具备什么条件，才能使收购计划得以实现？

提示

要使杠杆收购得以成功，就必须具备下列条件中的一部分或全部：

◆ 公司经营比较稳定，收益水平一直比较高。
◆ 公司现金流量比较稳健，预期有稳定的现金流入以偿还到期的债务。
◆ 公司的经营管理水平比较高，主要经营者的管理水平和能力较强，有一支经验丰富的管理队伍。
◆ 公司具有比较明显的市场竞争优势，产品的市场占有率较高，能抵御经济的周期波动。
◆ 公司财务状况良好，负债率较低。
◆ 公司拥有具有良好抵押价值的固定资产和比较充足的流动资金，并且有良好的流动性。
◆ 在偿还收购负债期间，没有大额的资本投资或基础设施投资。
◆ 有合理健全的长期发展计划，公司增长速度合理。
◆ 公司不是资本高度密集型的企业。

（一）劣级债券

在很多情况下，杠杆收购是通过发行高盈利率的债券方式进行的。这种债券是没有被权威的评级机构颁发投资等级的公司债券，其利息率一般较高，但是往往担保不足，因此风险很高，被称为劣级债券或垃圾债券。此类债券由投资银行发行，购买者一般是各种机构和个人，同时，发行债券的投资银行通常会自行留存部分债券作为投资。

（二）杠杆收购的风险

杠杆收购特别是管理层收购由于保留了原有的管理人员，可以减少经营风险和有效应对所增加的财务风险，也可以赋予原管理层进一步改进公司经营的动力，因此通常是很有效的。但是，杠杆收购也具有较高的风险，主要是内在的高财务风险。第一，杠杆收购是一个系统工程，在实施过程中需要进行周密的策划，掌握恰当时机。一旦计划不周，就会导致失败，使公司掉入债务陷阱。第二，如果原来公司的经营困难主要是管理层问题，保留原有的管理人员可能成为收购后公司经营失败的主要原因。

五、以盈利为对价的收购

如果一项收购是以被收购的目标公司预期的未来盈利作为支付的对价，即以目标公司被收购后所产生的盈利来支付部分或全部收购对价，在估计和确定目标公司的每股价值时，应将公司未来收益作为变数。如目标公司今后若干年内盈利达到一定的水平，收购每股股票的价格就会提高，如果达不到，则价格就会降低。一般以认股权证的形式进行。采用此方法进行支付，由于收购对价与未来目标公司的收益联系在一起，因此风险比较小，降低了融资成本。

以盈利为对价的收购方式适用于收购各种服务业公司，一般要保留目标公司原有的管理人员。因为服务业公司通常没有重大资产可以作为股价估计的基础，公司最重要的资产可能就是经验丰富的管理人员和业务人员。

第四单元　抵抗收购

目　标

当你学完本单元，应该能够：

- 说明公司抵抗收购的原因
- 了解公司抵抗收购可能运用的方法
- 理解反对垄断的法规限制
- 理解上市公司恢复私营地位的理由

一、抵抗收购的原因

一家公司成为其他公司收购的目标公司，往往存在一个或几个方面的缺陷，对于公司的股东而言，可能希望被有实力的公司兼并，这种两相情愿的收购称为善意收购，但是，在有些情况下，目标公司的股东可能不愿意被收购，收购公司就可能采取一定的手段强行收购，这就是所谓的敌意收购。当公司不愿意被收购时，就有可能采取各种策略和手段来抵抗敌意收购。抵抗收购要付出高昂的成本和费用，很难简单地得出抵抗收购对股东究竟是有利还是有弊的结论，事实上问题可能要复杂得多。

思考 7.11

一家公司抵抗收购的原因有很多，请列出其中三条。

提示

你列出的公司抵抗收购的原因可能是下面几条中的三条：

- 对公司有控制权的股东，不愿意放弃公司控制权。
- 股东兼任主要管理人员，收购后将失去原来的职位。
- 收购公司的报价不能满足股东的要求。
- 收购公司的支付方式不能满足股东的要求。
- 企业文化差异很大。
- 收购公司以股份交换方式进行收购，目标公司股东对收购公司的股票没有信心。
- 政治或民族感情。
- 股东对公司有感情。

二、抵抗收购的策略

如果敌意收购的目的是为股东创造价值，那么最佳的防御手段是确保公司的经营和战略产生效益，提高毛利和每股收益。当然，单纯这样做可能还不足以提高公司的市场价值。在发生收购时，管理层和经理人员可能是抵抗收购的主要力量，他们可能会担心失去工作、地位、权利、威望和其他心理优势。如果经理人员接受收购，那很可能是因为收购后给予的待遇更好。面对收购，管理层要加强对公司的管理，提升公司的经济实力，抑制使公司成为收购对象的趋势。因此，抵抗收购应该从收购还没有发生时开始。一旦收购要约已经发出，再奋起抵抗可能已经晚了，而且，抵抗收购的成本也比较高。

思考 7.12

收购要约发出前，目标公司可以采用的抵抗收购的策略有哪些？

提示

收购要约发出前，目标公司可以采用的抵抗收购的策略有：

◆ 董事轮换制。
◆ 绝对多数条款。
◆ 双重资本重组。
◆ “毒丸”计划。

（一）董事轮换制

董事轮换制是指在公司章程中规定，每年只能更换 1/3 或更少比例的董事，这意味着即使收购者拥有公司绝对多数的股权，也难以马上获得目标公司董事会的控制权，使收购者不可能马上改组目标公司，这样就降低了收购者的收购意向，并提高收购者获得财务支持的难度。一般来讲，董事轮换制对股价影响较小，是一种有效的预防和抵抗收购对策。

（二）绝对多数条款

绝对多数条款是指在公司章程中规定，公司的合并需要获得绝对多数的股东投赞成票，这个比例通常为80%，同时，对这一反收购条款的修改也需要绝对多数的股东同意才能生效。这样，敌意收购者如果要获得具有绝对多数条款公司的控制权，通常需要持有公司很大比例的股权，这在一定程度上增加了收购的成本和难度。

（三）双重资本重组

双重资本重组是将公司股票按投票权划分为高级股票和低级股票两种，低级股票每股只拥有一票的投票权，高级股票每股拥有十票的投票权，但高级股票派发的股息较低，股东不能随意出售，市场流动性较差，低级股票派发的股息较高，市场流动性较好。高级股票可以转换为低级股票，低级股票不能转换为高级股票。如果经过双重资本重组，公司管理层掌握了足够的高级股票，公司的投票权就会发生转移。即使敌意收购者获得了大量的低级股票，也难以取得公司的控制权。双重资本重组是一种有效的反收购对策。由于将投票权集中到公司的管理者手中，可以阻止敌意收购者通过收购发行在外的股票而控制公司。

（四）“毒丸”计划

“毒丸”计划又称“焦土战略”，是指目标公司为避免被其他公司收购，在公司章程中预先制定一系列会使兼并者对目标公司失去兴趣的规定，这些规定就是“毒丸”。它们在目标公司手中时，其“毒性”不会发作，一旦目标公司遇到收购袭击，“毒丸”计划就会启动，从而使收购公司深受其害。其主要表现在：稀释收购者手中的股份、增加收购者的收购成本等。

“毒丸”计划的类型主要有以下几种。

1. 优先股计划

目标公司发行一系列带有特殊权利的优先股，按照该计划，当遇到收购时，优先股股东可以要求公司按过去一年中大宗股票股东购买普通股或优先股的最高价以现金赎回优先股，或公司赋予优先股股东在公司被收购后以溢价兑换现金的权利。这样可以增加收购者的收购成本，遏制其收购的企图。

2. "降落伞"计划

该计划规定收购者在完成对目标公司的收购以后，如果在人事安排上有所变动，就必须对变动者一次性支付巨额补偿金，如高额养老金、退休金、离职补偿金等。这样通过加大收购公司的收购成本而在一定程度上阻止了收购行为。

3. "毒丸"债券计划

当目标公司面临收购威胁时，可抢先发行大量债券并规定：在目标公司的股权出现大规模转移时，债券持有人可要求公司立即兑付。这样就会使收购公司面临着收购后需立即支付巨额现金的财务困境，从而降低其收购目标公司的兴趣。也可以发行大量可转换债券，当目标公司被收购时，可以马上转为普通股。

4. 认股权证计划

这一计划授权目标公司的股东按照一种很高的折价去认购目标公司股票的认股权证，或是认购成功收购公司股票的认股权证。当收购行为发生时，权证投资人可将认股权证换成公司的普通股，从而稀释收购者的股本。对于敌意收购来说，这是一项有力的抵抗收购对策，能在很大程度上阻止收购，而它对目标公司股价和股票收益的影响并不显著。

思考 7.13

收购要约发出后，目标公司可以采用的抵抗收购策略有哪些？

提示

收购要约发出后，目标公司可以采用的抵抗收购策略有：

- ◆ 通告股东。
- ◆ 特定目标的股票回购。
- ◆ 诉诸法律或向垄断委员会求助。
- ◆ 资产收购和资产剥离。
- ◆ 邀请"白衣骑士"。
- ◆ 反收购。
- ◆ 管理层收购。
- ◆ 资产重估。
- ◆ 游说反垄断部门或政客。
- ◆ 死亡换股。

（五）通告股东

董事会可以通知股东，努力说服他们保留手中的股份，向股东通报公司近期的经营业绩和已经或即将采取的提升公司实力的计划或措施，让股东们相信公司的未来发展前景很好。其目的是让股东认为收购公司的出价是过低的，不符合股东的长远利益。如果收购公司以股份交换的方式进行收购，要设法让股东了解收购公司的股票价格是被人为抬高的，维持不了多久，而本公司的股票上升空间很大。

（六）特定目标的股票回购

这些交易有时也被称为“讹诈赎金”或“绿色邮包”，当公司从单个股东或一组股东手中购回其持有的相当数量的公司普通股时才会发生，这样的股票回购经常是溢价成交，而且回购并不适用于所有股东。特定目标的股票回购可以作为反收购的一种手段，它可以促使收购公司把股票出售给目标公司并赚取一定的利润，从而放弃进一步收购的计划。

（七）诉诸法律或向垄断委员会求助

这是最普通的抵抗收购的对策之一，目标公司向法院或垄断委员会提出收购有可能导致垄断，并提起法律诉讼或要求垄断委员会干涉。这种做法可以使收购者提高其收购价格，或为了避免法律诉讼而放弃收购，也可以拖延收购时间，从而鼓励其他竞争者参与收购。

（八）资产收购和资产剥离

将目标公司的资产结构进行改变可以作为抵抗收购的措施之一，这种对策包括将收购者希望得到的资产从公司剥离或出售，这些资产常被称为“皇冠上的明珠”，或者购入收购公司不愿意得到的或某些可能会引起反垄断法或其他法律上的麻烦的资产。这些对策的目的在于减少目标公司在收购者心中的吸引力，并提高收购者为此要付出的代价。这种措施通常会降低目标公司资产的质量和股票的价格。

（九）邀请“白衣骑士”

当遭到敌意收购时，目标公司邀请一个友好公司，即所谓的“白衣骑士”作为另一个收购者，以更高的价格来对付敌意收购，从而使自己被“白衣骑士”收购。通常，如果敌意收购者的收购出价不是很高，目标公司被“白衣骑士”拯救的可能性就较大；如果敌意收购者提出的收购出价很高，那么“白衣骑士”的成本也会相应提高，目标公司获得拯救的可能性就减少。

（十）反收购

又称“帕克门”战略。当敌意收购者提出收购要约时，目标公司针锋相对地对收购公司发动进攻，也向收购公司提出收购要约。反收购是一种非常残酷的抵抗收购的策略，最后的胜利者往往是那些实力雄厚、融资渠道广泛的公司。如果收购战的双方实力相当，最后的结果很可能是两败俱伤。

（十一）管理层收购

当目标公司遇到恶意收购时，公司的管理层通过一定的渠道筹措资金，收购其所在公司的大部分股权，达到继续控制目标公司的目的。管理层收购的前提是目标公司确实具有价值和发展的潜力，只是由于一时的原因导致其经营业绩较差，从而成为收购公司的收购对象。

（十二）资产重估

重估房产、无形资产和品牌等，向股东显示公司的潜在价值，示意收购公司的出价对目标公司来讲是过低的。

（十三）游说反垄断部门或政客

动员工会或工人，争取让他们去游说反垄断部门或政客，并批评收购方对目标公司的计划。也可以动员顾客或供应商，争取让他们游说反垄断部门或表示如果收购成功，就会损坏公司与顾客、供应商的关系。还可以通过广告、记者招待会等方式，掀起损害收购公司名誉的传媒宣传活动。

（十四）死亡换股

死亡换股是目标公司通过发行债券、优先股等手法，以交换发行在外的普通股，从而减少流通股数，以便抬高股价，增加收购公司的成本。但这种操作有时反而会被收购公司利用，因此风险较大。

三、恢复私营地位

一家公开上市公司的股票，是可以在证券市场上随时买卖的。相对于私人公司而言，上市公司更容易遭到不受欢迎的敌意收购。私人公司由于股票转让有不少限制，遭到敌意收购的可能性要小得多。因此，有些公开上市公司为了抵抗敌意收购而将自己转为私人有限公司。

思考 7.14

除了抵抗敌意收购以外，一家上市公司转为私人有限公司的原因还有哪些？

提示

除了抵抗敌意收购以外，一家上市公司转为私人有限公司的原因还有：

◆ 加强控制权。
◆ 减少来自公众的监督。
◆ 减少管理费用。
◆ 避免短期行为。

（一）加强控制权

公开上市的公司恢复为私人公司，股份的转让将受到限制，各个股东的股份比例相对比较稳定，主要股东可以巩固他们的所有权和对公司的控制权。

（二）减少来自公众的监督

一家在证券交易所上市的公司，必须根据规定即时披露有关的经营情况和财务状况，公司将会成为投资分析家、金融记者、证券交易所管理者和社会投资公众密切监督的对象。有些公司可能不希望这种透明度较高的经营方式，倾向于较隐蔽地经营和开展业务。

（三）减少管理费用

上市公司要遵守证券交易的相关法规，要维护公司在证券市场上的形象，这些都会增加公司的管理费用，有些公司可能认为上市的好处不足以抵消管理费用的增加所带来的损失。

（四）避免短期行为

股东对股票价格在证券市场上的变动非常敏感，尤其是中小股东，他们总希望手中的股票价格每天都会有所上升，要求公司能够在短期内提供良好的业绩，股东的这种期望给公司造成很大的压力。如果公司的业务是长期性的，目前的效益不佳，但长远效益很好，这时转为私人公司就可以着眼于长远利益而不必考虑当前股票的涨跌。

四、分解和摒弃

（一）分解

分解与合并正好相反，是将一个法人组织分割为两个或两个以上相互分离的、相互独立的经济实体。

思考 7.15

找出公司实行分解的两条理由。

提示

你的答案可以是下面几条中的两条：

- 经营困难，不能获利。
- 与总公司的战略计划不协调。
- 具有较高的经营风险。
- 分解为独立实体更有利于公司的发展。
- 有利于维护公司在股票市场上的形象。

（二）摒弃

摒弃就是公司将其一部分卖给其他公司。被出售的部分可以是一项资产、一个经营分部或分支机构、一个产品系列等。

摒弃通常被作为一项公司资本重整计划的实施部分，公司资本重整计划就是公司重新组织它的资本结构的计划。当一家公司面临被清算的危险时，就可能会通过重整计划进行挽救。同样，当公司面临被收购时，也可能会考虑实施重整计划。

采用摒弃方式将公司的一部分剥离，可能有各种不同的原因。作为一项重组计划的重要组成部分，摒弃可能是对公司未来发展具有战略意义的措施。

思考 7.16

请说明公司将摒弃作为一种重组形式加以实施的两条主要理由。

提示

你的回答可能是以下几条中的两条：

- 确保公司生存。
- 集中和巩固公司核心业务。
- 增加公司的价值。
- 缩小公司规模。

1. 确保公司生存

将不盈利或亏损的部分出售，既可以使公司丢掉包袱轻装上阵，也可以为公司筹措到宝贵的现金资源。当公司发生财务困难时，甚至将获利的部门也出售，以获得必要的资金，用于挽救公司和推行公司重整计划。

2. 集中和巩固公司核心业务

公司有时为了分散经营风险会将业务扩展到其他领域，但是，往往会发现把资本投在自己不熟悉的、没有竞争力的业务上得不偿失，如果把业务集中在具有竞争优势的业务上，可能获利更加丰厚，因此，公司就有可能将不属于核心业务的部分出售，以便集中财力、精力从事其核心业务。

3. 增加公司的价值

可能由于投资者对集团经营的业务形式没有充分的认识，或者认为公司管理层没有能力经营他们不擅长的业务，致使公司的股票价格令人失望。此时，适当地将不盈利的部分出售可以改善公司的财务指标，向投资者发出利好的信息，以改善公司股票在股票市场上的表现。

4. 缩小公司规模

这是改变公司过度经营的主要手段。一家大型公司可能会发现，它很难控制其各式各样的业务活动，这使得公司决策过程缓慢，行政管理费用很高。如果缩小公司经营规模，则有利于及时对市场信息做出反应，提高经营决策的效率，也有利于压缩管理费用，提高公司营运资本报酬率。

自测题

一、单项选择题

1. 下列各项中，不是合并与收购按照业务范围分类的方式是（ ）。

A. 横向联合 B. 纵向联合 C. 混合联合 D. 多元化联合

2. 某钢铁公司收购一家铁矿石开采企业的方式是（ ）。

A. 横向联合 B. 纵向联合 C. 混合联合 D. 多元化联合

3. A 啤酒公司收购 B 啤酒公司的方式是（ ）。

A. 横向联合 B. 纵向联合 C. 混合联合 D. 多元化联合

4. 下列各项中，不属于企业横向联合时的防护性动机的是（ ）。

A. 实现规模经营 B. 提高生产效率 C. 分散经营风险 D. 消除竞争

5. 下列各项中，属于企业纵向联合时的防护性动机的是（ ）。

A. 实现规模经营 B. 限制竞争 C. 分散经营风险 D. 消除竞争

6. 下列各项中，属于企业多元化联合时的防护性动机的是（ ）。

A. 提高生产效率 B. 保护销售渠道 C. 减少周期性波动 D. 消除竞争

7. 遭受敌意收购的目标公司为了避免遭受敌意收购者的收购而自己寻找善意的收购者，这是（ ）策略。

A. “毒丸” B. “降落伞” C. “白衣骑士” D. “帕克门”

8. 下列各项中，不属于杠杆收购现金来源的是（ ）。

A. 普通股 B. 优先股 C. 债券 D. 同业拆借

9. 目标公司董事会决议，如果目标公司被收购，高层管理者被革职可以得到巨额补偿金，以提高收购成本，这种反收购策略是（ ）。

A. “毒丸”计划 B. “降落伞”计划

C. 邀请“白衣骑士”　　D. “帕克门”战略

10. 下列估计方法中，着眼于资产的未来收益能力的是（　　）。

A. 市场价值法　　B. 账面价值法

C. 清算价值法　　D. 流动现金流量法

11. 下列各项中，不属于换股支付方式特点的是（　　）。

A. 不需要支付大量的现金　　B. 不影响收购公司的现金流量状况

C. 目标公司股东不会失去所有权　　D. 获得财务杠杆利益

12. 下列企业中，不宜作为杠杆收购对象的是（　　）。

A. 食品加工业　　B. 高科技企业　　C. 纺织业　　D. 零售业

13. 收购方可以获得大量财务杠杆利益的收购支付方式是（　　）。

A. 现金支付方式　　B. 换股支付方式　　C. 卖方融资　　D. 杠杆收购

14. 通过收购股权而使收购方成为被收购方的股东，在这种情况下，收购方应（　　）。

A. 只承担被收购方的债权　　B. 只承担被收购方的债务

C. 不承担被收购方的债权和债务　　D. 承担被收购方的债权和债务

15. 由收购方直接发行某种形式的票据完成收购，这种支付方式属于（　　）。

A. 换股支付　　B. 现金支付　　C. 综合证券　　D. 杠杆收购

16. 下列不属于公司将摒弃作为一种重组形式加以实施的理由是（　　）。

A. 确保生存　　B. 增加公司的价值

C. 扩大公司规模　　D. 集中和巩固公司的核心业务

17. （　　）是目标公司通过发行债券、优先股等手法，以交换发行在外的普通股，从而减少流通股股数，以便于抬高价格，增加收购方的成本。

A. 反收购　　B. 管理层收购　　C. 资产重估　　D. 死亡换股

18. 如果并购后的公司价值超过合并前各公司价值的简单代数和，则这种合并的动因是（　　）。

A. 扩大市场份额　　B. 企业发展

C. 协同效应　　D. 管理层利益驱动

19. 运用贴现现金流量法对目标公司的价值进行估价，所确定的是收购公司愿意接受的（　　）。

A. 最高价格　　B. 最低价格　　C. 平均价格　　D. 中间价格

20. 目标公司抵抗收购的原因不包括（　　）。

A. 收购公司的报价不能满足股东的要求

B. 企业文化差异很小

C. 政治或民族感情

D. 收购公司的支付方式不能满足股东的要求

二、多项选择题

1. 合并和收购按照业务范围可分为（　　）。

A. 横向联合　　B. 纵向联合　　C. 整体联合　　D. 多元化联合

2. 横向联合的防护性动机主要有（　　）。
A. 消除竞争　　B. 实现增长
C. 获得优质员工　　D. 实现规模经营
3. 合并与收购的进攻性动机有（　　）。
A. 融资机会　　B. 分散经营风险
C. 剥夺资产　　D. 保障货源充足
4. 收购对目标公司进行估价时，一般要考虑的估价基础主要有（　　）。
A. 目标公司的市场价值　　B. 目标公司的盈利能力
C. 目标公司的清算价值　　D. 目标公司的账面价值
5. 收购公司常以（　　）方式作为收购合并的对价。
A. 现金　　B. 普通股　　C. 优先股　　D. 债券
6. 选择支付方式时，收购公司要考虑的因素主要有（　　）。
A. 资本成本　　B. 每股盈利的变动
C. 对公司资本结构的影响　　D. 公司目前的现金是否足够
7. 如果收购公司通过增加借款来进行现金收购，可能产生的影响有（　　）。
A. 资本结构失衡　　B. 债务资本比重增加
C. 债务资本比重减少　　D. 财务风险增加
8. 目标公司在接受支付方式时要考虑的因素有（　　）。
A. 资本成本　　B. 收入水平
C. 税务限制　　D. 控制权的丧失
9. 管理层收购一般需要具备（　　）条件，才能使收购计划得以成功。
A. 公司是资本高度密集型的企业
B. 公司经营比较稳定，收益水平一直比较高
C. 公司现金流量比较稳健，预期有稳定的现金流入以偿还到期的债务
D. 公司财务状况良好，负债率较高
10. 目标公司抵抗收购的原因主要有（　　）。
A. 收购公司的报价不能满足股东的要求
B. 企业文化差异很大
C. 股东对公司有感情
D. 对公司有控制权的股东不愿意放弃对公司的控制权
11. 收购要约发出后，目标公司可以采用的抵抗收购的策略有（　　）。
A. “毒丸”计划　　B. 邀请“白衣骑士”
C. 管理层收购　　D. 死亡换股
12. 收购要约发出前，目标公司可以采用的抵抗收购的策略有（　　）。
A. 董事轮换制　　B. 资产重估
C. “毒丸”计划　　D. 邀请“白衣骑士”
13. 收购公司选择的目标公司一般应具备的条件有（　　）。
A. 投资环境良好　　B. 可利用价值大　　C. 规模大　　D. 规模小
14. 公司收购的资金来源主要有（　　）。

A. 固定资产折旧　B. 银行借款　C. 债券融资　D. 股票融资

15. 一般从（　）方面对目标公司进行调查与分析。

A. 财务状况　B. 市场占有率　C. 产品结构　D. 成本水平

三、判断题（正确为 A，错误为 B）

1. 合并是指一家公司通过购买另外一家公司一定数量的股票，从而在实质上控制被购买公司的行为。（　）

2. 多元化联合是指同一行业中生产不同产品或劳务公司之间的联合，这些公司之间存在上下游关系。（　）

3. 同一行业中的两家或两家以上生产相同产品的公司之间的合并方式是纵向联合。（　）

4. 公司通过横向联合往往能够扩大生产规模，并通过资源整合以达到提高生产效率的目的。（　）

5. 公司合并收购中的进攻性动机有进取性增长政策、剥夺资产、融资机会、个人目的等。（　）

6. 收购或合并一家公司的决策，取决于收购公司的战略目标和所期望的收益。（　）

7. 收购目标公司的最高限价通常按照目标公司在未来某一限定期限内预计实现的现金净流量来确定。（　）

8. 对目标公司估价的目的就是要确定最高限价是否能为公司所接受。（　）

9. 目标公司如果是非上市企业，就无法用市场价值法对其进行估价。（　）

10. 收购一家目标公司是希望这家公司继续经营下去，该公司今后的盈利水平及盈利能力是估计该公司价值的基础。（　）

11. 由于清算价值以清算时的可变现净值为作价基础，因此公司的清算价值往往高于账面价值。（　）

12. 以现金为支付方式对收购公司原有股东的控股比例有影响。（　）

13. 对于目标公司的股东来讲，收入水平可能是确定是否接收收购的最重要的因素。（　）

14. 当股份转换率大于 1 时，收购公司每股收益不会被稀释。（　）

15. 杠杆收购融资的财务比率非常高，十分适合资金不足又对公司情况熟悉的公司管理层。（　）

16. 以盈利为对价的收购方式一般不适用于各种服务业公司。（　）

17. 对目标公司的估计价格就是双方最终交易的价格。（　）

18. 以借款为基础的现金支付方式会导致收购公司资本结构失衡，增加收购公司的财务风险。（　）

19. 杠杆收购是收购公司完全依赖借债筹资，以取得目标公司的控制权。（　）

20. 董事轮换制对股价影响较小，是一种有效的预防和抵抗收购对策。（　）

综合练习题

习题一

黎明贸易公司主营成衣批发，以下是该公司 20×0 年 11 月 30 日的财务状况。

资产负债表

日期：20×0 年 11 月 30 日　　　　单位：元

项目	1	2	3
固定资产			
永久地权和房产（成本值）		190 000	
减：累计折旧		20 000	170 000
办公家具及设备成本值		45 000	
减：累计折旧		18 000	27 000
汽车成本值		32 000	
减：累计折旧		22 000	10 000
			207 000
流动资产			
存货		102 000	
应收账款		66 000	
		168 000	
减：流动负债			
应付账款	76 000		
应付股利	3 000		
应交税费	2 000		
银行透支	83 000	164 000	4 000
			211 000
减：长期负债			
债券年利率为 12%，于 20×2 年到期			150 000
			61 000
所有者权益			
股本（每股面值 1 元）			50 000
留存收益			11 000
			61 000

损益表

日期：20×0 年 11 月 30 日　　单位：元

项目	1	2
销售收入		450 000
减：销售成本		285 000
毛利		165 000
减：销售费用	84 000	
管理费用	46 000	
财务费用	29 000	159 000
税前利润		6 000
所得税		2 000
税后利润		4 000
股息		3 000
本年度留存收益		1 000

附注：1. 独立资产评估师估计以下资产在资产负债表日的市场价值如下表所示。

单位：元

项目	金额
永久地权和房产	230 000
办公家具及设备	18 000
汽车	5 000
存货	82 000

在资产负债表中，应收账款等于其市值。

2. 截至 20×0 年 11 月 30 日，存货维持在一个稳定水平。

3. 所有销售和采购都是赊账的。

最近数月，公司遇到严重财务困难。公司的购货债权人要求在平均 30 日的期限内付款，而银行已打算取消透支设备。拥有公司全部股份的黎明贸易集团公司，没有任何对公司提供融资的打算，所以，公司董事们正寻找外来长期资金的注入。

公司董事与主要客户海达公司接洽，建议自海达公司发行 2 万股新股（每股作价 7 元），以足够应付公司债务需要。

要求：

1. 通过计算财务指标，分析黎明贸易公司的财务状况和表现，并对你认为重要的事项作出评价。

2. 分析判断海达公司应否接纳上述建议，请以数据加以说明。

习题二

泰迪文具有限公司成立于20×0年，在过去三年中高速增长。高速的增长率为公司带来了很多问题，使公司的董事感到忧虑。最近，公司的董事曾咨询一家管理顾问公司，寻求解决问题的方法。在一份给公司董事的初步报告中，顾问公司提出以下意见："公司面对的大部分问题都是过度经营的征兆。"

泰迪文具有限公司近期的报表如下表所示。

资产负债表

日期：20×3年10月31日　　单位：元

项目	1	2	3
固定资产			
永久物业权土地及建筑物（成本值）		795 000	
减：累计折旧		132 000	663 000
设备装置（成本值）		252 000	
减：累计折旧		78 000	174 000
汽车（成本值）		177 000	
减：累计折旧		81 000	96 000
			933 000
流动资产			
存货	192 000		
应收账款	156 000	348 000	
减：流动负债			
应付账款	276 000		
应付股利	6 000		
应交税费	24 000		
银行透支	519 000	825 000	−477 000
			456 000
减：长期负债			
债券，年利率为10%（有抵押）			180 000
			276 000
所有者权益			
股本（每股面值0.5元）			90 000
一般储备			75 000
留存收益			111 000
			276 000

损益表

日期：20×3 年 10 月 31 日　　　　单位：元

项目	1	2
销售收入		2 460 000
减：销售成本		
期初存货	174 000	
购货	1 890 000	
	2 064 000	
减：期末存货	192 000	1 872 000
毛利		588 000
减：销售费用	306 000	
管理费用	138 000	
利息支出	66 000	510 000
税前利润		78 000
所得税		24 000
税后利润		54 000
拟派股利		6 000
本年度留存收益		48 000

所有购货及销售都是赊账的。

要求：

1. 解释“过度经营”一词，并说明公司在什么情况下会出现过度经营的情况。
2. 讨论过度经营给泰迪文具有限公司带来的问题。
3. 计算并讨论下列五个可以用作评估泰迪文具有限公司是否过度经营的财务比率：速动比率；平均债务人结算天数（收账期）；平均收到信贷天数（付款期）；平均存货周转率（天数）；固定资产周转率。
4. 指出公司解决过度经营问题的方法。

习题三

国际高尔夫有限公司是一家大型货仓式销售公司，采用零售和邮寄的方式售卖高尔夫用品。最近，公司的现金周转出现困难，在 20×1 年 12 月初，银行透支达 56 000 元。下表是该公司未来六个月收入与支出的预计数字。

单位：千元

项目	12 月	1 月	2 月	3 月	4 月	5 月
预计						
销售	120	150	170	220	250	280
采购	156	180	195	160	150	160
广告	15	18	20	25	30	30
租金	40			40		
地税		30				

续前表

项目	12月	1月	2月	3月	4月	5月
薪金	16	16	18	18	20	20
杂费	20	24	24	26	26	26

此外，公司计划在 2 月以现金购买价值 24 000 元的小型客货车一辆，在 3 月支付 30 000 元的税费。

消费者需以现金付款，零售商则有两个月的赊购期。消费者消费金额大约占了总销售额的 40%。在 12 月初，应收账款共 110 000 元，其中有 70%是 11 月销售的结余。

采购有一个月的赊账期。在 12 月初，应付账款共 140 000 元，而 12 月、1 月、2 月的采购必须足以应付 3 月以后的销售需要。

其他费用都是当月支付。表中的杂费项目包括每个月 8 000 元的折旧费用。

要求：

1. 说明现金流量预测对公司的益处。

2. 确认和讨论以下情况所引致的成本：

(1) 持有过多现金。

(2) 持有过少现金。

3. 请编制一份国际高尔夫有限公司 20×1 年 12 月 1 日至 20×2 年 5 月 1 日的现金流量预测表，并显示每个月底的现金余额。

4. 列出并说明国际高尔夫有限公司在未来六个月可能遇上的问题和应对的方法。

习题四

东方有限公司是一家文具批发商。在最近的九个月里，公司遇到了变现能力的问题。20×1 年 11 月底，公司已使用银行透支，银行要求公司在未来的六个月内减少透支结余。该公司为东方有限集团公司所拥有，管理层不希望用长期贷款筹集资金。

公司 20×1 年 11 月 30 日的资产负债表如下表所示。

资产负债表

日期：20×1 年 11 月 30 日　　单位：千元

项目	1	2	3
固定资产：			
永久地权和物业成本价		250	
减：累计折旧		24	226
装修成本价		174	
减：累计折旧		38	136
			362
流动资产：			
存货成本价		142	
应收账款		120	
		262	
减：流动负债			

续前表

项目	1	2	3
应付账款	145		
应付股利	20		
应交税费	24		
银行透支	126	315	−53
			309
所有者权益			
普通股（每股面值1元）			200
留存收益			109
			309

以下是截至20×2年5月31日的有关商业资料预算。

1. 20×1年12月—20×2年5月的销售和购货资料如下表所示。

单位：千元

月份	销售	购货
12月	160	150
1月	220	140
2月	240	170
3月	150	110
4月	160	120
5月	200	160

2. 销售的70%是信贷销售，30%是现金销售。信贷销售的款项会在下一个月收回，所有购货都有一个月的挂账期。

3. 20×1年12月—20×2年2月，每月需要支付的工资为40 000元，但工资在20×2年3月后会增加10%。所有工资均在当月支付。

4. 毛利率为30%。

5. 20×1年12月—20×2年3月，每月的管理费用估计为12 000元，以后为每月14 000元。每月的管理费用包括4 000元的固定资产折旧。管理费用在发生当月缴付。

6. 除20×2年5月外，预计每月的销售费用为8 000元。20×2年5月，公司会为一个推广活动支付额外费用12 000元，这个推广活动将在20×2年6月初开始。所有销售费用会在发生当月缴付。

7. 未付股息将在20×1年12月付清。

8. 公司打算在20×2年4月购买一些新的设备，价值28 000元。这些设备将在20×2年6月送抵公司。

要求：

1. 编制一份东方有限公司20×1年12月—20×2年5月的现金流量预测表。
2. 编制一份东方有限公司20×1年12月—20×2年5月的利润预测表。
3. 简单讨论一些可令公司减少银行透支的方法。

习题五

伟力家具公司希望以380万元添置更多机器设备来增强其生产能力，下表是截至20×1年11月30日的损益表（部分）。

损益表（部分）

日期：20×1年11月30日　　单位：百万元

项目	金额
销售收入	140.6
息税前利润	8.4
利息支出	6.8
税前利润	1.6
税项	0.4
税后利润	1.2
每股收益（800万股）	0.15

公司董事决定发行配股权，为购入新机器设备融资，总额相当于机器设备的成本。该公司股票的现价是每股2.70元，新股将以每股1.90元配送给现有股东。

要求：

1. 请计算：

（1）每股的理论除权价。

（2）现有股票每股的配股权的价值。

（3）假设生产能力增加将导致税后利润每年增加600 000元，市盈率在发行新股后保持不变，计算该公司发行新股后的每股市价。

2. 讨论配股给现有股东带来的影响及公司发行新股的利与弊。

3. 简单讨论股东除了接受公司的配股外，还有哪些选择。

习题六

伯纳公司生产精密的测量仪器，卖给生产石油的公司。以下是该公司20×0年11月30日的资产负债表。

资产负债表

日期：20×0年11月30日　　单位：百万元

项目	1	2	3
固定资产			
机器设备（成本值）		36.4	
减：累计折旧		12.2	24.2
车辆（成本值）		1.2	
减：累计折旧		0.6	0.6
			24.8

续前表

项目	1	2	3
流动资产			
存货		18.5	
应收账款		21.4	
银行存款		1.9	
		41.8	
减：流动负债			
应付账款	12.7		
应付股利	2.4		
应交税费	4.1	19.2	22.6
			47.4
减：长期负债			
债券，年利率为10%			15.0
			32.4
所有者权益			
普通股（每股面值0.5元）			10.0
一般储备			4.6
未分配利润			17.8
			32.4

20×0年11月30日的损益表（简表）如下表所示。

损益表（简表）

日期：20×0年11月30日　　单位：百万元

项目	金额
销售收入	115.4
息税前利润	17.9
应付利息	1.5
税前利润	16.4
所得税	4.1
税后利润	12.3
股息	3.6
本年度留存盈余	8.7

该公司希望扩充生产设备，以便应对产品需求量的增加。机器设备将耗费1 800万元，每年息税前利润将增加500万元。

该公司的董事正在考虑以下三种方法，为该扩充计划融资：

1. 以每股溢价1.50元发行900万股（面值为0.5元）的普通股。

2. 发行1 200万股、利率为12%、面值为1元的优先股及600万元、利率为10%的债券，两者都是以面值发行。

3. 以每股溢价 1.50 元发行 600 万股（面值为 0.5 元）普通股以及总值为 600 万元、利率为 10%的债券。

不论采用哪一项计划，该公司的董事都希望 20×1 年每股的股息增加 0.12 元。假设公司适用的所得税税率是 25%。

要求：

1. 就每一项考虑中的融资计划准备一份截至 20×1 年 11 月 30 日的预期损益表。
2. 计算每项融资计划截至 20×1 年 11 月 30 日的预期每股盈利。
3. 计算每项融资计划截至 20×1 年 11 月 30 日的预期财务杠杆水平。
4. 以现有的股东身份，简略评估上述三项融资计划。

习题七

德卡公司是一家物业公司。20×0 年 11 月 30 日，该公司的资本结构如下表所示。

单位：百万元

项目	金额
普通股（每股 1 元）	10 000
留存收益	20 000
债券（年利率为 9%，不可赎回）	12 000
合计	42 000

权益股（普通股）每股市价为 3.90 元，而现时股息是每股 0.2 元。近年来，股息每年都以 4%的复利率增长。德卡公司发行的债券是不可赎回债券，面值为 100 元，现时市价为 80 元。本年度利息已派发。

德卡公司正计划在重建地区兴建新办事处，希望发行面值为 100 元的不可赎回债券，年利率为 9%，作价 80 元，作为对新计划的融资。这项债务融资行动与公司的既定资本结构目标一致，即增加的负债达到权益的 70%。公司适用的所得税税率为 25%。

要求：

1. 说明资本成本的定义以及正确计算资本成本对公司的重要性。
2. 说明决定公司资本成本的主要因素。
3. 计算德卡公司用作未来投资决定的加权平均资本成本。

习题八

韦德公司在最近几个月很关注其变现能力的状况。该公司近期的损益表和资产负债表如下表所示。

损益表

日期：20×0 年 5 月 31 日　　单位：元

项目	1	2
销售收入		452 000
减：销售成本		

续前表

项目	1	2
期初存货	125 000	
进货	341 000	
	466 000	
减：期末存货	143 000	323 000
毛利		129 000
费用		132 000
本期利润		−3 000

资产负债表

日期：20×0 年 5 月 31 日　　单位：元

项目	1	2	3
固定资产			
永久物业权（估值）			280 000
办公家具及设备（成本减除折旧）			25 000
汽车（成本减除折旧）			52 000
			357 000
流动资产			
存货		143 000	
应收账款		163 000	
		306 000	
减：流动负债			
应付账款	145 000		
银行透支	140 000	285 000	21 000
			378 000
减：长期负债			
公司债券			120 000
			258 000
所有者权益			
普通股本			100 000
留存收益			158 000
			258 000

该公司全年的应收账款及应付账款均维持在稳定水平。

要求：

1. 试解释为何韦德公司会关注其变现能力的状况。
2. 试解释“营运资金周期”一词的含义及说明此概念对财务管理的重要性。
3. 根据以上资料，计算韦德公司的营运资金周期。（假设一年有 360 天）
4. 请列出一些可以改善韦德公司营运资金周期的方法。

习题九

保德公司只生产一种产品，卖给中国国内各家工程公司。以下是关于该产品的财务资料。

单位：元

项目	1	2
单位售价		40
单位变动成本	36	
单位固定成本分配	3	39
单位净利		1

该公司的每年营业额是480万元，平均债务收款期是一个月。该公司打算放宽信贷政策，刺激营业额增长。假如全面放宽债务收款期至三个月，估计将可以开发欧洲地区的新市场，总营业额将增加三成。但是要达到该项营业额的增幅，另需要投资额外25万元的存货及30万元的应付账款。固定成本将不会受营业额增加的影响，该公司所要求的资本回报率是18%。

要求：

1. 评估该项改变的信贷政策建议，假设：

（1）全部顾客平均在第三个月底才还债。

（2）只有在欧洲的新顾客平均在三个月底才还债，而中国的顾客平均一个月便还债。

2. 讨论保德公司评估顾客信誉所需要的主要资料来源。

3. 列出影响一家公司信贷政策的主要因素。

习题十

20×0年，高立公司成立，生产新颖的高尔夫球棒。该公司销货给批发商及零售商，每年的销售额为600 000元。以下为生产单位球棒的相关资料。

单位：元

项目	1	2
单位销售价格		36
单位变动成本	18	
单位固定成本分配	6	24
单位净利		12

高立公司的资本成本（税前）估计为15%。

高立公司试图扩大销售，相信延长收款期限可达到此目的。公司现时的平均收款期为

30 天。公司考虑以下三个扩大销售的方案。

项目	方案		
	1	2	3
延长平均收款期限的日数	10	20	30
销售额增加（元）	30 000	45 000	50 000

除了再三考虑对客户的政策外，高立公司亦有考虑对债务人的政策。在最近几个月，公司正陷于短期资产与负债的流动性问题，而延长供应商的付款期，相信可缓解这种情况。如能于开出发票日期后 10 天付款，供应商将给予 2.5%的折扣。但如果不能于 10 天内付款，供应商要求于开出发票日期后 30 天内付清。高立公司一般在 10 天期限快要完结前付款给供应商，以便取得付款折扣的优惠。但是，公司正考虑延迟付款，直至开出发票日期后的 30 天或 45 天。

要求：

1. 公司应给予客户哪个信贷政策？请用数据说明。
2. 计算每个延迟付款给供应商的政策的每年内含平均利息成本，并加以讨论。

习题十一

泰德公司生产一系列可用于厨房用具的温度计。目前的制造过程是半自动化的，生产设备的成本价是 540 000 元，账面净值是 300 000 元。产品需求较为稳定，最近几年，生产量都维持在每年 50 000 个单位。

以下是目前产量下有关该产品的资料。

单位：元

项目	1	2
单位售价		12.40
减：直接人工	3.30	
直接材料	3.65	
制造费用——变动	1.58	
——固定	1.60	10.13
单位利润		2.27

生产设备预期可多用四年，残值预计是 40 000 元。该公司目前正考虑购买新设备，使大部分生产程序完全自动化。新设备的成本价为 670 000 元，可用年限是四年，预计残值是 70 000 元。如果购买新设备，旧设备可立即变卖，售价为 150 000 元。

公司的会计助理编制了一份报告，帮助评估购买新设备的可行性。以下是有关的资料。

单位：元

项目	1	2
单位售价		12.40
减：直接人工	1.20	
直接材料	3.20	
制造费用——变动	1.40	
——固定	3.30	9.10
单位利润		3.30

购买新设备后，每年的折旧将增加 85 000 元。但是，其他固定成本预期不会改变。在报告里，公司的会计助理这样写道："以上有关购买新设备的资料，是根据现在的产量和新设备每年的折旧额 150 000 元计算的。购买新设备，使净利润与销售比率从 18.3%增加到 26.6%。另外，购买新设备能立即降低存货 130 000 元。根据以上事实，我建议购买新设备。"

该公司的资本成本是 12%，假定不考虑相关税费。

要求：

1. 计算和列出因购买新设备而增加的现金流量。
2. 计算购买新设备的净现值。
3. 指出应否购买新设备，并陈述原因。

习题十二

HGL 是一个职业足球俱乐部，近几年，这支球队在英国及欧洲赛事上都取得了显著的成绩。因此，俱乐部累积了£ 120 万用以发展该俱乐部。董事局最近正在考虑两个互相排斥的方案来运用这笔资金。

第一个方案是用来聘请球员。球队经理很希望能聘请到 M，他是一个中场球员，现正效力于另一支球队。这支球队已同意以£120 万准许 M 立即转会。若 M 加入球队，现役中场球员 C 将会转入另一支球队。有俱乐部向 HGL 提出以£26 万聘请 C 的意向。这个出价始终生效，但只能在 M 加入 HGL 后才会被接受。若不成，C 将会继续效力于 HGL 直至他五年的运动生涯结束。在这段期间，C 每年的薪金是£48 000，在五年期结束后，他将会得到£24 000 奖金。

假设 M 被聘请，球队经理预料第一年门票收入将会增加£300 000，在以后的四年，每年的门票收入将会比现时增加£160 000。同时，在以后的五年，每年广告和赞助收入将增加£145 000。五年结束后，他可被转给一个较低级别的俱乐部，HGL 将会获得£120 000 转会费。在 M 效力俱乐部期间，他每年的薪金是£96 000，五年后他会得到£48 000 奖金。

另一个方案是改善场地。将球场西面看台变成一个全天候式座位区，并设置行政包厢。这些改善会花费£120 万，需要一年时间完成。这段期间，西边看台将被封闭，将使门票收入减少£210 000。然而，过去四年每年的门票收入将比现时高£530 000。五年后，俱乐部计划把现时的球场卖掉，搬到附近一个新的体育馆。在第一年年末工程完成后，工程费用就要付清。

不管哪一个方案被接纳，董事局已决定增加球场职员。在接下来的五年，所付薪金费用每年将会增加£42 000。

此俱乐部的资本成本是10%，假设不考虑税务问题。

要求：

1. 计算这两个方案所涉及的现金流量。
2. 计算这两个方案的净现值。
3. 根据问题2计算得出的结果，你会选择哪个方案？为什么？
4. 试讨论净现值法对一个职业足球俱乐部做投资决策是否适用。

习题十三

益明公司的董事现正考虑两个独立的投资项目，这两个项目都是与购买设备有关的。下表为与这两个项目有关的资料。

单位：元

项目	投资项目	
	1	2
成本（即时开支）	300 000	180 000
预测年净利润（亏损）		
第一年	87 000	54 000
第二年	−3 000	−6 000
第三年	6 000	12 000
预计残值	21 000	18 000

公司预计的资本成本是10%。在计算净利润时，公司采用直线法，以三年使用年限计算固定资产的折旧。两个项目都不会增加公司的营运资金，公司有足够的资金支付所需要的资本支出。

要求：

1. 计算两个项目的下列数据：

（1）净现值。

（2）内含收益率。

（3）静态投资回收期。

2. 说明益明公司的董事应选择哪一个项目及其原因。
3. 概述在评估投资项目时最适用的评估方法及其原因。

习题十四

CDC有限公司是一家私人公司，在中国东部地区，拥有多家车胎和汽车修理门店。

拥有很多汽油站的ATD有限公司，现正接洽CDC有限公司，商讨收购CDC有限公司的方案。ATD有限公司预备用现金购买或股票交换方式支付收购费。

CDC有限公司的最新财务报表如下表所示。

截至20×0年11月30日的利润表

单位：百万元

项目	金额
销售收入	18.7
利息和税前利润	6.4
利息	1.6
税前利润	4.8
所得税	1.2
税后净利润	3.6
股息	1.0
留存收益	2.6

资产负债表

日期：20×0年11月30日

单位：百万元

项目	1	2	3
固定资产			
永久地权和房产成本价		4.6	
减：累计折旧		0.6	4.0
厂房和机器成本价		9.5	
减：累计折旧		3.6	5.9
			9.9
流动资产			
存货		2.8	
应收账款		0.4	
银行存款		2.6	
		5.8	
减：流动负债			
应付账款	4.3		
应付股利	1.0		
应交税费	1.2	6.5	−0.7
总资产减流动负债			9.2
减：长期负债			
长期贷款			3.6
所有者权益			
普通股（每股面值1元）			2.0
留存收益			3.6
			5.6
			9.2

CDC有限公司的专业评估员刚完成公司资产的评估。公司资产近期的转售价格如下表所示。

单位：百万元

项目	金额
永久地权和房产	18.2
厂房和机器	4.2
存货	3.4

其他资产的现金转售价与账面价相符。

一家在股票交易中心挂牌，与 CDC 有限公司的业务相似的公司的股息回报率为 5%，市盈率为 11 倍。

要求：

1. 用以下方法，计算 CDC 有限公司的股票价值，并简单评价以下各种股票价格计算方法。

（1）净资产（清算）法。

（2）股息法。

（3）市盈率法。

2. 试以 CDC 有限公司的股东利益为前提，列出以现金购买方法和交换股票方法进行收购交易的主要理由。

3. 试解释“管理层收购”一词，并说明管理层收购令经理及公司现在的股东发生冲突的原因。

附　录

附录一　自测题及综合练习题答案

自测题答案

第二章　自测题

一、单项选择题

1. C	2. A	3. C	4. B	5. B
6. B	7. B	8. B	9. D	10. B
11. C	12. D	13. D	14. A	15. B
16. A	17. D	18. B	19. B	20. C

二、多项选择题

1. AB	2. ABC	3. ABD	4. CE	5. CDE
6. ABCDE	7. ABC	8. ABCD	9. AE	10. DE
11. ACE	12. ABCD	13. ABCDE	14. ABC	15. BC

三、判断题（正确为A，错误为B）

1. B	2. A	3. B	4. A	5. B
6. B	7. A	8. B	9. A	10. B
11. A	12. B	13. B	14. A	15. B
16. A	17. B	18. B	19. A	20. B

第三章　自测题

一、单项选择题

1. A	2. D	3. B	4. A	5. D

6. D	7. C	8. D	9. D	10. C
11. A	12. A	13. A	14. B	15. A
16. D	17. C	18. C		

二、多项选择题

1. ABCE	2. ABC	3. BCE	4. AB	5. AC
6. ABCD	7. ABCDE	8. BC	9. BC	10. ACD
11. BDE	12. ABCE			

三、判断题（正确为 A，错误为 B）

1. A	2. A	3. B	4. B	5. A
6. B	7. A	8. B	9. B	10. B
11. B	12. A	13. B	14. A	15. A
16. A				

第四章　自测题

一、单项选择题

1. B	2. B	3. A	4. B	5. C
6. D	7. A	8. B	9. A	10. D
11. A	12. D	13. B		

二、多项选择题

1. ABD	2. ABCD	3. ABCD	4. ABCD	5. BCD
6. ABC	7. ABCD	8. BC	9. ACD	10. AD
11. AC				

三、判断题（正确为 A，错误为 B）

1. A	2. B	3. A	4. B	5. B
6. A	7. A	8. B	9. B	10. A

第五章　自测题

一、单项选择题

1. D	2. D	3. B	4. D	5. B
6. B	7. B	8. D	9. A	10. A
11. A	12. D	13. C	14. C	

二、多项选择题

1. ABCD	2. ABD	3. ABCD	4. AD	5. ACD
6. AC	7. ABCD	8. ABCD	9. CDE	10. ABCDE

三、判断题（正确为 A，错误为 B）

1. A	2. B	3. A	4. B	5. A
6. A	7. B	8. B	9. B	10. A
11. B	12. A	13. B	14. A	15. B
16. B	17. B	18. B	19. A	

第六章 自测题

一、单项选择题

1. C	2. A	3. B	4. C	5. B
6. C	7. C	8. C	9. B	10. A
11. D	12. C	13. A	14. D	15. B

二、多项选择题

1. ABCD	2. AB	3. ABC	4. ABCD	5. ABCD
6. ABCD	7. ABC	8. ABCD	9. ACD	10. ABCD
11. ABCD	12. ABC	13. ABCD	14. ABD	

三、判断题（正确为 A，错误为 B）

1. B	2. B	3. A	4. B	5. B
6. B	7. A	8. A	9. B	10. B
11. B	12. B	13. B	14. A	15. A
16. A	17. A	18. A	19. B	20. A

第七章 自测题

一、单项选择题

1. C	2. B	3. A	4. C	5. B
6. C	7. C	8. D	9. B	10. D
11. D	12. B	13. D	14. D	15. B
16. C	17. D	18. C	19. A	20. B

二、多项选择题

1. ABD	2. ABCD	3. AC	4. ABCD	5. AB
6. ABCD	7. BC	8. BCD	9. BC	10. ABCD
11. BCD	12. AC	13. ABD	14. ABCD	15. ABCD

三、判断题（正确为 A，错误为 B）

1. B	2. B	3. B	4. A	5. A
6. A	7. B	8. A	9. A	10. A
11. B	12. B	13. A	14. B	15. A
16. B	17. B	18. A	19. B	20. A

综合练习题答案

习题一答案

1. 评估投资黎明贸易公司的可行性，可根据下列比率：

权益报酬率 税后利润÷股东权益×100%	6.6%
税前利润率 税前利润÷销售额×100%	1.3%
每股盈利 税后利润÷普通股股数	0.08元
股利率 股利÷税后利润×100%	75%
速动比率 （流动资产－存货）÷流动负债	0.4
债权人平均结算期 应付账款÷赊购额×365	97.3日
债务人平均结算期 应收账款÷赊销额×365	53.5日
存货周转天数 存货÷销售成本×365	130.6日
财务杠杆比率 长期贷款÷运用资本×100%	71.1%

从上述比率可以看出，该公司利润并不高，权益报酬率和税前利润率都偏低。虽然该公司对资金需求紧迫、利润偏低，但股利率高达75%，显然，公司派息政策并不保守。

从负债比率可以看出该公司的负债水平很高。此外，从资产负债表可以看到，未来两年内，债券也将到期还款，公司极可能会面对严重的融资问题。

此外，需要注意的就是该公司的速动比率，只有0.4，过于偏低。而债权人平均结算期比债务人平均结算期长，可稍微缓解公司变现问题。存货周转天数维持在130.6日的高水平上，显示存货管理不够完善或存在大量损坏或滞销的存货。值得关注的是，由独立人士评估的存货可变现价值较其账面价值明显偏低。

2. 新发行股份的条件并不吸引人，每股7元的价格明显高于市价。根据该股价，计算市盈率如下：

市盈率＝每股市价÷每股盈利 ＝7÷0.08＝87.5

从市盈率可知，股票定价过高。

新发行股份所获得的资金主要用来清偿负债，并不是作任何有利的投资。所以，每股回报可能被新股所摊薄，影响投资收益。

根据现时的可变现价值计算出的股份价值如下：

资产净值(可变现价值)÷发行股份数＝1.74(元)

基于以上的分析，海达公司不宜接受黎明贸易公司的建议。

习题二答案

1. 当一个公司在长期资本微薄的情况下的发展贪多图快时，它的营业利润可能会上升，但不能创造足够的现金收入。交易额的上升缺乏资金后盾，就会导致到期债务不能按时偿还。这就是通常所说的过度经营。过度经营产生的原因包括：

(1) 长期资本供应者（例如股东或贷款人）没有能力或不愿意投资，任何运作水平的提高都会使营运资金及固定资产的使用变得紧促。

(2) 实际的销售超出预测水平，导致资金不足。这个变化可能原因是未能预见的需求转变或不准确的预测与预算。

(3) 销售的增加可能是由于宽松的信贷政策所致，导致应收账款的增长速度较应付账款高，这种不平衡造成变现能力上的紧迫。

(4) 不能控制成本。其原因可能是计算错误或管理控制不足。

2. 过度经营可以带来很严重的问题，包括：

(1) 由于缺乏足够的资金支持企业的运作，这样就不可能投资新的固定资产，现有的固定资产便会被过度使用，故障发生的概率增加。

(2) 对于营运资金及变现能力有不利的影响。可能引致补充存货的困难，需向债务人追讨账款，需要尽量延迟付款给债权人。管理层可能需要花更多的时间在上述这些事情上，而不是计划将来。另外，亦可能失去供应商对公司的信心，而在将来的订单上失去优先处理的权利。在最坏的情况下，公司可能因为贷款人及供应商对公司失去信心而倒闭。

(3) 由于支付股利给股东会影响公司的变现能力，故股利的发放可能被延迟。

3. 下列比率可用作评估该公司是否过度经营的标准：

$$速动比率=\frac{流动资产-存货}{流动负债}=\frac{156\ 000}{825\ 000}=0.19$$

利用这个比率可以比较公司的速动资产与到期负债。该比率越高，表示公司清偿到期债务的能力越强。在这个案例中，公司的速动比率相当低，每1元的负债，公司只能拿出0.19元速动资产作抵偿。经理应对这个问题加以关注。

$$平均债务人结算天数=\frac{平均应收账款\times 365}{赊销额}=\frac{156\ 000\times 365}{2\ 460\ 000}=23.15$$

这个比率反映的是应收账款的平均欠账天数。对于公司来说，这个比率非常低，亦与公司的变现问题一致。当现金短缺时，公司会要求赊销客户提早付款，但可能因此而影响商誉或对将来的销售及利润产生负面影响。过度经营可造成一个较高的结算天数，原因如上述问题1中所述。

$$平均收到信贷天数=\frac{平均应付账款\times 365}{赊购额}=\frac{276\ 000\times 365}{1\ 890\ 000}=53.30$$

这个比率反映还款的平均天数。一个长的信贷期，可能会涉及变现的问题，因为公司可能没有现金支付给债权人。在这个案例中，债权人的平均信贷期是债务人的平均结算期的两倍以上。

$$平均存货周转率=\frac{平均存货\times 365}{销售成本}=\frac{(174\ 000+192\ 000)\times 365}{2\times 1\ 872\ 000}=35.68$$

这个比率反映存货的周转速度。一般来说，平均存货周转率越低越好。但是，过低的周转率可能是由于没有现金购买足够的存货。在这个案例中，平均存货周转率不算太低。

$$固定资产周转率=\frac{销售额}{固定资产}=\frac{2\ 460\ 000}{933\ 000}=2.64$$

这个比率反映固定资产的生产力。一般来说，该比率越高越好。但是该比率过高又显示出问题，可能表示公司过度使用固定资产，反映出公司缺乏能力投资于额外的固定资产。

4. 如果要解决过度经营的问题，必须平衡公司的活动水平与可运用的资金水平。换句话说，筹集足够的资金以应付现有水平的活动，或降低活动水平至现有资金水平。后者可能会导致销售及利润的损失。但是，如果不能筹集到所需资金，亦别无他法。当资金紧缺时，必须对固定资产及营运资金加强控制。

习题三答案

1. 现金流量预测对计划与决策都很有帮助，据此管理人员可深入了解各项决定对现金流量的影响。现金对一家公司的生存十分重要，所以必须正确管理。

现金流量预测可以帮助管理人员确认将来的现金状况。当预测现金盈余时，可考虑将盈余的现金作短期投资；相反，当预测现金短缺时，公司必须重新计划某些项目的实施时间或通过融资以应付现金的短缺。所以，现金流量预测可帮助管理人员及早发现现金短缺的问题和寻找解决的方法。此外，当公司寻求贷款时，现金流量预测也可供贷款人参考。

2. 持有过多现金对公司成本的影响如下：

(1) 收入损失。持有现金没有任何利息收入，同时损失了持有其他资产可赚取的回报。所以，持有现金需付出机会成本。虽然存款可赚取利息，但会错过其他较高投资回报的机会。

(2) 货币损失。因为通货膨胀的影响，持有现金可导致货币损失。当利率已补偿了通货膨胀的影响时，现金存款可减少货币损失。

持有过少现金对公司成本的影响如下：

(1) 借款成本。若现金不足，公司就需要向外借款，因而要支付额外利息费用。

(2) 放弃机会。若持有现金过少，当有利的投资机会出现时，便不能把握时机。同样，现金不足也限制公司提早付款给供应商而获取现金折扣的能力。

(3) 损害信誉。公司可能因现金不足而延迟付款给供应商，信誉因此受损并影响将来的供应。

(4) 停止业务。公司必须维持足够能力以偿还负债，否则，可能导致债权人采取法律行动，引致公司清盘。

3. 编制的现金流量预测表如下表所示。

现金流量预测表

日期：20×2 年 5 月 31 日　　　　单位：千元

项目	12 月	1 月	2 月	3 月	4 月	5 月
收入						
现金销售	48	60	68	88	100	112
赊账销售	33	77	72	90	102	132
小计	81	137	140	178	202	244
支出						
采购	140	156	180	195	160	150
广告	15	18	20	25	30	30
租金	40	—	—	40	—	—
地税	—	30	—	—	—	—
工资	16	16	18	18	20	20
杂费	12	16	16	18	18	18
货车	—	—	24	—	—	—
公司税项	—	—	—	30	—	—
小计	223	236	258	326	228	218
现金净流量	−142	−99	−118	−148	−26	26
期初余额	−56	−198	−297	−415	−563	−589
期末余额	−198	−297	−415	−563	−589	−563

4. 从现金流量预测表可以看出，在未来五个月，公司现金透支将会不断增加，4 月底，透支额达到 589 000 元。现在的透支额已引起银行关注，所以日益严重的透支额必定引起银行采取措施。

4 月之后，透支额开始减少，净现金流入出现，但 5 月底透支额是 563 000 元，仍然是一个让人难以接受的数目。

就现在看来，公司并没有什么策略可以运用。虽然 20×2 年前三个月的采购对 4 月之后的销售需求十分重要，但公司可以延迟购买部分存货，以减轻现金需求的压力。另外，公司可以延迟购买货车，但延迟支付其他费用就相对困难。公司还可以要求顾客提早付款，但这必须考虑公司的市场实力和行业的经营惯例等问题。

虽然延迟购置货车与要求顾客提早付款可以减少现金透支数额，但这些方法仍然不能完全解决问题，因为现金短缺数目较大，公司必须考虑长期融资以解决问题。公司还需要考虑盈利水平，假设存货水平没有重大改变，而收入又明显低于支出，现金净流出的情况将会继续发生。

习题四答案

1. 编制的现金流量预测表如下表所示。

现金流量预测表

单位：千元

项目	12月	1月	2月	3月	4月	5月
现金收入						
销售						
其中：赊账	120	112	154	168	105	112
现金	48	66	72	45	48	60
小计	168	178	226	213	153	172
现金支出						
购货	145	150	140	170	110	120
工资	40	40	40	44	44	44
管理费用	8	8	8	8	10	10
销售费用	8	8	8	8	8	20
股息	20	—	—	—	—	—
设备款	—	—	—	—	28	—
小计	221	206	196	230	200	194
现金净流量	−53	−28	30	−17	−47	−22
期初结余（透支）	−126	−179	−207	−177	−194	−241
期末结余（透支）	−179	−207	−177	−194	−241	−263

2. 编制的利润预测表如下表所示。

利润预测表

单位：千元

项目	1	2
销售收入		1 130
减：销售成本		791
毛利率（30%）		339
工资	252	
管理费用（包括折旧费）	76	
销售费用	48	376
期间亏损		−37

3. 为了减少银行透支额，公司需要注入新的资本或变卖资产。由于公司预计未来六个月将出现亏损，故发行新股不能吸引外来投资者。假如公司能表现出乐观的前景，也许能吸引投资者。东方有限集团公司也许应增加在该公司的权益投资，尤其是当该集团考虑到控制权将会因外来投资者而减少时。

东方有限公司家族已明确表示不愿意以长期贷款作为融资，所以长期贷款不是一个可行的办法。公司可以出让应收账款来筹集资金，亦可减低存货量。公司还可延迟应付设备款和应付账款，以改善现金流量。此外，加价也是一种有效办法，还可考虑变卖固定资产，但假如继续使用这些资产能为公司带来长远利益，这种选择就不合适了。

现金流量预测表揭露公司的银行透支在未来六个月将会有显著增加而不是减少。如要明显地减少透支额，可能需要同时采用上述多项融资方案。

习题五答案

1.

每股的理论除权价

已发行股数	800 万股
拟发行股数（3.80÷1.90）	200 万股
即每 4 股发行 1 股新股	
4 股现有价值（每股 2.70 元）	10.8 元
1 股新股价值	1.9 元
	12.7 元
理论上，发行后的每股价格（12.7÷5）	2.54 元
现有股票每股之配股权价值［(2.54－1.9)÷4 或 2.7－2.54］	0.16 元
现有股东不行使或出售配股权，理论上将每股损失 0.16 元	
现有市盈率（2.7÷0.15）	18
现时的税后利润	120 万元
增加的税后利润	60 万元
	180 万元
市盈率为 18 时的市场价值（180×18）	3 240 万元
发行新股后的普通股数	1 000 万股
每股股价（32.4÷10）	3.24 元

2. 配股（或称供股）的优点和缺点包括：

（1）发行成本。以供股融资相对于公开发行股份融资是较便宜的；供股无须准备招股说明书，可以节省法律、会计、广告和印刷费用，而公开发行股票需要准备招股说明书等程序；供股的行政工作较为直接，对降低发行成本有很大帮助。

（2）控制权。供股是依照现时股东持有量的比例而发行新股。所以，如果股东选择参与发行股权，他们的投票权不会被摊薄。而公开售股，则可能会摊薄现有股东的控股权。

（3）股价。新股通常以折让价发行。假如公开售股，新股东将会得到折扣的优惠，以折扣价发行新股会抑制股价，因此对现有股东是不利的。但是，假如股票是以折让价给予股东，这种现象便不会发生。

（4）资本成本。公开发售新股给公众时，如市场环境有利，投资者购买新股竞争较激烈，公司可能索要较高价格，因此减少资本成本，但供股不会发生这种情况。

3. 当股东获得股票认购权时，他有以下选择：

（1）行使认购权以维持相同比例的控股权。

（2）将认购权卖给第三方，这将会降低股东的控股权。

（3）行使部分认购权，出售余下认购权。选择（1）和（2）相结合，对一些投资者来说是非常有吸引力的。

（4）放弃购买新股或出售认购权。如果认购权过期无效，将会导致股价下跌，股东将不能出售认购权以取得补偿。但实际上，公司一般会替股东出售没认购的新股，并将所得派送给没有采取任何行动的股东。

习题六答案

1. 编制的预期损益表如下表所示。

预期损益表

日期：20×1 年 11 月 30 日　　　　单位：元

项目	1	2	3
未扣除利息的税前利润	22.9	22.9	22.9
应付利息	1.5	2.1	2.1
税前利润	21.4	20.8	20.8
所得税	5.4	5.2	5.2
税后利润	16.0	15.6	15.6
优先股股息		1.4	
可分配利润	16.0	14.2	15.6
股息	8.7	6.0	7.8
留存利润	7.3	8.2	7.8

2. 每股盈利的计算如下表所示。

每股盈利（元）	16÷29=0.55	14.2÷20=0.71	15.6÷26=0.6

3. 财务杠杆率的计算如下表所示。

财务杠杆率			
固定利率长期资本÷总长期资本×100%	15÷72.7×100%	33÷73.6×100%	21÷73.2×100%
	20.6%	44.8%	28.7%
固定利率长期资本：			
原有的利率为 10%的债券	15	15	15
新发行的债券		6	6
新发行的优先股		12	
小计	15	33	21
总长期资本：			
年初资本与储备结余	32.4	32.4	32.4
年度留存利润	7.3	8.2	7.8
新发行优先股/普通股	18	12	12
债券	15	21	21
小计	72.7	73.6	73.2

4. 融资计划 1 的每股盈利是三个计划中最低的，也比现在的每股盈利 0.615 元低。题目未明确地说明新股是否发行给新股东，如果是发行给新股东，现有股东的控制权将会被摊薄。融资计划 2 可得到最高的每股盈利，比现在的每股盈利还高。但是，财务杠杆率比现有的和其他计划的要高出许多。预期损益表显示该计划有颇高的利息保障倍数，如果未来盈利可以维持在预期水平上，较高的财务杠杆率不会是个问题。融资计划 3 可得到中等的每股盈利，比现有及融资计划 2 的低，但是，这项计划的财务杠杆率并不高，显示比

较低的财务风险，较为保守。

习题七答案

1. 理论上，公司资本成本是一个贴现率，当使用它去计算一家公司未来的现金流量的贴现值时，应等于公司现值。资本成本对评估投资机会十分重要，因为这代表投资者所需要的最低报酬率。一个投资项目的净现值是用公司资本成本作为贴现率，计算其现金流量的。当公司的目的是增加股东财富时，应投资于产生正净现值的投资项目。因此，错误的资本成本计算会引起错误的投资决定，当高估资本成本时，本来产生正净现值的投资项目可能会变为负值。当低估资本成本时，本来产生负净现值的投资项目可能会变为正值，导致投资项目可能被错误放弃或接纳。

2. 决定公司资本成本的主要因素有：

(1) 企业风险。是指公司本身经营的业务所存在的风险，企业风险越高，所需要的报酬也越多。

(2) 财务风险。当公司负担债务时，就可能有无力偿还到期利息和本金的风险。同样的，债务越多，股东所承受的风险越大，股东所要求的报酬也越多。

(3) 税务问题。一般情况下，借贷所支付的利息可减少公司的税收负担。当计算公司债务资本成本时，所使用的是利息支出税后成本，而不是税前成本，所以加权平均资本成本会受到公司税收变化的影响。

(4) 通货膨胀。受通货膨胀的影响，投资者所需要的报酬率会提高，以维持投资的实际回报。

(5) 其他投资机会。个别的公司投资者所需要的报酬率会受到其他相似投资机会回报的影响。

(6) 证券的流通性。上市公司的股票可以很容易地在认可的股票市场中被自由买卖，但私人公司的股份就较难转让。因此，一般来说，私人公司投资者所需要的报酬率较上市公司投资者要求的报酬率要高。

以上因素决定了公司个别项目的资本成本。将这些项目综合起来，并考虑它们的市场价值，就可计算出加权平均资本成本。

3. 加权平均资本成本的计算如下：

权益资本成本＝[(0.20×1.04)÷3.90]＋4%＝9.3%

借贷资本成本＝9×(1－0.25)÷80×100%＝8.4%

加权平均资本成本＝9.3%×(100÷170)＋8.4%×(70÷170)＝9%

习题八答案

1. 变现能力可以用以下比率来衡量：

流动比率＝流动资产÷一年内偿还的应付账款 ＝ 306 000÷285 000＝1.1

速动比率＝流动资产(不包括存货)÷一年内偿还的应付账款

＝163 000÷285 000＝0.6

计算出的流动比率显示流动资产大于短期负债，但是1.1似乎低了一点，假若变卖公司的流动资产，只能容许很小的折让，否则，所得金额不足偿还短期负债。速动比率不考虑存货，所以是一个比较精确的变现能力指标。速动比率为0.6也是比较偏低的，显示公司可能没有足够的资金来偿还债务。当解释这些比率时，要切记它们是基于资产负债表的账面数值，所以只能代表某一时期的变现能力。较有效的方法是留意这些比率的趋势。若想了解公司将来的变现能力，预测现金流动是一种有效方法。同时，银行透支是一项主要的短期融资工具，银行是否继续允许透支，对公司是很重要的。

2. 企业的营运资金周期是指由付款购货至销售收款之间的时期。以一个批发商为例，营运资金周期的计算如下：

$$\text{营运资金周期}=\text{平均存货库存时间}+\text{平均应收账款收账时间}-\text{平均应付账款清还时间}$$

营运资金周期越长，公司的融资需求越大，涉及的风险也越高。

3. 营运资金周期的计算如下表所示。

项目	计算过程	日数
平均存货库存时间	存货的平均值÷每日平均销货成本 ＝(125 000＋143 000)÷2 ÷(323 000÷360)	149
平均应收账款收账时间	应收账款的平均水平÷每日平均销售收入 ＝163 000÷(452 000÷360)	130
平均应付账款清还时间	应付账款的平均水平÷每日平均购货额 ＝145 000÷(341 000÷360)	153
营运资金周期	149＋130－153	126

4. 韦德公司的营运资金周期似乎长了一点。减少存货，缩短应收账款收款时间，增加应付账款清还时间，或以上方法同时进行，都能缩短营运资金周期。

习题九答案

1.

单位：元

销售额增加（30％×4 800 000）	1 440 000
贡献与销售比率［(40－36)÷40×100％］	10％
利润增加（10％×1 440 000）	144 000
（1）全部顾客平均三个月还款	
现在应收账款结余（1÷12×4 800 000）	400 000
新应收账款结余［3÷12×(4 800 000＋1 440 000)］	1 560 000
应收账款增加	1 160 000
存货增加	250 000
应付账款增加	－300 000

净额外投资需要	1 110 000
额外投资应有回报（18%×1 110 000）	199 800
减：利润增加	144 000
利润缺差	55 800
额外投资回报（144 000÷1 110 000×100%）	13%
（2）仅是新顾客平均三个月还款	
额外需要的投资	
应收账款增加（3÷12×1 440 000）	360 000
存货增加	250 000
应付账款增加	−300 000
净额外投资需要	310 000
额外投资回报（18%×310 000）	55 800
减：利润增加	144 000
利润盈差	−88 200
额外投资回报（144 000÷310 000×100%）	46.5%

以上计算显示，只有在（2）的情况下才能达到应有的额外投资回报。

2. 保德公司用作评估顾客信誉的主要资料的来源有：

（1）信贷评估机构。信贷评估机构可以提供一家公司的信贷评级和信贷报告。信贷报告可以采用各方面的资料，包括法庭记录、新闻剪报、公开年报及其他供应商与该公司业务往来的资料。

（2）政府部门/机构。对海外顾客而言，工商部门及出口信贷保证局可以提供有关其信誉的资料。

（3）贸易咨询。以往有过交易的供应商，可能是一种有用的咨询来源。但是，公司必须选出比较有代表性的供应商进行咨询。

（4）银行咨询。公司可以向银行进行咨询。但是，实际上，银行所提供的资料往往没有实际参考价值。银行很可能不想透露一些不利于该客户的资料，因而增加公司获取信息的困难。

（5）财务报表。公司可以要求客户提供过去几年的财务报表，以便有效地对这些客户的财务状况作出评估。这些报表可以直接向客户索取，假如是有限公司，只需很少费用就可从公司注册处取得。

（6）探访客户。直接探访客户，高层人员可了解高层经理们的诚信和操守情况，以及该公司的运作效率，对一些有大订单的客户，这些探访很有必要。

（7）信贷经理。其他供应产品及提供服务给工程行业的公司的信贷经理，可以提供关于某些客户的新资料。

3. 影响信贷政策的主要因素有：

（1）信贷条件。赊销的信贷期限应明确地列出来。这些条件包括给客户的信贷期限，以及提前付款的现金折扣。销售的条件经常是受行业的传统及惯例的影响而确定下来的。

（2）信贷分析及调查。公司需要确定可接受的坏账风险水平，确保新的客户都被调查，以便评估它们的信誉。公司可以从不同的来源收集信息，作出信贷风险的评估。

（3）收账政策。公司必须设立有效的会计及管理程序，以便快速地从客户那里收回现金。销售单及对账单必须及时寄出；关于债务款项及账龄的报告，必须适时地提供给管理层；对于过期的账户及坏账，公司应该制定政策应对。

习题十答案

1.

单位：元

项目	方案 1	方案 2	方案 3
应收账款：630 000×40÷365	69 041		
645 000×50÷365		88 356	
650 000×60÷365			106 849
现时应收账款：600 000 × 30÷365	49 315	49 315	49 315
应收账款增加	19 726	39 041	57 534
额外应收账款成本（15%）	−2 959	−5 856	−8 630
贡献毛益增加：50%×30 000	15 000		
50%×45 000		22 500	
50%×50 000			25 000
利润增加	12 041	16 644	16 370

以上计算结果显示，选择方案 2 能得到最多的利润。但是，方案 2 及方案 3 的利润相差不大。所以，决策时应考虑这些估计数据的准确程度，因为即使很少的偏差也能改变分析结果。

贡献毛益比率计算公式如下：

贡献毛益比率＝(销货价格－变动成本)÷销货价格 × 100%

2. 每年的内含平均利息成本（现金折扣成本）如下表所示。

	30 天	45 天
2.5÷(100−2.5)×365÷(30−10) ×100%	46.8%	
2.5÷(100−2.5)×365÷(45−10) ×100%		26.7%

以上计算结果显示，假如延迟付款直至开出发票日期后 30 天，公司将会付出相当高的利息成本。若采用 45 天信贷期的话，公司每年的利息成本会降低，但仍然高于公司的资本成本。此外，45 天的时间已超越了协定的信贷期限，如果实行的话，与供应商的关系就会变得紧张。

根据以上结果，建议公司接受折扣，或寻求其他方法，以缓和短期资产与负债的流动性问题。

习题十一答案

1.

增量现金流量

单位：元

项目	半自动		全自动	
单位售价		12.40		12.40
直接人工	3.30		1.20	
直接材料	3.65		3.20	
变动制造费用	1.58	8.53	1.40	5.80
单位现金贡献		3.87		6.60
单位增量贡献＝6.60－3.87＝2.73（元）				
因为产量是每年 50 000 个单位，故增量现金流量＝50 000×2.73＝136 500（元）				

2.

购买新设备的净现值

单位：百万元

年份	0	1	2	3	4
现金贡献		136.5	136.5	136.5	136.5
新设备	－670	—	—	—	70.0
营运资本	130	—	—	—	－130.0
售卖旧设备	150	—	—	—	－40.0
净现金流量	－390	136.5	136.5	136.5	36.5
贴现系数（12%）	1.00	0.89	0.80	0.71	0.64
现值	－390	121.5	109.2	96.9	23.4
净现值			－39		

3. 以上计算显示，这个计划的净现值是负数，因此建议不购买新设备。因为，假如购买，股东财富将会减少。

习题十二答案

问题 1 和 2 的答案：

方案一现金流量

单位：百万英镑

年份	0	1	2	3	4	5
聘请球员	－1 200					120
解聘球员	260					
门票收入		300	160	160	160	160
广告/赞助		145	145	145	145	145
所付薪金		－96	－96	－96	－96	－144
节省薪金支出		48	48	48	48	72

续前表

年份	0	1	2	3	4	5
净现金流量	−940	397	257	257	257	353
折现率（10%）	1.00	0.91	0.83	0.75	0.68	0.62
现值	−940	361.3	213.3	192.8	174.8	218.9
净现值	221.1					

方案二现金流量 单位：百万英镑

	0	1	2	3	4	5
改建	−1 200					
门票收入		−210	530	530	530	530
净现金流量		−1 410	530	530	530	530
折现率 10%		0.91	0.83	0.75	0.68	0.62
现值		−1 283.1	439.9	397.5	360.4	328.6
净现值	243.3					

注：增加的球场人员费用无须考虑，因为这个决定不会随着方案的选择而有所改变。

3. 在本题中，我们用净现值法衡量两个互相排斥的方案，然后选择有较高净现值者，因此第二个方案被采纳，因其会提供更高利润。

4. 一家机构经营的主要目的是尽可能增加老板的财富。净现值法是评价投资方案的方法，然而，对本题中的足球俱乐部而言，这可能未必是主要目的。例如，足球俱乐部老板也许会认为球队能否在比赛中获胜是更加重要的目的。要是这样，董事局应聘请新球员以增强实力，而不是投资在球场改建上，即使前者较不符合经济利益原则。

尽管如此，无论目标如何，净现值法的计算对投资策略而言仍然是一种有用的方法。决策者往往会以老板的利益为前提来选择方案，而不是考虑其他因素。也可以说，球队未来的实力会关系到足球俱乐部赚钱的能力，可把利润用于以后聘请球员及支付更有竞争能力球员的薪金。采用净现值法，并没有考虑到两个方案中的风险和不明确因素。聘请一个球员是一个高风险的方案，例如受伤等。根据风险的定论及原有的数据，要进行全面而深入的考虑以作出决定。

习题十三答案

1.

（1）计算净现值。

项目 1 的增量现金流量 单位：元

项目	年份			
	0	1	2	3
成本	−300 000	180 000	90 000	120 000
贴现率（10%）	1.00	0.91	0.83	0.75
现值	−300 000	163 800	74 700	90 000
净现值	28 500			

增量现金流量＝年净利润＋年折旧＋残值

第 1 年＝87 000＋(300 000－21 000)÷3 年＝87 000＋93 000＝180 000(元)

第 3 年＝6 000＋93 000＋21 000＝120 000(元)

项目 2 的增量现金流量

单位：元

项目	年份			
	0	1	2	3
成本	－180 000	108 000	48 000	84 000
贴现率（10%）	1.00	0.91	0.83	0.75
现值	－180 000	98 280	39 840	63 000
净现值	21 120			

（2）计算内含收益率。

项目 1 的增量现金流量

单位：元

项目	年份			
	0	1	2	3
成本	－300 000	180 000	90 000	120 000
贴现率（18%）	1.00	0.85	0.72	0.61
现值	－300 000	153 000	64 800	73 200
净现值	－9 000			
净现值（10%）	28 500			
净现值（18%）	－9 000			
差异	37 500			

采用内插法，内部收益率为：

内含收益率＝10%＋[8%×(28 500÷37 500)]＝16%

项目 2 的增量现金流量

单位：元

项目	年份			
	0	1	2	3
成本	－180 000	108 000	48 000	84 000
贴现率（18%）	1.00	0.85	0.72	0.61
现值	－180 000	91 800	34 560	51 240
净现值	－2 400			
净现值（10%）	21 120			
净现值（18%）	－2 400			
差异	23 520			

采用内插法，内含收益率为：

内含收益率＝10%＋[8%×(21 120÷23 520)]＝17%

（3）计算静态投资回收期。

项目 1 的静态投资回收期＝2＋(300 000－180 000－90 000)÷120 000＝2.25(年)

项目 2 的静态投资回收期＝2＋(180 000－108 000－48 000)÷84 000＝2.286(年)

2. 益明公司的董事应选择项目 1，因为根据提供的资料计算，项目 1 有一个较高的净现值。但是，由于项目 1 的净现值较项目 2 的净现值只高出一点，因此最好能复核所有假设下的计算并对每个项目相关的风险程度进行评估。

3. 对于评估投资项目，净现值法是最适合的。净现值法具有以下特征：

(1) 它与企业的目标，即增加财富，有着直接的关系。

(2) 它把未来收入及支出折现，从而考虑到资金的时间价值。

(3) 它考虑到所有有关的资料，有别于投资回收期法，投资回收期法忽略了回收期以后的现金流量。

(4) 它利用了根据长期融资提供者要求的回报所计算出来的贴现率。

(5) 相对来说，它是较易理解的，同时提供了清晰的决策原则及计算方法。

习题十四答案

1.

(1) 净资产（清算）法。

单位：百万元

永久地权的评估价		18.2
厂房和机器评估价		4.2
存货的评估价		3.4
应收账款		0.4
银行存款		2.6
		28.8
减：		
流动负债	6.5	
长期负债	3.6	10.1
		18.7

每股普通股的价值＝资产的可变现净值÷普通股股数＝18.7÷2＝9.35(元)

(2) 股息法。

每股股息＝股息金额÷普通股股数＝1÷2 ＝0.50(元)

每股普通股的价值＝每股净股息÷股息回报率＝0.5÷5% ＝10(元)

(3) 市盈率法。

V_0＝市盈率×税后净利润÷普通股股数＝11×3.6÷2＝19.8(元)

净资产（清盘）法是评估公司股票价值的方法，是基于资产的可变现价值，并假设分批出售资产。但是，如果企业持续经营，以净资产法所计算出的数据比较保守。因为资产整体的价值在持续经营这个概念之下，分批出售、转售，其价值要高。

股息法根据现金股息量度股票价值。这种方法受到的批评有几方面：它没有考虑到股息增长和未分配的利润；需要找出一家在风险和增长等特征与被评估公司相似的上市公司作为参考，这将导致执行上的困难。另外，私人有限公司的股票流通数量比上市公司的要低，需要作出一些调整。

市盈率法是根据公司的盈利量度股票价值。这种方法需要以有一定相似度的上市公司作参考，这在执行上会遇到问题。再者，私人有限公司与上市公司，在会计政策上可能有不同之处，故导致计算出不同的利润。同样，上市公司股票流通数量与私人有限公司相比要高，需要作出适当的调整。

2. 从 CDC 有限公司股东的角度看，以现金收购能得到确实的金额，股东若再作其他投资或作消费用途，无须变卖其股票和付出有关的交易费用。但从股票转让中所得的现金，会被视作资本变卖，可能需要支付资本税。

股票交换法使股东成为规模扩大了的公司的股东，在一定程度上延续其在 CDC 的商业利益。ATD 公司的新股在股票市场上买卖，较 CDC 公司的股票更具市场流通性。此外，采用股票交换法的交易，不会即时引致资本税。只有出售新股票时，才可能需要支付资本税。假如这种合并方法有协力作用，新股的价格将较高。

3. 管理层收购是指一家公司的管理层购买其他股东拥有的该公司的股票，并取得控制权。购买的所需资金一般是借贷来的。如果该公司是一家上市公司，该公司的性质会有所改变，通常会变为私人有限公司，股票也不会在股票交易所上市。

股东期望公司经理以他们的利益为依据。但是，管理层收购会令经理及股东发生冲突，其原因是经理的利益在于低价买入余下的股票，而股东的利益则是获得一个较高的股价。因此，经理要小心，不可违反他们信托的义务，股东要确保管理层提供一个公平的股价，以及可以取得所有有关资料以用作投资决策。

附录二 常用系数表

附表 1 **复利终值系数表**

期数	1%	2%	3%	4%	5%	6%	7%	8%	9%	10%
1	1.010 0	1.020 0	1.030 0	1.040 0	1.050 0	1.060 0	1.070 0	1.080 0	1.090 0	1.100 0
2	1.020 1	1.040 4	1.060 9	1.081 6	1.102 5	1.123 6	1.144 9	1.166 4	1.18 81	1.210 0
3	1.030 3	1.061 2	1.092 7	1.124 9	1.157 6	1.191 0	1.225 0	1.259 7	1.295 0	1.331 0
4	1.040 6	1.082 4	1.125 5	1.169 9	1.215 5	1.262 5	1.310 8	1.360 5	1.411 6	1.464 1
5	1.051 0	1.104 1	1.159 3	1.216 7	1.276 3	1.338 2	1.402 6	1.469 3	1.538 6	1.610 5
6	1.061 5	1.126 2	1.194 1	1.265 3	1.340 1	1.418 5	1.500 7	1.586 9	1.677 1	1.771 6
7	1.072 1	1.148 7	1.229 9	1.315 9	1.407 1	1.503 6	1.605 8	1.713 8	1.828 0	1.948 7
8	1.082 9	1.171 7	1.266 8	1.368 6	1.477 5	1.593 8	1.718 2	1.850 9	1.992 6	2.143 6
9	1.093 7	1.195 1	1.304 8	1.423 3	1.551 3	1.689 5	1.838 5	1.999 0	2.171 9	2.357 9
10	1.104 6	1.219 0	1.343 9	1.480 2	1.628 9	1.790 8	1.967 2	2.158 9	2.367 4	2.593 7
11	1.115 7	1.243 4	1.384 2	1.539 5	1.710 3	1.898 3	2.104 9	2.331 6	2.580 4	2.853 1

续前表

期数	1%	2%	3%	4%	5%	6%	7%	8%	9%	10%
12	1.1268	1.2682	1.4258	1.6010	1.7959	2.0122	2.2522	2.5182	2.8127	3.1384
13	1.1381	1.2936	1.4685	1.6651	1.8856	2.1329	2.4098	2.7196	3.0658	3.4523
14	1.1495	1.3195	1.5126	1.7317	1.9799	2.2609	2.5785	2.9372	3.3417	3.7975
15	1.1610	1.3459	1.5580	1.8009	2.0789	2.3966	2.7590	3.1722	3.6425	4.1772
16	1.1726	1.3728	1.6047	1.8730	2.1829	2.5404	2.9522	3.4259	3.9703	4.5950
17	1.1843	1.4002	1.6528	1.9479	2.2920	2.6928	3.1588	3.7000	4.3276	5.0545
18	1.1961	1.4282	1.7024	2.0258	2.4066	2.8543	3.3799	3.9960	4.7171	5.5599
19	1.2081	1.4568	1.7535	2.1068	2.5270	3.0256	3.6165	4.3157	5.1417	6.1159
20	1.2202	1.4859	1.8061	2.1911	2.6533	3.2071	3.8697	4.6610	5.6044	6.7275
21	1.2324	1.5157	1.8603	2.2788	2.7860	3.3996	4.1406	5.0338	6.1088	7.4002
22	1.2447	1.5460	1.9161	2.3699	2.9253	3.6035	4.4304	5.4365	6.6586	8.1403
23	1.2572	1.5769	1.9736	2.4647	3.0715	3.8197	4.7405	5.8715	7.2579	8.9543
24	1.2697	1.6084	2.0328	2.5633	3.2251	4.0489	5.0724	6.3412	7.9111	9.8497
25	1.2824	1.6406	2.0938	2.6658	3.3864	4.2919	5.4274	6.8485	8.6231	10.8347
26	1.2953	1.6734	2.1566	2.7725	3.5557	4.5494	5.8074	7.3964	9.3992	11.9182
27	1.3082	1.7069	2.2213	2.8834	3.7335	4.8223	6.2139	7.9881	10.2451	13.1100
28	1.3213	1.7410	2.2879	2.9987	3.9201	5.1117	6.6488	8.6271	11.1671	14.4210
29	1.3345	1.7758	2.3566	3.1187	4.1161	5.4184	7.1143	9.3173	12.1722	15.8631
30	1.3478	1.8114	2.4273	3.2434	4.3219	5.7435	7.6123	10.0627	13.2677	17.4494

期数	11%	12%	13%	14%	15%	16%	17%	18%	19%	20%
1	1.1100	1.1200	1.1300	1.1400	1.1500	1.1600	1.1700	1.1800	1.1900	1.2000
2	1.2321	1.2544	1.2769	1.2996	1.3225	1.3456	1.3689	1.3924	1.4161	1.4400
3	1.3676	1.4049	1.4429	1.4815	1.5209	1.5609	1.6016	1.6430	1.6852	1.7280
4	1.5181	1.5735	1.6305	1.6890	1.7490	1.8106	1.8739	1.9388	2.0053	2.0736
5	1.6851	1.7623	1.8424	1.9254	2.0114	2.1003	2.1924	2.2878	2.3864	2.4883
6	1.8704	1.9738	2.0820	2.1950	2.3131	2.4364	2.5652	2.6996	2.8398	2.9860
7	2.0762	2.2107	2.3526	2.5023	2.6600	2.8262	3.0012	3.1855	3.3793	3.5832
8	2.3045	2.4760	2.6584	2.8526	3.0590	3.2784	3.5115	3.7589	4.0214	4.2998
9	2.5580	2.7731	3.0040	3.2519	3.5179	3.8030	4.1084	4.4355	4.7854	5.1598
10	2.8394	3.1058	3.3946	3.7072	4.0456	4.4114	4.8068	5.2338	5.6947	6.1917
11	3.1518	3.4786	3.8359	4.2262	4.6524	5.1173	5.6240	6.1759	6.7767	7.4301
12	3.4985	3.8960	4.3345	4.8179	5.3503	5.9360	6.5801	7.2876	8.0642	8.9161
13	3.8833	4.3635	4.8980	5.4924	6.1528	6.8858	7.6987	8.5994	9.5964	10.6993
14	4.3104	4.8871	5.5348	6.2613	7.0757	7.9875	9.0075	10.1472	11.4198	12.8392
15	4.7846	5.4736	6.2543	7.1379	8.1371	9.2655	10.5387	11.9737	13.5895	15.4070
16	5.3109	6.1304	7.0673	8.1372	9.3576	10.7480	12.3303	14.1290	16.1715	18.4884
17	5.8951	6.8660	7.9861	9.2765	10.7613	12.4677	14.4265	16.6722	19.2441	22.1861
18	6.5436	7.6900	9.0243	10.5752	12.3755	14.4625	16.8790	19.6733	22.9005	26.6233
19	7.2633	8.6128	10.1974	12.0557	14.2318	16.7765	19.7484	23.2144	27.2516	31.9480

续前表

期数	11%	12%	13%	14%	15%	16%	17%	18%	19%	20%
20	8.062 3	9.646 3	11.523 1	13.743 5	16.366 5	19.460 8	23.105 6	27.393 0	32.429 4	38.337 6
21	8.949 2	10.803 8	13.021 1	15.667 6	18.821 5	22.574 5	27.033 6	32.323 8	38.591 0	46.005 1
22	9.933 6	12.100 3	14.713 8	17.861 0	21.644 7	26.186 4	31.629 3	38.142 1	45.923 3	55.206 1
23	11.026 3	13.552 3	16.626 6	20.361 6	24.891 5	30.376 2	37.006 2	45.007 6	54.648 7	66.247 4
24	12.239 2	15.178 6	18.788 1	23.212 2	28.625 2	35.236 4	43.297 3	53.109 0	65.032 0	79.496 8
25	13.585 5	17.000 1	21.230 5	26.461 9	32.919 0	40.874 2	50.657 8	62.668 6	77.388 1	95.396 2
26	15.079 9	19.040 1	23.990 5	30.166 6	37.856 8	47.414 1	59.269 7	73.949 0	92.091 8	114.475 5
27	16.738 7	21.324 9	27.109 3	34.389 9	43.535 3	55.000 4	69.345 5	87.259 8	109.589 3	137.370 6
28	18.579 9	23.883 9	30.633 5	39.204 5	50.065 6	63.800 4	81.134 2	102.966 6	130.411 2	164.844 7
29	20.623 7	26.749 9	34.615 8	44.693 1	57.575 5	74.008 5	94.927 1	121.500 5	155.189 3	197.813 6
30	22.892 3	29.959 9	39.115 9	50.950 2	66.211 8	85.849 9	111.064 7	143.370 6	184.675 3	237.376 3
期数	21%	22%	23%	24%	25%	26%	27%	28%	29%	30%
1	1.210 0	1.220 0	1.230 0	1.240 0	1.250 0	1.260 0	1.270 0	1.280 0	1.290 0	1.3 000
2	1.464 1	1.488 4	1.512 9	1.537 6	1.562 5	1.587 6	1.612 9	1.638 4	1.664 1	1.690 0
3	1.771 6	1.815 8	1.860 9	1.906 6	1.953 1	2.000 4	2.048 4	2.097 2	2.146 7	2.197 0
4	2.143 6	2.215 3	2.288 9	2.364 2	2.441 4	2.520 5	2.601 4	2.684 4	2.769 2	2.856 1
5	2.593 7	2.702 7	2.815 3	2.931 6	3.051 8	3.175 8	3.303 8	3.436 0	3.572 3	3.712 9
6	3.138 4	3.297 3	3.462 8	3.635 2	3.814 7	4.001 5	4.195 9	4.398 0	4.608 3	4.826 8
7	3.797 5	4.022 7	4.259 3	4.507 7	4.768 4	5.041 9	5.328 8	5.629 5	5.944 7	6.274 9
8	4.595 0	4.907 7	5.238 9	5.589 5	5.960 5	6.352 8	6.767 5	7.205 8	7.668 6	8.157 3
9	5.559 9	5.987 4	6.443 9	6.931 0	7.450 6	8.004 5	8.594 8	9.223 4	9.892 5	10.604 5
10	6.727 5	7.304 6	7.925 9	8.594 4	9.313 2	10.085 7	10.915 3	11.805 9	12.761 4	13.785 8
11	8.140 3	8.911 7	9.748 9	10.657 1	11.641 5	12.708 0	13.862 5	15.111 6	16.462 2	17.921 6
12	9.849 7	10.872 2	11.991 2	13.214 8	14.551 9	16.012 0	17.605 3	19.342 8	21.236 2	23.298 1
13	11.918 2	13.264 1	14.749 1	16.386 3	18.189 9	20.175 2	22.358 8	24.758 8	27.394 7	30.287 5
14	14.421 0	16.182 2	18.141 4	20.319 1	22.737 4	25.420 7	28.395 7	31.691 3	35.339 1	39.373 8
15	17.449 4	19.742 3	22.314 0	25.195 6	28.421 7	32.030 1	36.062 5	40.564 8	45.587 5	51.185 9
16	21.113 8	24.085 6	27.446 2	31.242 6	35.527 1	40.357 9	45.799 4	51.923 0	58.807 9	66.541 7
17	25.547 7	29.384 4	33.758 8	38.740 8	44.408 9	50.851 0	58.165 2	66.461 4	75.862 1	86.504 2
18	30.912 7	35.849 0	41.523 3	48.038 6	55.511 2	64.072 2	73.869 8	85.070 6	97.862 2	112.455 4
19	37.404 3	43.735 8	51.073 7	59.567 9	69.388 9	80.731 0	93.814 7	108.890 4	126.242 2	146.192 0
20	45.259 3	53.357 6	62.820 6	73.864 1	86.736 2	101.721 1	119.144 6	139.379 7	162.852 4	190.049 6
21	54.763 7	65.096 3	77.269 4	91.591 5	108.420 2	128.168 5	151.313 7	178.406 0	210.079 6	247.064 5
22	66.264 1	79.417 5	95.041 3	113.573 5	135.525 3	161.492 4	192.168 3	228.359 6	271.002 7	321.183 9
23	80.179 5	96.889 4	116.900 8	140.831 2	169.406 6	203.480 4	244.053 8	292.300 3	349.593 5	417.539 1
24	97.017 2	118.205 0	143.788 0	174.630 6	211.758 2	256.385 3	309.948 3	374.144 4	450.975 6	542.800 8
25	117.390 9	144.210 1	176.859 3	216.542 0	264.697 8	323.045 4	393.634 4	478.904 9	581.758 5	705.641 0
26	142.042 9	175.936 4	217.536 9	268.512 1	330.872 2	407.037 3	499.915 7	612.998 2	750.468 5	917.333 3
27	171.871 9	214.642 4	267.570 4	332.955 0	413.590 3	512.867 0	634.892 9	784.637 7	968.104 4	1 192.533 3
28	207.965 1	261.863 7	329.111 5	412.864 2	516.987 9	646.212 4	806.314 0	1 004.336 3	1 248.854 6	1 550.293 3
29	251.637 7	319.473 7	404.807 2	511.951 6	646.234 9	814.227 6	1 024.018 7	1 285.550 4	1 611.022 5	2 015.381 3
30	304.481 6	389.757 9	497.912 9	634.819 9	807.793 6	1 025.926 7	1 300.503 8	1 645.504 6	2 078.219 0	2 619.995 6

附表 2

复利现值系数表

期数	1%	2%	3%	4%	5%	6%	7%	8%	9%	10%
1	0.990 1	0.980 4	0.970 9	0.961 5	0.952 4	0.943 4	0.934 6	0.925 9	0.917 4	0.909 1
2	0.980 3	0.961 2	0.942 6	0.924 6	0.907 0	0.890 0	0.873 4	0.857 3	0.841 7	0.826 4
3	0.970 6	0.942 3	0.915 1	0.889 0	0.863 8	0.839 6	0.816 3	0.793 8	0.772 2	0.751 3
4	0.961 0	0.923 8	0.888 5	0.854 8	0.822 7	0.792 1	0.762 9	0.735 0	0.708 4	0.683 0
5	0.951 5	0.905 7	0.862 6	0.821 9	0.783 5	0.747 3	0.713 0	0.680 6	0.649 9	0.620 9
6	0.942 0	0.888 0	0.837 5	0.790 3	0.746 2	0.705 0	0.666 3	0.630 2	0.596 3	0.564 5
7	0.932 7	0.870 6	0.813 1	0.759 9	0.710 7	0.665 1	0.622 7	0.583 5	0.547 0	0.513 2
8	0.923 5	0.853 5	0.789 4	0.730 7	0.676 8	0.627 4	0.582 0	0.540 3	0.501 9	0.466 5
9	0.914 3	0.836 8	0.766 4	0.702 6	0.644 6	0.591 9	0.543 9	0.500 2	0.460 4	0.424 1
10	0.905 3	0.820 3	0.744 1	0.675 6	0.613 9	0.558 4	0.508 3	0.463 2	0.422 4	0.385 5
11	0.896 3	0.804 3	0.722 4	0.649 6	0.584 7	0.526 8	0.475 1	0.428 9	0.387 5	0.350 5
12	0.887 4	0.788 5	0.701 4	0.624 6	0.556 8	0.497 0	0.444 0	0.397 1	0.355 5	0.318 6
13	0.878 7	0.773 0	0.681 0	0.600 6	0.530 3	0.468 8	0.415 0	0.367 7	0.326 2	0.289 7
14	0.870 0	0.757 9	0.661 1	0.577 5	0.505 1	0.442 3	0.387 8	0.340 5	0.299 2	0.263 3
15	0.861 3	0.743 0	0.641 9	0.555 3	0.481 0	0.417 3	0.362 4	0.315 2	0.274 5	0.239 4
16	0.852 8	0.728 4	0.623 2	0.533 9	0.458 1	0.393 6	0.338 7	0.291 9	0.251 9	0.217 6
17	0.844 4	0.714 2	0.605 0	0.513 4	0.436 3	0.371 4	0.316 6	0.270 3	0.231 1	0.197 8
18	0.836 0	0.700 2	0.587 4	0.493 6	0.415 5	0.350 3	0.295 9	0.250 2	0.212 0	0.179 9
19	0.827 7	0.686 4	0.570 3	0.474 6	0.395 7	0.330 5	0.276 5	0.231 7	0.194 5	0.163 5
20	0.819 5	0.673 0	0.553 7	0.456 4	0.376 9	0.311 8	0.258 4	0.214 5	0.178 4	0.148 6
21	0.811 4	0.659 8	0.537 5	0.438 8	0.358 9	0.294 2	0.241 5	0.198 7	0.163 7	0.135 1
22	0.803 4	0.646 8	0.521 9	0.422 0	0.341 8	0.277 5	0.225 7	0.183 9	0.150 2	0.122 8
23	0.795 4	0.634 2	0.506 7	0.405 7	0.325 6	0.261 8	0.210 9	0.170 3	0.137 8	0.111 7
24	0.787 6	0.621 7	0.491 9	0.390 1	0.310 1	0.247 0	0.197 1	0.157 7	0.126 4	0.101 5
25	0.779 8	0.609 5	0.477 6	0.375 1	0.295 3	0.233 0	0.184 2	0.146 0	0.116 0	0.092 3
26	0.772 0	0.597 6	0.463 7	0.360 7	0.281 2	0.219 8	0.172 2	0.135 2	0.106 4	0.083 9
27	0.764 4	0.585 9	0.450 2	0.346 8	0.267 8	0.207 4	0.160 9	0.125 2	0.097 6	0.076 3
28	0.756 8	0.574 4	0.437 1	0.333 5	0.255 1	0.195 6	0.150 4	0.115 9	0.089 5	0.069 3
29	0.749 3	0.563 1	0.424 3	0.320 7	0.242 9	0.184 6	0.140 6	0.107 3	0.082 2	0.063 0
30	0.741 9	0.552 1	0.412 0	0.308 3	0.231 4	0.174 1	0.131 4	0.099 4	0.075 4	0.057 3
期数	11%	12%	13%	14%	15%	16%	17%	18%	19%	20%
1	0.900 9	0.892 9	0.885 0	0.877 2	0.869 6	0.862 1	0.854 7	0.847 5	0.840 3	0.833 3
2	0.811 6	0.797 2	0.783 1	0.769 5	0.756 1	0.743 2	0.730 5	0.718 2	0.706 2	0.694 4
3	0.731 2	0.711 8	0.693 1	0.675 0	0.657 5	0.640 7	0.624 4	0.608 6	0.593 4	0.578 7
4	0.658 7	0.635 5	0.613 3	0.592 1	0.571 8	0.552 3	0.533 7	0.515 8	0.498 7	0.482 3
5	0.593 5	0.567 4	0.542 8	0.519 4	0.497 2	0.476 2	0.456 1	0.437 1	0.419 0	0.401 9
6	0.534 6	0.506 6	0.480 3	0.455 6	0.432 3	0.410 4	0.389 8	0.370 4	0.352 1	0.334 9
7	0.481 7	0.452 3	0.425 1	0.399 6	0.375 9	0.353 8	0.333 2	0.313 9	0.295 9	0.279 1
8	0.433 9	0.403 9	0.376 2	0.350 6	0.326 9	0.305 0	0.284 8	0.266 0	0.248 7	0.2326
9	0.390 9	0.360 6	0.332 9	0.307 5	0.284 3	0.263 0	0.243 4	0.225 5	0.209 0	0.193 8
10	0.352 2	0.322 0	0.294 6	0.269 7	0.247 2	0.226 7	0.208 0	0.191 1	0.175 6	0.161 5
11	0.317 3	0.287 5	0.260 7	0.236 6	0.214 9	0.195 4	0.177 8	0.161 9	0.147 6	0.134 6
12	0.285 8	0.256 7	0.230 7	0.207 6	0.186 9	0.168 5	0.152 0	0.137 2	0.124 0	0.112 2
13	0.257 5	0.229 2	0.204 2	0.182 1	0.162 5	0.145 2	0.129 9	0.116 3	0.104 2	0.093 5

续前表

期数	11%	12%	13%	14%	15%	16%	17%	18%	19%	20%
14	0.232 0	0.204 6	0.180 7	0.159 7	0.141 3	0.125 2	0.111 0	0.098 5	0.087 6	0.077 9
15	0.209 0	0.182 7	0.159 9	0.140 1	0.122 9	0.107 9	0.094 9	0.083 5	0.073 6	0.064 9
16	0.188 3	0.163 1	0.141 5	0.122 9	0.106 9	0.093 0	0.081 1	0.070 8	0.061 8	0.054 1
17	0.169 6	0.145 6	0.125 2	0.107 8	0.092 9	0.080 2	0.069 3	0.060 0	0.052 0	0.045 1
18	0.152 8	0.130 0	0.110 8	0.094 6	0.080 8	0.069 1	0.059 2	0.050 8	0.043 7	0.037 6
19	0.137 7	0.116 1	0.098 1	0.082 9	0.070 3	0.059 6	0.050 6	0.043 1	0.036 7	0.031 3
20	0.124 0	0.103 7	0.086 8	0.072 8	0.061 1	0.051 4	0.043 3	0.036 5	0.030 8	0.026 1
21	0.111 7	0.092 6	0.076 8	0.063 8	0.053 1	0.044 3	0.037 0	0.030 9	0.025 9	0.021 7
22	0.100 7	0.082 6	0.068 0	0.056 0	0.046 2	0.038 2	0.031 6	0.026 2	0.021 8	0.018 1
23	0.090 7	0.073 8	0.060 1	0.049 1	0.040 2	0.032 9	0.027 0	0.022 2	0.018 3	0.015 1
24	0.081 7	0.065 9	0.053 2	0.043 1	0.034 9	0.028 4	0.023 1	0.018 8	0.015 4	0.012 6
25	0.073 6	0.058 8	0.047 1	0.037 8	0.030 4	0.024 5	0.019 7	0.016 0	0.012 9	0.010 5
26	0.066 3	0.052 5	0.041 7	0.033 1	0.026 4	0.021 1	0.016 9	0.013 5	0.010 9	0.008 7
27	0.059 7	0.046 9	0.036 9	0.029 1	0.023 0	0.018 2	0.014 4	0.011 5	0.009 1	0.007 3
28	0.053 8	0.041 9	0.032 6	0.025 5	0.020 0	0.015 7	0.012 3	0.009 7	0.007 7	0.006 1
29	0.048 5	0.037 4	0.028 9	0.022 4	0.017 4	0.013 5	0.010 5	0.008 2	0.006 4	0.005 1
30	0.043 7	0.033 4	0.025 6	0.019 6	0.015 1	0.011 6	0.009 0	0.007 0	0.005 4	0.004 2

期数	21%	22%	23%	24%	25%	26%	27%	28%	29%	30%
1	0.826 4	0.819 7	0.813 0	0.806 5	0.800 0	0.793 7	0.787 4	0.781 3	0.775 2	0.769 2
2	0.683 0	0.671 9	0.661 0	0.650 4	0.640 0	0.629 9	0.620 0	0.610 4	0.600 9	0.591 7
3	0.564 5	0.550 7	0.537 4	0.524 5	0.512 0	0.499 9	0.488 2	0.476 8	0.465 8	0.455 2
4	0.466 5	0.451 4	0.436 9	0.423 0	0.409 6	0.396 8	0.384 4	0.372 5	0.361 1	0.350 1
5	0.385 5	0.370 0	0.355 2	0.341 1	0.327 7	0.314 9	0.302 7	0.291 0	0.279 9	0.269 3
6	0.318 6	0.303 3	0.288 8	0.275 1	0.262 1	0.249 9	0.238 3	0.227 4	0.217 0	0.207 2
7	0.263 3	0.248 6	0.234 8	0.221 8	0.209 7	0.198 3	0.187 7	0.177 6	0.168 2	0.159 4
8	0.217 6	0.203 8	0.190 9	0.178 9	0.167 8	0.157 4	0.147 8	0.138 8	0.130 4	0.122 6
9	0.179 9	0.167 0	0.155 2	0.144 3	0.134 2	0.124 9	0.116 4	0.108 4	0.101 1	0.094 3
10	0.148 6	0.136 9	0.126 2	0.116 4	0.107 4	0.099 2	0.091 6	0.084 7	0.078 4	0.072 5
11	0.122 8	0.112 2	0.102 6	0.093 8	0.085 9	0.078 7	0.072 1	0.066 2	0.060 7	0.055 8
12	0.101 5	0.092 0	0.083 4	0.075 7	0.068 7	0.062 5	0.056 8	0.051 7	0.047 1	0.042 9
13	0.083 9	0.075 4	0.067 8	0.061 0	0.055 0	0.049 6	0.044 7	0.040 4	0.036 5	0.033 0
14	0.069 3	0.061 8	0.055 1	0.049 2	0.044 0	0.039 3	0.035 2	0.031 6	0.028 3	0.025 4
15	0.057 3	0.050 7	0.044 8	0.039 7	0.035 2	0.031 2	0.027 7	0.024 7	0.021 9	0.019 5
16	0.047 4	0.041 5	0.036 4	0.032 0	0.028 1	0.024 8	0.021 8	0.019 3	0.017 0	0.015 0
17	0.039 1	0.034 0	0.029 6	0.025 8	0.022 5	0.019 7	0.017 2	0.015 0	0.013 2	0.011 6
18	0.032 3	0.027 9	0.024 1	0.020 8	0.018 0	0.015 6	0.013 5	0.011 8	0.010 2	0.008 9
19	0.026 7	0.022 9	0.019 6	0.016 8	0.014 4	0.012 4	0.010 7	0.009 2	0.007 9	0.006 8
20	0.022 1	0.018 7	0.015 9	0.013 5	0.011 5	0.009 8	0.008 4	0.007 2	0.006 1	0.005 3
21	0.018 3	0.015 4	0.012 9	0.010 9	0.009 2	0.007 8	0.006 6	0.005 6	0.004 8	0.004 0
22	0.015 1	0.012 6	0.010 5	0.008 8	0.007 4	0.006 2	0.005 2	0.004 4	0.003 7	0.003 1
23	0.012 5	0.010 3	0.008 6	0.007 1	0.005 9	0.004 9	0.004 1	0.003 4	0.002 9	0.002 4
24	0.010 3	0.008 5	0.007 0	0.005 7	0.004 7	0.003 9	0.003 2	0.002 7	0.002 2	0.001 8
25	0.008 5	0.006 9	0.005 7	0.004 6	0.003 8	0.003 1	0.002 5	0.002 1	0.001 7	0.001 4
26	0.007 0	0.005 7	0.004 6	0.003 7	0.003 0	0.002 5	0.002 0	0.001 6	0.001 3	0.001 1
27	0.005 8	0.004 7	0.003 7	0.003 0	0.002 4	0.001 9	0.001 6	0.001 3	0.001 0	0.000 8
28	0.004 8	0.003 8	0.003 0	0.002 4	0.001 9	0.001 5	0.001 2	0.001 0	0.000 8	0.000 6
29	0.004 0	0.003 1	0.002 5	0.002 0	0.001 5	0.001 2	0.001 0	0.000 8	0.000 6	0.000 5
30	0.003 3	0.002 6	0.002 0	0.001 6	0.001 2	0.001 0	0.000 8	0.000 6	0.000 5	0.000 4

附表 3　　年金终值系数表

期数	1%	2%	3%	4%	5%	6%	7%	8%	9%	10%
1	1.000 0	1.000 0	1.000 0	1.000 0	1.000 0	1.000 0	1.000 0	1.000 0	1.000 0	1.000 0
2	2.010 0	2.020 0	2.030 0	2.040 0	2.050 0	2.060 0	2.070 0	2.080 0	2.090 0	2.100 0
3	3.030 1	3.060 4	3.090 9	3.121 6	3.152 5	3.183 6	3.214 9	3.246 4	3.278 1	3.310 0
4	4.060 4	4.121 6	4.183 6	4.246 5	4.310 1	4.374 6	4.439 9	4.506 1	4.573 1	4.641 0
5	5.101 0	5.204 0	5.309 1	5.416 3	5.525 6	5.637 1	5.750 7	5.866 6	5.984 7	6.105 1
6	6.152 0	6.308 1	6.468 4	6.633 0	6.801 9	6.975 3	7.153 3	7.335 9	7.523 3	7.715 6
7	7.213 5	7.434 3	7.662 5	7.898 3	8.142 0	8.393 8	8.654 0	8.922 8	9.200 4	9.487 2
8	8.285 7	8.583 0	8.892 3	9.214 2	9.549 1	9.897 5	10.259 8	10.636 6	11.028 5	11.435 9
9	9.368 5	9.754 6	10.159 1	10.582 8	11.026 6	11.491 3	11.978 0	12.487 6	13.021 0	13.579 5
10	10.462 2	10.949 7	11.463 9	12.006 1	12.577 9	13.180 8	13.816 4	14.486 6	15.192 9	15.937 4
11	11.566 8	12.168 7	12.807 8	13.486 4	14.206 8	14.971 6	15.783 6	16.645 5	17.560 3	18.531 2
12	12.682 5	13.412 1	14.192 0	15.025 8	15.917 1	16.869 9	17.888 5	18.977 1	20.140 7	21.384 3
13	13.809 3	14.680 3	15.617 8	16.626 8	17.713 0	18.882 1	20.140 6	21.495 3	22.953 4	24.522 7
14	14.947 4	15.973 9	17.086 3	18.291 9	19.598 6	21.015 1	22.550 5	24.214 9	26.019 2	27.975 0
15	16.096 9	17.293 4	18.598 9	20.023 6	21.578 6	23.276 0	25.129 0	27.152 1	29.360 9	31.772 5
16	17.257 9	18.639 3	20.156 9	21.824 5	23.657 5	25.672 5	27.888 1	30.324 3	33.003 4	35.949 7
17	18.430 4	20.012 1	21.761 6	23.697 5	25.840 4	28.212 9	30.840 2	33.750 2	36.973 7	40.544 7
18	19.614 7	21.412 3	23.414 4	25.645 4	28.132 4	30.905 7	33.999 0	37.450 2	41.301 3	45.599 2
19	20.810 9	22.840 6	25.116 9	27.671 2	30.539 0	33.760 0	37.379 0	41.446 3	46.018 5	51.159 1
20	22.019 0	24.297 4	26.870 4	29.778 1	33.066 0	36.785 6	40.995 5	45.762 0	51.160 1	57.275 0
21	23.239 2	25.783 3	28.676 5	31.969 2	35.719 3	39.992 7	44.865 2	50.422 9	56.764 5	64.002 5
22	24.471 6	27.299 0	30.536 8	34.248 0	38.505 2	43.392 3	49.005 7	55.456 8	62.873 3	71.402 7
23	25.716 3	28.845 0	32.452 9	36.617 9	41.430 5	46.995 8	53.436 1	60.893 3	69.531 9	79.543 0
24	26.973 5	30.421 9	34.426 5	39.082 6	44.502 0	50.815 6	58.176 7	66.764 8	76.789 8	88.497 3
25	28.243 2	32.030 3	36.459 3	41.645 9	47.727 1	54.864 5	63.249 0	73.105 9	84.700 9	98.347 1
26	29.525 6	33.670 9	38.553 0	44.311 7	51.113 5	59.156 4	68.676 5	79.954 4	93.324 0	109.181 8
27	30.820 9	35.344 3	40.709 6	47.084 2	54.669 1	63.705 8	74.483 8	87.350 8	102.723 1	121.099 9
28	32.129 1	37.051 2	42.930 9	49.967 6	58.402 6	68.528 1	80.697 7	95.338 8	112.968 2	134.209 9
29	33.450 4	38.792 2	45.218 9	52.966 3	62.322 7	73.639 8	87.346 5	103.965 9	124.135 4	148.630 9
30	34.784 9	40.568 1	47.575 4	56.084 9	66.438 8	79.058 2	94.460 8	113.283 2	136.307 5	164.494 0

期数	11%	12%	13%	14%	15%	16%	17%	18%	19%	20%
1	1.000 0	1.000 0	1.000 0	1.000 0	1.000 0	1.000 0	1.000 0	1.000 0	1.000 0	1.000 0
2	2.110 0	2.120 0	2.130 0	2.140 0	2.150 0	2.160 0	2.170 0	2.180 0	2.190 0	2.200 0
3	3.342 1	3.374 4	3.406 9	3.439 6	3.472 5	3.505 6	3.538 9	3.572 4	3.606 1	3.640 0
4	4.709 7	4.779 3	4.849 8	4.921 1	4.993 4	5.066 5	5.140 5	5.215 4	5.291 3	5.368 0
5	6.227 8	6.352 8	6.480 3	6.610 1	6.742 4	6.877 1	7.014 4	7.154 2	7.296 6	7.441 6
6	7.912 9	8.115 2	8.322 7	8.535 5	8.753 7	8.977 5	9.206 8	9.442 0	9.683 0	9.929 9
7	9.783 3	10.089 0	10.404 7	10.730 5	11.066 8	11.413 9	11.772 0	12.141 5	12.522 7	12.915 9
8	11.859 4	12.299 7	12.757 3	13.232 8	13.726 8	14.240 1	14.773 3	15.327 0	15.902 0	16.499 1
9	14.164 0	14.775 7	15.415 7	16.085 3	16.785 8	17.518 5	18.284 7	19.085 9	19.923 4	20.798 9
10	16.722 0	17.548 7	18.419 7	19.337 3	20.303 7	21.321 5	22.393 1	23.521 3	24.708 9	25.958 7
11	19.561 4	20.654 6	21.814 3	23.044 5	24.349 3	25.732 9	27.199 9	28.755 1	30.403 5	32.150 4
12	22.713 2	24.133 1	25.650 2	27.270 7	29.001 7	30.850 2	32.823 9	34.931 1	37.180 2	39.580 5
13	26.211 6	28.029 1	29.984 7	32.088 7	34.351 9	36.786 2	39.404 0	42.218 7	45.244 5	48.496 6
14	30.094 9	32.392 6	34.882 7	37.581 1	40.504 7	43.672 0	47.102 7	50.818 0	54.840 9	59.195 9

续前表

期数	11%	12%	13%	14%	15%	16%	17%	18%	19%	20%
15	34.405 4	37.279 7	40.417 5	43.842 4	47.580 4	51.659 5	56.110 1	60.965 3	66.260 7	72.035 1
16	39.189 9	42.753 3	46.671 7	50.980 4	55.717 5	60.925 0	66.648 8	72.939 0	79.850 2	87.442 1
17	44.500 8	48.883 7	53.739 1	59.117 6	65.075 1	71.673 0	78.979 2	87.068 0	96.021 8	105.930 6
18	50.395 9	55.749 7	61.725 1	68.394 1	75.836 4	84.140 7	93.405 6	103.740 3	115.265 9	128.116 7
19	56.939 5	63.439 7	70.749 4	78.969 2	88.211 8	98.603 2	110.284 6	123.413 5	138.166 4	154.740 0
20	64.202 8	72.052 4	80.946 8	91.024 9	102.443 6	115.379 7	130.032 9	146.628 0	165.418 0	186.688 0
21	72.265 1	81.698 7	92.469 9	104.768 4	118.810 1	134.840 5	153.138 5	174.021 0	197.847 4	225.025 6
22	81.214 3	92.502 6	105.491 0	120.436 0	137.631 6	157.415 0	180.172 1	206.344 8	236.438 5	271.030 7
23	91.147 9	104.602 9	120.204 8	138.297 0	159.276 4	183.601 4	211.801 3	244.486 8	282.361 8	326.236 9
24	102.174 2	118.155 2	136.831 5	158.658 6	184.167 8	213.977 6	248.807 6	289.494 5	337.010 5	392.484 2
25	114.413 3	133.333 9	155.619 6	181.870 8	212.793 0	249.214 0	292.104 9	342.603 5	402.042 5	471.981 1
26	127.998 8	150.333 9	176.850 1	208.332 7	245.712 0	290.088 3	342.762 7	405.272 1	479.430 6	567.377 3
27	143.078 6	169.374 0	200.840 6	238.499 3	283.568 8	337.502 4	402.032 3	479.221 1	571.522 4	681.852 8
28	159.817 3	190.698 9	227.949 9	272.889 2	327.104 1	392.502 8	471.377 8	566.480 9	681.111 6	819.223 3
29	178.397 2	214.582 8	258.583 4	312.093 7	377.169 7	456.303 2	552.512 1	669.447 5	811.522 8	984.068 0
30	199.020 9	241.332 7	293.199 2	356.786 8	434.745 1	530.311 7	647.439 1	790.948 0	966.712 2	1 181.881 6

期数	21%	22%	23%	24%	25%	26%	27%	28%	29%	30%
1	1.000 0	1.000 0	1.000 0	1.000 0	1.000 0	1.000 0	1.0000	1.000 0	1.000 0	1.000 0
2	2.210 0	2.220 0	2.230 0	2.240 0	2.250 0	2.260 0	2.2700	2.280 0	2.290 0	2.300 0
3	3.674 1	3.708 4	3.742 9	3.777 6	3.812 5	3.847 6	3.8829	3.918 4	3.954 1	3.990 0
4	5.445 7	5.524 2	5.603 8	5.684 2	5.765 6	5.848 0	5.9313	6.015 6	6.100 8	6.187 0
5	7.589 2	7.739 6	7.892 6	8.048 4	8.207 0	8.368 4	8.5327	8.699 9	8.870 0	9.043 1
6	10.183 0	10.442 3	10.707 9	10.980 1	11.258 8	11.544 2	11.836 6	12.135 9	12.442 3	12.756 0
7	13.321 4	13.739 6	14.170 8	14.615 3	15.073 5	15.545 8	16.032 4	16.533 9	17.050 6	17.582 8
8	17.118 9	17.762 3	18.430 0	19.122 9	19.841 9	20.587 6	21.361 2	22.163 4	22.995 3	23.857 7
9	21.713 9	22.670 0	23.669 0	24.712 5	25.802 3	26.940 4	28.128 7	29.369 2	30.663 9	32.015 0
10	27.273 8	28.657 4	30.112 8	31.643 4	33.252 9	34.944 9	36.723 5	38.592 6	40.556 4	42.619 5
11	34.001 3	35.962 0	38.038 8	40.237 9	42.566 1	45.030 6	47.638 8	50.398 5	53.317 8	56.405 3
12	42.141 6	44.873 7	47.787 7	50.895 0	54.207 7	57.738 6	61.501 3	65.510 0	69.780 0	74.327 0
13	51.991 3	55.745 9	59.778 8	64.109 7	68.759 6	73.750 6	79.106 6	84.852 9	91.016 1	97.625 0
14	63.909 5	69.010 0	74.528 0	80.496 1	86.949 5	93.925 8	101.465 4	109.611 7	118.410 8	127.912 5
15	78.330 5	85.192 2	92.669 4	100.815 1	109.686 8	119.346 5	129.861 1	141.302 9	153.750 0	167.286 3
16	95.779 9	104.934 5	114.983 4	126.010 8	138.108 5	151.376 6	165.923 6	181.867 7	199.337 4	218.472 2
17	116.893 7	129.020 1	142.429 5	157.253 4	173.635 7	191.734 5	211.723 0	233.790 7	258.145 3	285.013 9
18	142.441 3	158.404 5	176.188 3	195.994 2	218.044 6	242.585 5	269.888 2	300.252 1	334.007 4	371.518 0
19	173.354 0	194.253 5	217.711 6	244.032 8	273.555 8	306.657 7	343.758 0	385.322 7	431.869 6	483.973 4
20	210.758 4	237.989 3	268.785 3	303.600 6	342.944 7	387.388 7	437.572 6	494.213 1	558.111 8	630.165 5
21	256.017 6	291.346 9	331.605 9	377.464 8	429.680 9	489.109 8	556.717 3	633.592 7	720.964 2	820.215 1
22	310.781 3	356.443 2	408.875 3	469.056 3	538.101 1	617.278 3	708.030 9	811.998 7	931.043 8	1 067.279 6
23	377.045 4	435.860 7	503.916 6	582.629 8	673.626 4	778.770 7	900.199 3	1 040.358 3	1 202.046 5	1 388.463 5
24	457.224 9	532.750 1	620.817 4	723.461 0	843.032 9	982.251 1	1 144.253 1	1 332.658 6	1 551.640 0	1 806.002 6
25	554.242 2	650.955 1	764.605 4	898.091 6	1 054.791 2	1 238.636 3	1 454.201 4	1 706.803 1	2 002.615 6	2 348.803 3
26	671.633 0	795.165 3	941.464 7	1 114.633 6	1 319.489 0	1 561.681 8	1 847.835 8	2 185.707 9	2 584.374 1	3 054.444 3
27	813.675 9	971.101 6	1 159.001 6	1 383.145 7	1 650.361 2	196 8.719 1	2 347.751 5	2 798.706 1	3 334.842 6	3 971.777 6
28	985.547 9	1 185.744 0	1 426.571 9	1 716.100 7	2 063.951 5	2 481.586 0	2 982.644 4	3 583.343 8	4 302.947 0	5 164.310 9
29	1 193.512 9	1 447.607 7	1 755.683 5	2 128.964 8	2 580.939 4	3 127.798 4	3 788.958 3	4 587.680 1	5 551.801 6	6 714.604 2
30	1 445.150 7	1 767.081 3	2 160.490 7	2 640.916 4	3 227.174 3	3 942.026 0	4 812.977 1	5 873.230 6	7 162.824 1	8 729.985 5

附表 4　　年金现值系数表

期数	1%	2%	3%	4%	5%	6%	7%	8%	9%	10%
1	0.990 1	0.980 4	0.970 9	0.961 5	0.952 4	0.943 4	0.934 6	0.925 9	0.917 4	0.909 1
2	1.970 4	1.941 6	1.913 5	1.886 1	1.859 4	1.833 4	1.808 0	1.783 3	1.759 1	1.735 5
3	2.941 0	2.883 9	2.828 6	2.775 1	2.723 2	2.673 0	2.624 3	2.577 1	2.531 3	2.486 9
4	3.902 0	3.807 7	3.717 1	3.629 9	3.546 0	3.465 1	3.387 2	3.312 1	3.239 7	3.169 9
5	4.853 4	4.713 5	4.579 7	4.451 8	4.329 5	4.212 4	4.100 2	3.992 7	3.889 7	3.790 8
6	5.795 5	5.601 4	5.417 2	5.242 1	5.075 7	4.917 3	4.766 5	4.622 9	4.485 9	4.355 3
7	6.728 2	6.472 0	6.230 3	6.002 1	5.786 4	5.582 4	5.389 3	5.206 4	5.033 0	4.868 4
8	7.651 7	7.325 5	7.019 7	6.732 7	6.463 2	6.209 8	5.971 3	5.746 6	5.534 8	5.334 9
9	8.566 0	8.162 2	7.786 1	7.435 3	7.107 8	6.801 7	6.515 2	6.246 9	5.995 2	5.759 0
10	9.471 3	8.982 6	8.530 2	8.110 9	7.721 7	7.360 1	7.023 6	6.710 1	6.417 7	6.144 6
11	10.367 6	9.786 8	9.252 6	8.760 5	8.306 4	7.886 9	7.498 7	7.139 0	6.805 2	6.495 1
12	11.255 1	10.575 3	9.954 0	9.385 1	8.863 3	8.383 8	7.942 7	7.536 1	7.160 7	6.813 7
13	12.133 7	11.348 4	10.635 0	9.985 6	9.393 6	8.852 7	8.357 7	7.903 8	7.486 9	7.103 4
14	13.003 7	12.106 2	11.296 1	10.563 1	9.898 6	9.295 0	8.745 5	8.244 2	7.786 2	7.366 7
15	13.865 1	12.849 3	11.937 9	11.118 4	10.379 7	9.712 2	9.107 9	8.559 5	8.060 7	7.606 1
16	14.717 9	13.577 7	12.561 1	11.652 3	10.837 8	10.105 9	9.446 6	8.851 4	8.312 6	7.823 7
17	15.562 3	14.291 9	13.166 1	12.165 7	11.274 1	10.477 3	9.763 2	9.121 6	8.543 6	8.021 6
18	16.398 3	14.992 0	13.753 5	12.659 3	11.689 6	10.827 6	10.059 1	9.371 9	8.755 6	8.201 4
19	17.226 0	15.678 5	14.323 8	13.133 9	12.085 3	11.158 1	10.335 6	9.603 6	8.950 1	8.364 9
20	18.045 6	16.351 4	14.877 5	13.590 3	12.462 2	11.469 9	10.594 0	9.818 1	9.128 5	8.513 6
21	18.857 0	17.011 2	15.415 0	14.029 2	12.821 2	11.764 1	10.835 5	10.016 8	9.292 2	8.648 7
22	19.660 4	17.658 0	15.936 9	14.451 1	13.163 0	12.041 6	11.061 2	10.200 7	9.442 4	8.771 5
23	20.455 8	18.292 2	16.443 6	14.856 8	13.488 6	12.303 4	11.272 2	10.371 1	9.580 2	8.883 2
24	21.243 4	18.913 9	16.935 5	15.247 0	13.798 6	12.550 4	11.469 3	10.528 8	9.706 6	8.984 7
25	22.023 2	19.523 5	17.413 1	15.622 1	14.093 9	12.783 4	11.653 6	10.674 8	9.822 6	9.077 0
26	22.795 2	20.121 0	17.876 8	15.982 8	14.375 2	13.003 2	11.825 8	10.810 0	9.929 0	9.160 9
27	23.559 6	20.706 9	18.327 0	16.329 6	14.643 0	13.210 5	11.986 7	10.935 2	10.026 6	9.237 2
28	24.316 4	21.281 3	18.764 1	16.663 1	14.898 1	13.406 2	12.137 1	11.051 1	10.116 1	9.306 6
29	25.065 8	21.844 4	19.188 5	16.983 7	15.141 1	13.590 7	12.277 7	11.158 4	10.198 3	9.369 6
30	25.807 7	22.396 5	19.600 4	17.292 0	15.372 5	13.764 8	12.409 0	11.257 8	10.273 7	9.426 9
期数	11%	12%	13%	14%	15%	16%	17%	18%	19%	20%
1	0.900 9	0.892 9	0.885 0	0.877 2	0.869 6	0.862 1	0.854 7	0.847 5	0.840 3	0.833 3
2	1.712 5	1.690 1	1.668 1	1.646 7	1.625 7	1.605 2	1.585 2	1.565 6	1.546 5	1.527 8
3	2.443 7	2.401 8	2.361 2	2.321 6	2.283 2	2.245 9	2.209 6	2.174 3	2.139 9	2.106 5
4	3.102 4	3.037 3	2.974 5	2.913 7	2.855 0	2.798 2	2.743 2	2.690 1	2.638 6	2.588 7
5	3.695 9	3.604 8	3.517 2	3.433 1	3.352 2	3.274 3	3.199 3	3.127 2	3.057 6	2.990 6
6	4.230 5	4.111 4	3.997 5	3.888 7	3.784 5	3.684 7	3.589 2	3.497 6	3.409 8	3.325 5
7	4.712 2	4.563 8	4.422 6	4.288 3	4.160 4	4.038 6	3.922 4	3.811 5	3.705 7	3.604 6
8	5.146 1	4.967 6	4.798 8	4.638 9	4.487 3	4.343 6	4.207 2	4.077 6	3.954 4	3.837 2
9	5.537 0	5.328 2	5.131 7	4.946 4	4.771 6	4.606 5	4.450 6	4.303 0	4.163 3	4.031 0
10	5.889 2	5.650 2	5.426 2	5.216 1	5.018 8	4.833 2	4.658 6	4.494 1	4.338 9	4.192 5
11	6.206 5	5.937 7	5.686 9	5.452 7	5.233 7	5.028 6	4.836 4	4.656 0	4.486 5	4.327 1
12	6.492 4	6.194 4	5.917 6	5.660 3	5.420 6	5.197 1	4.988 4	4.793 2	4.610 5	4.439 2
13	6.749 9	6.423 5	6.121 8	5.842 4	5.583 1	5.342 3	5.118 3	4.909 5	4.714 7	4.532 7
14	6.981 9	6.628 2	6.302 5	6.002 1	5.724 5	5.467 5	5.229 3	5.008 1	4.802 3	4.610 6

续前表

期数	11%	12%	13%	14%	15%	16%	17%	18%	19%	20%
15	7.190 9	6.810 9	6.462 4	6.142 2	5.847 4	5.575 5	5.324 2	5.091 6	4.875 9	4.675 5
16	7.379 2	6.974 0	6.603 9	6.265 1	5.954 2	5.668 5	5.405 3	5.162 4	4.937 7	4.729 6
17	7.548 8	7.119 6	6.729 1	6.372 9	6.047 2	5.748 7	5.474 6	5.222 3	4.989 7	4.774 6
18	7.701 6	7.249 7	6.839 9	6.467 4	6.128 0	5.817 8	5.533 9	5.273 2	5.033 3	4.812 2
19	7.839 3	7.365 8	6.938 0	6.550 4	6.198 2	5.877 5	5.584 5	5.316 2	5.070 0	4.843 5
20	7.963 3	7.469 4	7.024 8	6.623 1	6.259 3	5.928 8	5.627 8	5.352 7	5.100 9	4.869 6
21	8.075 1	7.562 0	7.101 6	6.687 0	6.312 5	5.973 1	5.664 8	5.383 7	5.126 8	4.891 3
22	8.175 7	7.644 6	7.169 5	6.742 9	6.358 7	6.011 3	5.696 4	5.409 9	5.148 6	4.909 4
23	8.266 4	7.718 4	7.229 7	6.792 1	6.398 8	6.044 2	5.723 4	5.432 1	5.166 8	4.924 5
24	8.348 1	7.784 3	7.282 9	6.835 1	6.433 8	6.072 6	5.746 5	5.450 9	5.182 2	4.937 1
25	8.421 7	7.843 1	7.330 0	6.872 9	6.464 1	6.097 1	5.766 2	5.466 9	5.195 1	4.947 6
26	8.488 1	7.895 7	7.371 7	6.906 1	6.490 6	6.118 2	5.783 1	5.480 4	5.206 0	4.956 3
27	8.547 8	7.942 6	7.408 6	6.935 2	6.513 5	6.136 4	5.797 5	5.491 9	5.215 1	4.963 6
28	8.601 6	7.984 4	7.441 2	6.960 7	6.533 5	6.152 0	5.809 9	5.501 6	5.222 8	4.969 7
29	8.650 1	8.021 8	7.470 1	6.983 0	6.550 9	6.165 6	5.820 4	5.509 8	5.229 2	4.974 7
30	8.693 8	8.055 2	7.495 7	7.002 7	6.566 0	6.177 2	5.829 4	5.516 8	5.234 7	4.978 9

期数	21%	22%	23%	24%	25%	26%	27%	28%	29%	30%
1	0.826 4	0.819 7	0.813 0	0.806 5	0.800 0	0.793 7	0.787 4	0.781 3	0.775 2	0.769 2
2	1.509 5	1.491 5	1.474 0	1.456 8	1.440 0	1.423 5	1.407 4	1.391 6	1.376 1	1.360 9
3	2.073 9	2.042 2	2.011 4	1.981 3	1.952 0	1.923 4	1.895 6	1.868 4	1.842 0	1.816 1
4	2.540 4	2.493 6	2.448 3	2.404 3	2.361 6	2.320 2	2.280 0	2.241 0	2.203 1	2.166 2
5	2.926 0	2.863 6	2.803 5	2.745 4	2.689 3	2.635 1	2.582 7	2.532 0	2.483 0	2.435 6
6	3.244 6	3.166 9	3.092 3	3.020 5	2.951 4	2.885 0	2.821 0	2.759 4	2.700 0	2.642 7
7	3.507 9	3.415 5	3.327 0	3.242 3	3.161 1	3.083 3	3.008 7	2.937 0	2.868 2	2.802 1
8	3.725 6	3.619 3	3.517 9	3.421 2	3.328 9	3.240 7	3.156 4	3.075 8	2.998 6	2.924 7
9	3.905 4	3.786 3	3.673 1	3.565 5	3.463 1	3.365 7	3.272 8	3.184 2	3.099 7	3.019 0
10	4.054 1	3.923 2	3.799 3	3.681 9	3.570 5	3.464 8	3.364 4	3.268 9	3.178 1	3.091 5
11	4.176 9	4.035 4	3.901 8	3.775 7	3.656 4	3.543 5	3.436 5	3.335 1	3.238 8	3.147 3
12	4.278 4	4.127 4	3.985 2	3.851 4	3.725 1	3.605 9	3.493 3	3.386 8	3.285 9	3.190 3
13	4.362 4	4.202 8	4.053 0	3.912 4	3.780 1	3.655 5	3.538 1	3.427 2	3.322 4	3.223 3
14	4.431 7	4.264 6	4.108 2	3.961 6	3.824 1	3.694 9	3.573 3	3.458 7	3.350 7	3.248 7
15	4.489 0	4.315 2	4.153 0	4.001 3	3.859 3	3.726 1	3.601 0	3.483 4	3.372 6	3.268 2
16	4.536 4	4.356 7	4.189 4	4.033 3	3.887 4	3.750 9	3.622 8	3.502 6	3.389 6	3.283 2
17	4.575 5	4.390 8	4.219 0	4.059 1	3.909 9	3.770 5	3.640 0	3.517 7	3.402 8	3.294 8
18	4.607 9	4.418 7	4.243 1	4.079 9	3.927 9	3.786 1	3.653 6	3.529 4	3.413 0	3.303 7
19	4.634 6	4.441 5	4.262 7	4.096 7	3.942 4	3.798 5	3.664 2	3.538 6	3.421 0	3.310 5
20	4.656 7	4.460 3	4.278 6	4.110 3	3.953 9	3.808 3	3.672 6	3.545 8	3.427 1	3.315 8
21	4.675 0	4.475 6	4.291 6	4.121 2	3.963 1	3.816 1	3.679 2	3.551 4	3.431 9	3.319 8
22	4.690 0	4.488 2	4.302 1	4.130 0	3.970 5	3.822 3	3.684 4	3.555 8	3.435 6	3.323 0
23	4.702 5	4.498 5	4.310 6	4.137 1	3.976 4	3.827 3	3.688 5	3.559 2	3.438 4	3.325 4
24	4.712 8	4.507 0	4.317 6	4.142 8	3.981 1	3.831 2	3.691 8	3.561 9	3.440 6	3.327 2
25	4.721 3	4.513 9	4.323 2	4.147 4	3.984 9	3.834 2	3.694 3	3.564 0	3.442 3	3.328 6
26	4.728 4	4.519 6	4.327 8	4.151 1	3.987 9	3.836 7	3.696 3	3.565 6	3.443 7	3.329 7
27	4.734 2	4.524 3	4.331 6	4.154 2	3.990 3	3.838 7	3.697 9	3.566 9	3.444 7	3.330 5
28	4.739 0	4.528 1	4.334 6	4.156 6	3.992 3	3.840 2	3.699 1	3.567 9	3.445 5	3.331 2
29	4.743 0	4.531 2	4.337 1	4.158 5	3.993 8	3.841 4	3.700 1	3.568 7	3.446 1	3.331 7
30	4.746 3	4.533 8	4.339 1	4.160 1	3.995 0	3.842 4	3.700 9	3.569 3	3.446 6	3.332 1

教师信息反馈表

为了更好地为您服务，提高教学质量，中国人民大学出版社愿意为您提供全面的教学支持，期望与您建立更广泛的合作关系。请您填好下表后以电子邮件或信件的形式反馈给我们。

您使用过或正在使用的我社教材名称		版次	
您希望获得哪些相关教学资料			
您对本书的建议（可附页）			
您的姓名			
您所在的学校、院系			
您所讲授课程的名称			
学生人数			
您的联系地址			
邮政编码		联系电话	
电子邮件（必填）			
您是否为人大社教研网会员	□ 是，会员卡号：____________ □ 不是，现在申请		
您在相关专业是否有主编或参编教材意向	□ 是　　□ 否 □ 不一定		
您所希望参编或主编的教材的基本情况（包括内容、框架结构、特色等，可附页）			

我们的联系方式：北京市海淀区中关村大街甲 59 号文化大厦 1508 室
中国人民大学出版社教育分社
邮政编码：100080
电话：010-62515905
网址：http://www.crup.com.cn/jiaoyu
E-mail：llhong2605@vip.sina.com